굴절된 세월

김지윤

새미

굴절된 세월

초판1쇄 2002년 2월 7일 / 발행일 2002년 2월 8일 / 지은이 김지윤 / 펴낸이 김태범 / 펴낸곳 새미 / 등록일 1994. 3.10 제17-271 / 편집 김유리 · 김수진 · 황충기 / 영업 한창남 · 김상진 / 총무 김태범 · 박아름 / 물류 정근용 / 인쇄 박유복 · 정명학 · 이정환 / 인터넷 정구형, 이순주, 박주아

주소 서울시 강동구 암사 4동 452-20 럭키빌딩 301호

www.kookhak.co.kr, E-mail : kookhak@orgio.net

ISBN 89-89352-67-3 03810, 가격 8,500원

• 새미는 국학자료원의 자매회사입니다.

굴절된 세월

차 례

1

2

3

4

1

굴절된 세월

그예 언니를 만났다. 겨우 물어서 찾아가 언니를 만났을 때 언니는 생전에 못 볼 줄 알았다는 말만했다. 이번에 다시 언니를 찾았을 때는 지난번보다 놀란 감정이 진정되어 이것저것 서로 물으며 아스라한 옛 얘기도 얼마만큼 나눌 수 있었다.

어린 날 나는 눈이 오기를 얼마나 기다렸는지 모른다. 간절한 기다림 탓에 겨울은 너무도 길기만 했다. 그런데 그날은 정말로 눈이 왔다. 밤새도록 소복이 쌓여 먼 마을의 포근한 정경이 희붐한 새벽 기운을 받아 그림처럼 선명하게 드러났다. 집 앞 버드나무 가지에 핀 탐스런 눈꽃 사이로 까치가 울어 내 가슴은 더욱 설렜다. 눈을 좋아하던 언니가 눈길을 따라 올 것만 같았다. 아침결에 남몰래 마을 어귀로 나가 한참 동안 서 있었다. 하마 오려나. 언니의 모습이 보일 것 같아 자꾸만 눈을 닦았다. 손발이 시려와서 나는 눈 위를 뽀드득거리며 집으로 돌아왔다. 언니는 그 겨울에 돌아오지 않았다. 남은 날을 나는 봄이 속히 오기를 기다렸다. 언니는 봄에 꼭 와야 했다. 입학식날 나랑 학교에 가야하고 앞 도랑가에 미나리밭도 만들어 줄 것이었다.

어느새 봄은 어김없이 돌아왔다. 마을 뒤 언 강이 봄물 되어 흐르고 초가지붕이 은빛으로 부셔왔다. 아직은 배냇짓하는 길가 어린 싹들 곁으로 농부들은 쟁기 끈 소를 몰아 빈 그루터기의 웅크린 들판으로 갔다. 한골 두골 속 땅의 내음이 부드럽게 퍼지고 생기 찾은 대지 위로 봄의 소리가 더 가까이 들려왔다. 그맘 때는 내 또래들도 바빠졌다. 책 보따리를 냅다 던져놓고 둑이나 민틋한 야산으로 쑥을 캐러 다녔다. 솜털이 보송한 어린 쑥 밑동의 흙가루를 두어 번 털어 대바구니에 담노라면 사부랑사부랑 그득해졌다. 그러다가도 나는 곧잘 두리번거렸다. 노랑나비를 먼저 본 해에는 행운이 온다기에 행여 언니가 올지 모를 일이었다. 그런데 그만 흰나비를 먼저 보고야 말았다. 이제 봄이 다 가도록 언니가 돌아올 리 없을 것 같았다. 그 봄날의 실망은 불안감을 주었다. 언니와 아주 헤어지게 될지도 모를.

내가 태어났을 때 언니는 이미 홀로되어 있었다. 우리 집으로 시집온 지 얼마 안 되어 남편을 징병으로 2차 대전 전장에 보내고 말았다. 남편 돌아올 날을 이제나저제나 기다리며 바잡기만 한 세월일지라도 희망을 잃지 않았다. 남편이 돌아오면 더 사랑하고 위하며 살아가리라고 수없이 다짐했으리라. 그런데 어느 날 느닷없는 남편의 전사통지서는 기다려야 할 언니의 세계를 남김없이 앗아가 버렸다. 언니에게 더 이상 기다릴 아무 것도 없었다. 엄하신 시아버님 아래서 언니의 서러운 계절이 차례로 왔다 가기를 그러고도 열네댓 번. 길고 긴 그 시집살이 사이에 이복 시누이로 태어난 내게 언니의 정성은 여섯 해 동안 아낌없이 이어졌다.

나는 편도선염으로 자주 열이 나고 아팠다. 사탕이라도 먹고 싶어 칭얼거리면 언니는 몸이 섧은 나를 폭 덮어 씌워 업고 집을 나섰다. 그날은 눈이 많이 와서 나는 한쪽 귀퉁이를 들고 눈송이들을 보았다. 언니는 눈 위에 발자국을 남기고 갔을 테고 언니의 작은 발 모양을 닮은 발자국은 펑펑 쏟아지는 눈 속에 덮여 버렸을 게다. 가게에는 눈깔사탕이며 건빵, 또 고소한 네모 비스킷이 있었다.

나는 이것저것 집어들고서야 언니를 보았다. 언니의 머리는 할머니처럼 하얗게 변했고 사슴같이 빨개진 코끝에 맑은 콧물이 방금 흐를 듯했다. 나는 다시 언니 등에 업혀 돌아왔다.

언니는 자주 나를 업어주었다. 까닥하게 마른 푸새한 옷을 차곡차곡 개어 밟을 때도 그랬고 한밤에 열이 나 보챌 때면 굳이 어머니를 주무시라 하고 언니가 나를 업고 그 밤을 새웠다. 삭풍 매운 겨울날 차가운 달빛을 머리에 이고 나를 재웠고 작은 못가에서 개골거리는 봄밤의 개구리 소리를 노래삼아 나를 재웠다. 나는 언니가 잠이 없는 사람이라고 생각했다. 언니 등에 업혀 잠이 들고 깨어서도 언니를 먼저 찾았다. 언니가 간혹 친정에 간 다음날이면 나는 동구밖에 나가 언니를 지루하게 기다렸다. 그러다 저만치 나를 발견한 언니는 걸음을 재촉해 와서는 내 손을 잡고 걷는 게 아니었다. 먼 친정 길을 걸어왔음에도 나를 업고서 집으로 향했다. 행여 그랬을지 모른다. 기다려주던 어린 시누이가 오직 언니의 마음자리였을지도. 마음 붙일 다른 사람이 언니에게 있었어도 그 후 내 애절함이 훨씬 덜했을 게다.

그런 어느 날 언니의 친정에서 온 사람들이 언니의 짐을 소달구지에 다 실었다. 언니는, 열 밤만 자고 올게, 하고는 눈물을 훔쳤다. 하도 이상스러워 나는 언니의 치맛자락을 놓지 않았다. 말리는 억센 사람들만 아니었어도 따라가든지 안 보내든지 했을 게다. 몇 번이나 돌아보며 언니는 멀어져 갔다. 한 밤, 두 밤, 세 밤……, 열 밤이 가고 한 달이 갔다. 식구들은 언니 얘기를 꺼내지 않았다. 내 기다림은 아랑곳없이 계절은 바뀌고 정붙인 어린 시누이가 보고파서 밤낮으로 울더라는 언니의 소식이 바람결에 들려왔다. 나도 그랬다. '바둑아, 바둑아, 나하고 놀자'를 배우며 생각했고, 잠잘 때도 토닥이며 재워주던 언니 생각만 했다. 눈 위에 남긴 발자국은 사라졌어도 내 마음에 남긴 것은 오래도록 지워지지 않았다. 언니가 간 길은 결코 돌아올 수 없는 길인 줄 몇 해나 더 지나고서야 알았다.

비바람에 무디어진 서러움이 빛이 바래져 버렸다. 다행스런 일이었다. 언니는 전실 남매 넷을 키웠고 이젠 할아버님도 돌아가시고 큰아들 내외와 손주들과 함께 어려움이 없다고 했다. 차를 끓여 내오는 며느리에게 꼭 잡았던 내 손을 놓으며 나를 소개했다.

"옛날 이웃에 살던 사람인데 어릴 때 많이 업어 줬더니 안 잊고 찾아왔구나."

라고. 하지만 그 며느리는 짐작했을 게다. 이웃에서 업어준 공을 수십 년 동안 못 잊어 찾아오는 사람은 없다는 것을.

눈을 맞은 듯 하얗게 센 머리, 희미한 눈빛 아래 무시로 흐르는 눈물이 곱지 않더라도 나는 언니를 사랑한다. 보상 없는 인고의 세월을 강요했다고 역사는 말하지 않는다. 그저 흘러만 간다.

(1992년 세계일보 신춘문예 당선작)

아버지의 가방

어언간 아버지와 함께 살았던 햇수보다 그리운 세월이 더 길어졌다. 몇 년 전 아버지의 산소를 찾았을 때, 묘지기 노인은 아버지에 관한 이야기를 들려주었다. 아버지는 마흔에 한의학 공부를 시작하셨다고. 오래 전, 아버지의 빈소 한켠에 놓여 있던 가방 하나가 떠오른다.

아버지에게는 이십 년도 더 넘었다는 가방이 하나 있었다. 황토색으로 변한 구식 가죽 가방은 처음엔 아마 짙은 갈색이었으리라. 밤길에 강도를 만나 찢겨져 꿰맨 자국이며 너덜너덜한 귀퉁이와 손잡이가 볼썽사나운데도 아버지는 소중히 사용해 오셨다. 왕진 갈 때는 자전거 뒤에 그 가방을 실어 굵은 고무 끈으로 묶었다. 가방 밑으로 침 대롱이라도 흘릴세라 어머니가 새 것 사기를 여러 번 간청해도 막무가내이셨다.

아버지는 꼭 필요한 물건조차도 사는 것을 쉽게 허락하시지 않았다. 당시 일흔을 바라보는 가장으로서는 생각이 많으셨으리라. 재혼한 아내와 어린 두 딸, 그리고 의과대학에 다니는 아들 외에도 조카, 외손녀들을 가솔로 거느렸으니. 나와 동생도 공부하지 않을 때는 일을 거들어야 했다. 도리깨로 타작할 때 멀리 흩어진 콩이나 팥을 줍거나, 여물 썰 때 작두를 누르는 일 따위를.

아버지는 두 딸 중 하나가 한의사가 되기를 바라셨다. 사람의 병을 고치는 일에 대한 아버지의 긍지는 자못 컸다. 밤낮없이 일 아니면 의서 읽기에 몰두하셨다. 김매기나 밭갈이 외에 아버지만의 일이 있다는 게 나는 여간 자랑스럽지 않았다. 숙지황이나 환약들을 직접 제조하신 후 적당하게 말리는 일에 정성을 쏟으셨다. 아버지에게는 한약 냄새가 배여 있었다. 천장에 다래다래 달린 약봉지며 약장 속의 약재들 향이 아버지 냄새였다. 통증을 호소하는 사람들이 아버지를 찾아왔다가 약간이라도 수월해져서 돌아가면 아버지가 더욱 근사해 보이셨다.

그런데 멀리 왕진 갈 경우, 역에다 자전거를 두고 기차를 갈아타려면 가방을 손에 들어야 했다. 아버지의 닳은 가방이 늘 마음에 걸리던 어머니가 그예 새 가방을 하나 샀다. 산뜻한 색과 모양이 보기에 근사했으나 아버지의 불호령을 예감하던 나는 못내 조바심이 들었다. 아니나 다를까. 아버지는 몹시 화를 내며 새 가방을 거들떠보지도 않으셨다. 차츰 누그러지긴 했으나 몇 날이 지나도 새 것을 두고 헌 가방을 들고 다니셨다.

아버지는 가방을 바꿀 생각은 평생 하시지 않았을 게다. 거기엔 누구도 모르는 아버지만의 역사가 들어 있었으리라. 많은 환자를 치료한 보람과 그렇지 못한 고뇌의 세월이 겹겹이……. 태평양 전장에서 전사 통지서 한 장으로 돌아온 큰아들의 불효도 그 속 어딘가에 앙금처럼 들어있었을 게다.

새 가방 속에 아버지의 역사를 옮기던 날, 아버지는 헌 가방을 버리지 말라고 당부하셨다. 내용물을 다 들어낸 헌 가방의 납작해진 모양새는 실로 볼품이 없었으나 어머니는 정성껏 손질해서 농 속에 넣어두었다. 새 가방을 든 아버지는 전처럼 늙어 뵈시지 않았다. 다만, 친구들이 여전히 우리 아버지를 '약국 할배' 라고 부르는 것이 썩 달갑지 않았다.

부산에 중학교를 진학했을 때였다. 얘기 도중, 반 아이들이 아버지를 '아빠'라 부르는 것이 퍽 신기하게 들렸다. 나 혼자 창 쪽으로 가서 작은 소리로 '아빠'라고 되뇌어 보다가 이내 도리질했다. 희끗희끗 긴 수염을 기른, 돋보기 안경 속의 눈빛이 엄한 아버지의 호칭으로는 도무지 어울리지 않았던 것이다.

한번은 부산에 치료 환자가 있어 오시는 길에 아버지가 직접 쌀자루를 둘러메고 오셨다. 일일이 종이로 붙이고, 다리미로 구김을 편 낡은 지폐를 등록금으로 건네주시는 아버지의 손길 앞에 왠지 콧등이 찐해졌다.

버스 정류소로 향한 배웅길에 사람들이 자꾸 우리를 쳐다보았다. 세련된 도시에서 두루마기를 입은 노인의 모습을 보기란 쉽지 않았다. 그보다 사람들은 아버지의 위풍당당한 걸음걸이를 눈여겨보았을 것이다. 높은 건물들조차 아버지가 지나가시니 조금씩 낮아 보이기 시작했다. 대도시 복판에 아버지 한 분이 산처럼 우뚝 서 계셨다. 들어가라는 손짓을 남기며 버스를 타고 가신 아버지가 그날 밤 꿈으로 언뜻 오셨다. 그 이후로 고향집에 나의 일상을 소상히 적어서 자주 편지를 보냈다.

수년 후, 추수가 한창인 가을, 아버지가 갑자기 위독하시다는 전갈을 받고 나는 서둘러 고향집으로 갔다. 도드라진 광대뼈와 움푹해진 눈이 지난날의 아버지 모습 같지 않았다. 정신만은 흐트러짐 없이 누런 약봉지 쪽지에 영어 단어를 적어 외고 계셨다. 그만 쉬시라고 하니 도리어 나한테 발음이 어떤지 들어 보라 하셨다. 그건 'My name is Yong Jung Kim.', 'I am a Korean boy.'등이었다. 언젠가 미국 사람이 말을 걸었을 때, 한 마디도 못한 게 그렇게 아쉽더라 하셨다. 이웃의 탈곡기 소리가 밤이 되니 점점 크게 들려왔다. 그 소리가 시끄러워 잠 못 이루시면서도 아버지는 그 집 양식 마련하는 소리라며 듣기 좋아하셨다.

끼니를 미음으로 근근히 이어온 탓에 비몽사몽간에 헛소리를 하다가 눈을 퍼뜩 뜨곤 하셨다. 편찮으신 지 사흘 째, 신 의원의 방문도 물리친 아버지의 얼굴이 점차 평온해 지더니 달이 유난히 환하던 그날 밤 자는 듯이 운명하셨다. 아버지의 빈소 한켠에는 본래 아버지가 쓰시던 낡은 가방 하나가 쓸쓸히 놓여 있었다.

한약 냄새가 은은히 스며나는 한의원 앞을 지날 때면 나는 걸음을 늦추곤 한다. 뜻을 세우는 데 나이가 상관없다 하시며 마흔이 넘어 시작한 한학 공부에 전력을 기울여 한의원이 되신 아버지. 꼬깃꼬깃하거나 찢어진 지폐를 일일이 다리고 풀로 붙여서 우리 등록금을 마련하시던 아버지 생각에 잠시 머뭇거린다. 요즘도 부지런히 무언가 읽고 쓰는 모습으로, 혹은 하얀 두루마기 자락을 날리며 훤한 모습으로 아버지는 더러더러 내 꿈에 오신다.

(1992)

미지수

사람들은 다가올 날들에 대해 몹시 궁금한 나머지 신통력이 있는 누군가를 통해 자신의 미래를 알고 싶어한다. 어떤 일을 시작하려 하거나 어려운 문제에 봉착하게 되면 더욱 그러하다. 종교를 가진 사람들은 나름대로의 기도에 의지하게 되고 그렇지 않은 사람 중에 더러는 꿈을 풀이해 보기도 한다.

"당신은 많은 사람을 거느리거나 다스리게 될 사주요."

라거나

"곧 사업 운이 따르겠소."

라는 말을 듣고 나면 내심 우쭐해져서 그 집 문을 나오게 된다. 그러나 사업을 시작하려는 사람들이

"그 일은 시작하지 않는 게 좋은데……."

라거나, 결혼을 앞둔 사람들이

"궁합이 썩 좋지 않은데……."

라는 말을 들었다고 한다면 한동안 갈등을 겪게 될 것이다.

모르는 사람으로부터 우리들의 미래나 과거를 듣고 드물게는 용기를 얻을 수도 있다. 허나 아무리 용한 점쟁이라도 남의 미래를 정녕 알 수 있을까. 점쟁이들은 점괘 이후의 결과에 대해(설사 비싼 값의 부적 따위를 써준다 해도)책임지지 않는다. 사람들은 어떤 문제들을 겪게 될 때 그들이 기억하고 있는 점괘와 다가온 현실이 어느

정도 맞아지도록 해석하려 한다. 그러니 먼 어느 후일에 가서 그 옛날의 점괘가 과연 우리 생활에 영향을 미쳤는지는 모를 일이다.

내가 열 세 살 나던 해 나는 중학교 진학을 위해 도시로 갈 계획이었다. 당시 우리 마을에는 신이 약간 내렸다는 도천댁이 살고 있었다. 그 집에는 나보다 네댓 살 많은 얌전한 딸과 사고력이 정상인에 조금 못 미치는 막내아들이 있었다. 그 아들은 대부분 절에서 지내다가 간혹 동네 신작로에 나와 느릿느릿 걸어다니곤 했다.

도천댁은 절에 열심히 다니며 찾아오는 사람들에게 사주나 점을 봐 주었다. 간혹 우리 집에 놀러 오기도 했는데 하루는 내 점을 봐 주었다. 그리고는 엄지손가락 끝으로 다른 손가락의 마디마디를 짚어가며 중얼거렸다. 감은 듯 만 듯한 눈은 마치 경련을 일으키는 것 같았고, 짤막한 휘파람을 '휘이익!' 하고 불 때는 뱀이 들어오지 않을까 싶어 나는 방 문쪽을 조심스레 살펴야 했다.

눈을 뜬 도천댁이 어머니에게 주야로 빌어줄 양어머니를 정해주면 내게 아주 좋을 거라고 말했다. 나는 누군가 빌어주지 않는다면 어떻게 될까 하는 궁금증이 생겼으나 나를 객지로 보내야 했던 어머니로서는 마음 가볍지 않았으리라.

중학교 진학 후 고향집에 갔더니 어머니는 도천댁을 양어머니로 정했다고 했다. 하필이면 점치는 사람을 택하다니 싶어 뜨악해진 내게 어머니가 부드러운 목소리로 그저 그러려니 하고 생각만 하라고 덧붙이셨다.

여름 방학이 되어 나는 어머니의 권유에 의해 도천댁의 집으로 놀러갔다. 크리스마스 때 또래들과 다니던 교회를 지나 골목길로 조금 돌아가면 종각 끝의 십자가가 겨우 보일락말락한 곳에 집이 있었다. 거기서는 마을 앞 논밭이며 좁은 강줄기, 저 건너 동산들이 훤히 내려다보였다. 도천댁은 나를 반겨 주었지만 내가 오기를 망설였다는 걸 알고 있을지도 모른다는 생각이 들었다.

나는 도천댁을 따라 어떤 방으로 갔다. 방 한쪽 벽장을 개조해서 만든 제단 위에 작은 불상이 있었고, 그 주위에 낡은 종이꽃들이 있었다. 도천댁이 향을 피우고 주문을 외며 두 손으로 빌다가 절을 하다가 했다. 보통 사람들과 다른 차원(귀신이나 여러 신들과 통하는 정신 세계)의 사람일 거라는 생각을 하니 나란히 앉아 있다는 게 두려웠다.

간신히 용기를 내어 도천댁의 얼굴을 보았을 때 나는 사뭇 의아스러워졌다. 표정이 너무도 진지했고 땀을 흘리는 것 같았다. 어쩌면 여름이라는 계절 탓이었는지도 모른다. 주름진 이마와 옴쏙 들어간 볼 그리고 마른 손등이 눈을 감아도 자꾸만 어른거렸다. 정성들이는 표정으로 인해 차차 두려움은 가셨지만 그 방에서 나온 후에야 나는 다시 일상의 세계로 돌아올 수 있었다.

도천댁의 딸은 남새밭 둘레에 핀 봉숭아 꽃잎을 수북히 따냈다. 식초에 고루고루 절여 버무린 붉은 꽃잎을 내 손톱에 얹고 풀죽인 파란 잎사귀로 싸서 실로 챙챙 동여매 주었다. 꽃물이 들 동안 귀를 부드럽게 후벼주기도 하고 머리를 빗겨주기도 했다. 그리고는 여형제가 있었으면 하고 늘 바랐다며 자기의 소원이 이루어졌다고 했다.

도천댁네는 그다지 부유하거나 화목해 보이지는 않았다. 점쟁이가 자기 점을 쳐서 왜 부자가 되지 않는가 하는 게 나는 늘 궁금했다. 막내아들을 위해서는 여북이나 빌었을까. 한번은 내가 그예 궁금증을 못 참고 물었더니 도천댁은 모든 것이 다 운명이므로(남의 점을 봐 주는 일도 운명이므로)바꿀 수 없었노라고 했다. 그렇다면 우리 삶의 운명을 조금 미리 알거나 모르거나 무엇이 다를까.

내 양어머니 도천댁은 날 위해 내가 좀더 클 때까지 빌어주었다고 들었다. 비손의 효험이 있었는지 알 길 없으나 우리 어머니는 다소 위안을 얻었던 것 같다. 그 이후로 양어머니 도천댁을 방문하지 못했고 점을 치는 사람들만의 신통력에 대한 신뢰나 호기심은 차츰차츰 사라져 갔다. 오직 힘을 다한 기도 과정에서 정신이 맑아지는 기쁨을 얻었으리라.

만일 우리가 미래에 대해 꼭 알고 싶다면 오늘 우리의 행함을 보고 추상해 보면 얼추 맞아진다고들 한다. 그 나머지는 실은 알 수도 없지만 미지수로 그냥 두는 게 낫지 않을까. 그것을 풀어낼 해법을 굳이 마련하고 싶지 않은 까닭은 오늘 하루를 충실하게 실천함으로써 내일을 준비하는 길이 더 미덥고 확실할 것 같아서다.

(1993)

다림질 미학

옛 여인들은 옷 한 벌 모양내기까지 이틀 사흘씩 걸려도 조금도 귀찮아하지 않고 열심히 해냈다. 내가 어렸을 때만 해도 젊은 아낙들이 개울이나 강가에서 주거니받거니 얘기하며 빨래하는 모습을 흔히 볼 수 있었다.

김이 무럭무럭 나는 삶은 빨래를 두들길 때는 고개를 살풋 옆으로 잦히고 눈은 약간 내려 뜬 채 윗몸을 들썩거리게 된다. 뜨거운 김 속의 비누 냄새를 피하려는 듯 어떤 여인은 '쓰~'라는 소리를 내가며 층층시하 고된 시집살이나 때론 남편에 대한 원망, 동서간의 갈등마저도 용케 씻어냈던 것이다. 남모르는 한을 삭이는 방편이 되었음직한 방망이질에 힘이 들어 갈수록 빨래는 눈부시게 희어졌다. 가닥가닥 마를 만하면 풀을 먹여 널고, 다시 걷어 귀를 맞추어 개빈다.

어떤 옷은 밟다듬이를 하지만 대부분 다듬잇돌에 얹어 두들긴다. 나른한 정오 무렵이나 적막한 밤, 다듬이 방망이의 하염없는 장단이 시름을 두들기며 퍼져 나간다. 차츰 다듬잇살이 반들반들 살아난 옷에 물기를 품어 길게 마주 잡고 다린다. 그제서야 뜨겁게 달궈진 재래식 숯 다리미로 풀기를 빳빳하게 살려낸다. 옛 옷은 대부분 면이나 마 종류여서 반드시 다림질이 필요했고, 정성들인 다림질일수록 그 옷 입은 사람을 돋보이게 했던 것이다.

나는 언제부턴가 옷 한 벌 제 모양내기까지의 과정에 관심을 갖게 되었다. 우선 세탁할 때 다소 구식 방법을 쓰고 있다. 오래 전, 가루세제 상자를 개봉하다가 그 특유의 강한 냄새에 숨쉬기가 곤란했던 적이 있었다. 다시는 사용하지 않으리라 다짐하고 나름대로 여지껏 지켜오고 있다. 빨래판 위의 옷들에 세탁비누를 일일이 손으로 칠한 뒤 불꺽불꺽 비빈다. 셔츠의 목이나 소매 끝, 양말들은 솔로 매매 문질러야 한다. 두어 번 손으로 헹구어 비눗기를 얼추 뺀 다음 세탁기에 넣어 헹군다.

이웃들은 곧잘, 합성세제가 환경 오염에 미치는 영향을 모르는 바 아니지만 힘들고 시간 걸려서 어쩔 수 없노라고 말한다. 간혹 마른 빨래들이 우중충해 보일 때 표백제의 유혹을 느끼지만 나로서는 내키지 않는 일이다. 얼마 전부터 무공해 세제가 시판되어 그나마 다행스럽다. 그런 편리 속에서도 요즘 사람들은 옛 사람들보다 더 자주 피로하고 스트레스가 쌓인다 하니 아마도 방망이질이 사라진 탓이 아닐까.

이제 다림질 단계로 접어든다. 탈수기로 탈수한 옷은 구김이 많이 간 채로 마른다. 그 옷들을 걷어 개비며 다릴 옷과 바로 서랍장 속에 넣을 옷을 구분한다. 다릴 감이 적을 때는 이삼 일 후에 모아 다린다. 다림질은 마무리 작업이므로 더욱 정성을 들여야 한다.

내가 햇병아리 주부였을 때는 다림질이 무척 힘들고 까다로운 일이었다. 주름 하나 잡기도 어려웠고 옷을 눋게 한 적도 있었다. 어느 정도 이력이 붙고 나서부터는 다림질 도중에 예사롭지 않은 기쁨을 발견하게 되었다.

다리미에 열이 오르면 옷을 하나하나 펼쳐 가며 구김을 찾아 나선다. 마치 옷 주인들의 어려움과 당면 문제들이 구겨져 있는 듯했다. 나는 길을 고르는 공사장의 인부처럼 반듯하게 하려고 군데군데 공을 들였다.

우선 기도를 시작한다. 옷 주인들에게 우울하고 답답한 일이 있다면 구김살 펴지듯 사라지기를, 큰 걸림돌 없이 나아갈 수 있기를……. 기도는 마음에서 손으로, 손에서 다리미 열이 되어 옷으로 전달된다. 다리미는 뜨거운 마음을 담고 주름 위를 달린다. 되도록 구석구석 구김살을 버려 두지 않는다. 혹 나 자신도 모르게 누군가에게 상처를 주었다면 그들의 서운함도 아울러 펴지기를 바란다.

분무기로 촉촉해진 와이셔츠 칼라가 차츰 빳빳해지고 어깨에서 소매 끝까지 선명한 선이 잡힌다. 바지는 특히 조심스레 다루어야 한다. 자칫 두 주름이 되면 고쳐도 선 자국이 남을 수가 있다. 바지 끝이며 아이들의 남방셔츠 뒤쪽의 맞주름도 바로 잡아 누른다. 사려 깊고 진실한 사람, 사고하며 극복하는 사람이 되기를 바라는 내 마음을 심는다. 정성을 꼭꼭 눌러 심은 옷들에 신기하게도 풋풋한 생기가 감돈다.

옷들을 옷걸이에 건다. 그 옷들은 이제 단순한 사물이 아니라 출발을 암시하는 가능성을 담고 걸려 있다. 할 수 있는 의지와 날고 싶은 꿈을 간직하고 있다. 가족들의 말쑥하고 듬직한 모습을 떠올려 본다. 옷을 입기만 하면 날개가 돋을 것 같다.

그런데 그것도 아침에 입고 나갈 때 뿐, 정작 오후가 되면 가족들은 팔꿈치나 무릎이 튀어나오고 칼라에 회색 무늬가 진 옷들을 입고서 돌아온다. 딸아이는 덜하지만, 멋있게 입고 나간 개구쟁이 아들의 바지는 완전히 다른 모양이다. 바지 주머니며 접힌 끝단속에 모래까지 담겨 있다. 무릎이 튀어나온 남편의 바지며 구깃구깃한 와이셔츠도 그러하다. 애써 잡은 선은 흔적만 희미하다.

나는 '후~' 한숨을 내쉬다가도 이내 도리질한다. 그들은 주어진 일에 최선을 다했을 게고, 구김이 생기고 먼지가 묻은 만큼 종일 노력했을 게다. 먼지와 구김 속에서 찾아내는 그들의 노고는 내가 그들에게 보내는 관심의 폭과 비례하지 않을까.

한번은 구김을 줄여 볼까 하여 여름 남방들에 풀을 먹여 아주 빳빳하게 다려 놓았다. 가족들이 그 옷을 입고 나가도록 특별히 권유했다. 품위도 있어 보이고 먼지 따위는 붙지 않아서 기분 좋은 하루가 되리라고 믿었다. 저녁이 되자 그들은 왠지 지쳐서 돌아왔다. 칭찬을 기대하던 나는 조바심이 났다. 듣고 본 즉, 마치 우주복 내지는 갑옷을 입은 것처럼 목이며 팔을 마음대로 움직일 수 없었으므로 옷에 신경 쓰느라 하루를 어떻게 보냈는지 모르겠다고 토로했다.

하긴 그럴 만도 했다. 편안한 옷을 입으면 뜻맞는 친구와 동행한 것처럼 말과 행동이 안정되고, 때로 모델이 된 것 같기도 하다. 만약 입은 옷이 몸에 맞지 않다고 느끼면 행동이 여간 부자연스러운 게 아니다. 이튿날 그 빳빳한 옷들을 빨며 웃음이 나왔지만 미안한 마음이 들었다. 그 후로 남방셔츠에 풀먹여 다리는 일은 그만두었다.

얼마 전 그럭저럭 근 십 오 년이 되도록 내 가족들의 구김을 해결사처럼 충실히 펴 주던 다리미가 그만 지쳤나 보았다. 몇 번 고쳤는데 이번엔 도무지 작동될 기미가 보이지 않았다. 혹시나 싶어 수리를 부탁하고는 다릴 옷을 세탁소에 맡겼다. 많은 옷들이 다려져 걸려 있거나 다릴 옷들이 한켠에 그득 쌓여 있었다. 내가 맡긴 옷들도 거기 한데 섞여 버렸다.

세탁소 주인도 행여 옷 주인들의 마음에 진 구김이 펴지기를 바라며 옷을 다릴까. 마치 기계처럼 착착 다려내는 손동작에서 그건 좀 지나친 기대일지 모르지만 상당한 긍지를 가진 이들도 있을 게다.

지난 번 다리미가 끝내 고쳐지지 않아 결국 새 다리미를 구입했다. 거기 내 마음을 담아 다시 구김을 찾아갈까 한다. 여간 시간 걸리고 지루할지라도 가족들 옷을 다리며 공을 들이는 하루를 만들어 본다.

(1993)

지게와 세월

나는 요즘도 고향 사람을 만나면 내 기억 속에 늘 존재하고 있는 덕의 안부를 물어보곤 한다. 덕은 우리 식구나 다름없었다. 지금은 나의 부모님이 계시지 않으므로 덕이 어떻게 우리 집에 오게 되었는지 정확하게 알 도리는 없다. 덕을 찾아가 물어볼 수도 있으나 어쩌면 덕에게 아픈 과거만 되살려 줄지도 몰라 내가 떠올릴 수 있는 것들만으로 되돌아볼까 한다.

내가 덕을 기억하는 것은 아주 어릴 때부터다. 덕의 아버지 윤씨는 덕과 둘이 살다가 서울 말씨를 쓰는 방물장수를 재취로 만나 우리 집 행랑채에 살고 있었다. 덕은 우리 집의 자잘한 일을 맡아서 했다. 덕의 생모가 덕을 낳은 지 얼마 안 되어 죽은 후, 윤 노인이 덕을 키우느라 갖은 고생을 다했다고 들었다. 중부지방 말씨를 쓰던 윤 노인은 전쟁통에 겨우겨우 피난을 와서 우리 마을에 정착하지 않았나 싶다. 당시에 이미 칠순이 다된 윤 노인은 한쪽 다리를 약간 절름거렸으므로 힘든 일은 할 수 없었다. 아마 젊었을 때도 그랬을 것 같았다. 그러니 그 생활의 곤궁함이 오죽했겠으랴. 그럼에도 윤 노인의 성품이 정직하고 어련무던하여 이웃들은 그들을 업신여기지 않았다.

나는 고향을 떠나온 후 덕을 떠올릴 때면 간혹 이런 생각을 했다. 혹 그들이 어느 힘있던, 그러나 몰락한 양반가문의 후손이 아니었을까? 하고. 그 까닭은, 지난날의 반상의 구분을 그 어떤 불합리한 제도보다 경멸하지만, 그것이 존재했던 한 어쩔 수 없이 그런 생각을 함으로써 덕을 향한 내 마음의 빚(덕이 남의집살이한 게 설령 나의 탓이 아니라 해도)을 조금은 줄일 수 있을까 싶은 궁여지책이었다.

덕의 새어머니는 반짇고리며 참빗, 머리 기름 따위가 든 보퉁이를 이고 인근 동네를 돌다 오곤 했다. 덕은 그 여인을 어머니라 부르지 않았다. 주위 사람들이 덕을 달래어 보았으나 도리어 말수만 줄고 말았다.

몇 년 뒤 덕의 새어머니가 어디론가 가버리고는 돌아오지 않았다. 나는 어쩌면 덕이 어머니라 부르지 않았기 때문이었을지도 모른다는 생각을 자주 했다. 사람들은 덕의 어머니가 오지 않을 것이라 했지만 나는 꼭 다시 올 것을 바랐다. 몸이 불편한 윤 노인과 덕이 단 둘이 사는 건 어린 내 눈에도 퍽 처량하게 보였다.

봄이 되면 산에 나무하러 다니던 덕이 참꽃을 한아름 꺾어다 주곤 했다. 덕은 그 일을 결코 빠뜨리지 않았다. 꽃을 꺾어오지 않으면 내가 땅바닥에 주저앉아 울어댔기 때문이다. 덕은 새벽 일찍 일어나 아침을 든든히 먹고 서둘렀다. 나의 어머니는 목화 솜을 두둑이 넣은 천을 여러 번 누벼 덕의 도시락 집을 만들어 주었다. 그 도시락 집에 묵직한 도시락을 넣어 지게에 매달고 덕은 봉화산이나 먼 무척산까지 나무하러 갔다. 아직 찬 기온이 후미진 산골짝마다 남아 있었을 텐데 덕이 배고플 즈음 그 밥에 온기도 조금은 남아 있었을까. 그나마 도시락 집이 두터워 아주 차갑진 않았겠지만 그 깊은 산 속에 혼자 앉아 찬밥 먹었을 덕의 생각은 아랑곳없이 나는 참꽃 많이 꺾어올 것만 신신당부했다.

노을이 질 무렵 나뭇단을 진 덕이 마을 어귀에 나타났다. 수북한 참꽃 덤불이 덕의 걸음 따라 집 안으로 들어갔다. 마당 한켠에 밀

삐를 내리고 곱바를 풀자마자 덕은 빙그레 웃으며 참꽃 다발부터 내게 주었다. 좋아라 들고 다니며 꽃을 따먹기도 하고 꽂아 놓기도 하던 나를 보며 덕은 할 일을 다한 듯 저녁밥을 먹었다. 더러 칡뿌리를 캐와서는 먹기 좋도록 썰어 주기도 했다. 덕은 겨울에는 나무를, 여름에는 참외, 수박 들과 소꼴을 지게로 져다 날랐다. 덕보다 나이 많은 한 사람이 더 있었으나 내가 보기엔 행동이 느리긴 했어도 덕이 일을 더 부지런히 하는 것 같았다.

덕은 자전거로 나를 학교까지 곧잘 태워주었다. 수업을 마치고 내가 좀 늦기라도 하면 들일을 하다가도 데리러 왔다. 운동장에서 아이들과 공기놀이나 고무줄 뛰기를 하고 있을 때도 그랬다. 요령 같은 소리를 내며 덕이 나타나면 나는 놀이를 그만두고 자전거를 탔다. 덕은 다른 아이들을 생각해서 속력을 내지 않았다. 비가 오면 우산을, 날이 추우면 덧옷을 들고 마중을 왔다.

그 무렵 우리 집에는 좀 낡은 트랜지스터 라디오가 있었는데 자주 삑삑거렸다. 덕이 라디오를 분해해서 복잡하게 이어진 선을 이리저리 잇거나 먼지를 닦거나 했다. 한참만에 신기하게도 맑은 아나운서의 목소리나 가수들의 노래, 그리고 연속 방송극을 들을 수 있었다. 덕은 누구에게 배우지 않았을 텐데 기계를 잘 만졌다. 당시 우리 동네에 있던 마을 스피커가 고장이 나도 덕이 가서 고쳤다.

어언 덕이 스무 남짓 되었을 때, 꼴 베는 다른 소년이 우리 집에 왔다. 덕은 이제 키가 큰 청년이 되었으므로 새경도 올랐다. 윤 노인은 그간 알뜰히 모아 조그만 오두막집 한 칸을 준비했다. 우리 집과 자락이 닿아 있는 작은 동산 언덕 너머에 덕의 집이 있었다. 그 집 근처에 윤씨 한 사람의 일거리가 될 만한 작은 밭도 한 뙈기 샀다. 덕은 그때부터 새 집에 가서 자고 새벽 일찍 일하러 왔다.

나는 고학년이 되면서 이제 더 이상 트집쟁이가 아니었다. 마음대로 되지 않으면 마구 퍼부어 대던 욕도 더 이상 하지 않았다. 전에 내가 조르면 덕이 '뼈꽃, 살꽃, 숨꽃'이며 '의좋은 삼 형제' 따위의 옛날 이야기를 느릿느릿한 어조로 가끔씩 들려주었으나 내 쪽에서 더 이상 이야기를 해달라고 조르지도 않았다.

도시의 중학생이 된 나는 조금씩 달라졌다. 조금은 의젓해졌다고 할까. 주말이면 고향집에 자주 갔다. 달라진 내게 덕은 쑥스러운 듯 전처럼 대하지 않는 것 같았다. 빙그레 웃던 얼굴에도 약간의 우울함이 깔려 있는 듯했다.

그 즈음 순녀가 어디로부턴가 와서 우리 집의 부엌 살림을 거들고 있었다. 순녀는 부모 형제가 아무도 없는 혈혈단신이었다. 그런데도 명랑하고 너울가지가 좋아 이웃 사람뿐 아니라 누구와도 잘 지냈다. 키는 작았지만 일을 잘하든 못하든 늘 부지런을 떨었다. 덕이 물지게를 지고 큰샘으로 가면 순녀도 양동이를 들고 따라나섰다. 큰소리로 얘기하며 웃다보니 동이 아래로 흐르는 물을 연신 손으로 훑어 뿌리며 겨우 반동이 남짓한 물을 이고 돌아오기 일쑤였다. 덕과 일꾼들이 일하는 들에 새참 이고 가기를 좋아했고, 틈만 나면 덕이 새끼 꼬는 사랑방이나 쇠죽 끓이는 아래채 부엌에 가서 수다를 떨었다. 순녀가 무슨 말을 하든지 덕은 무표정하거나 싱긋 웃는 게 고작이었다. 당시 순녀의 나이는 열 예닐곱 살쯤 되었지 싶다.

그날도 일을 마친 덕이 집으로 돌아간 뒤, 순녀가 보이지 않았다. 며칠 전에도 그런 일이 있어 어머니가 주의를 시켰다고 했다. 밤이 깊어 순녀가 돌아오자 어머니는 조용히 타일렀다. 자세히 들리지는 않았으나 옳지 않은 일이 일어나고 있다는 생각이 들었다.

한번은 두세 주일쯤 지나 고향집에 갔는데 순녀의 몸이 아주 조금 달라진 것을 보았다. 얼굴이나 팔 다리는 그대로인데 아랫배가 조금 도도록해 보였다. 게다가 하도 밥을 많이 먹기에 살찌겠다고 했더니 밥이 너무나 맛있다고 했다. 애당초 허리가 날씬하지 않았으므로 나는 그저 예사로 생각했다. 바로 그 얼마 후 순녀가 어디론가 가버렸다고 했다. 어머니가 찾으려고 무척 애를 썼으나 허사였다. 이상스럽게도 가뜩이나 말이 없던 덕이 더욱 침묵만 지켰다. 날이 갈수록 기운이 없어 보이는 것 같기도 했다.

그로부터 몇 년 후 우리 집에 자주 드나들던 오산댁이 객지로 돈벌러 갔던 큰딸을 서둘러 덕에게 시집보냈다.

그렁저렁 순녀가 우리 모두로부터 조금씩 잊혀져 가던 어느 날, 맨 처음 순녀를 우리 집에 데려왔던 여인이 다시 찾아왔다. 그녀는 순녀가 우리 집에서 나간 후 곧바로 시집을 갔다고 전해 주었다. 시집가자마자 아들을 낳아 잘 살고 있더라고 했다. 예순이 훨씬 넘은 순녀의 남편은 돈은 있지만 몸이 불편하더라는 것도 전해 주었다. 그 애기를 전해 들은 어머니의 음성은 다소 가라앉아 있었다.

그 후로 세월은 훌쩍 흘렀다. 고향을 떠난 후 그곳을 생각할 때마다 가족처럼 지내던 덕이 못내 떠올랐다. 덕의 처가 아이를 낳지 못해 양자를 데려왔는데 폐렴으로 죽고 다시 입양했다는 말이 들려왔다.

그런 어느 일요일, 남천동 부근에서 순녀를 보았다. 그 동안 나는 순녀를 찾기 위하여 길을 가면서나 사람이 많이 모인 곳에서 더러 살피곤 했다. 지금은 희미하지만 그때까지도 나는 순녀의 얼굴을 또렷이 기억할 수 있었다. 선량한 빛의 커다란 눈과 광대뼈가 조금 튀어나온 달걀형의 까뭇한 얼굴. 웃을 때면 윗입술이 약간 들려 잇몸이 보이는 특징이 있었다. 그 순녀가, 아들인 듯한 키 큰 고등학생과 함께 횡단보도 한켠에서 신호등이 바뀌기를 기다리고 있었다. 무슨 얘기를 하며 간간이 웃기도 했다. 차가 좀 밀렸으므로 나는 기사에게 내려달라고 부탁하려 했으나 그곳은 정류소가 아닌데다 차가 서서히 움직이기 시작해서 그만 지나쳐가고 말았다.

한데 그 옆에 서 있던 학생의 얼굴이 어디선가 본 적 있는 듯한 인상을 주었다. 퍼뜩 떠오르지 않는데도 나는 잡힐 듯한 무언가를 찾으려 애썼다. 버스가 대연 사거리를 지날 무렵에서야 그 얼굴에서 고향의 덕을 기억해 냈다. 실은 나는 좀더 일찍 그런 생각을 하고 있었는지도 모른다. 그 이후로 남천동 부근을 지날 때면 나도 모르게 두리번거리기도 했다.

몇 년 후 고향에 갔던 차에 친척 올케 언니를 대동해서 덕을 찾아갔다. 나는 그 방문이 덕에게 실례되지 않기를 간절히 바랐다. 조금 놀라는 듯하던(표정의 변화가 없는 덕으로서는 엄청난 변화였으리라)덕이 그저 말없이 웃었다. 웃는 얼굴 군데군데 굵은 주름이 패였고 이제 완연한 중년 농부의 모습으로 틀이 잡혀 있었다.

내 어린 날의 온갖 고집과 트집을 한번도 싫은 내색 없이 다 받아주었던 덕이, 그가 우리 집에서 보낸 시절이란 얼마나 아프게 그의 기억 속에 남아 있을까. 덕에게 예전처럼 반말을 할 수는 없었다. 덕도 반말을 해야 할까 하고 망설이는 것 같았다. 아직 한 마디도 하지 않은 덕에게 말을 낮추라고 할 수도 없었다.

우리 셋은 나란히 마루에 걸터앉았다. 외양간에는 주인을 닮은 누렁소 두 마리가 순한 눈빛을 슴벅거렸고, 문 없는 창고 안에는 경운기가 믿음직스레 버티고 있었다. 덕의 처는 보이지 않았고 덕이 찬장에서 사과를 꺼내 왔다. 아직은 풋사과였다. 내가 사과를 깎아 덕에게 권했다. 장난감을 만지작거리는 덕의 아들에게도 주었다.

농사일에 관해 몇 마디 얘기를 꺼낸 언니가 덕에게 경운기 수리 손봐줄 날짜를 묻는 것으로 보아 덕의, 경운기 수리하는 기술이 상당한 것 같았다. 덕은 옛날에도 라디오 같은 걸 잘 고쳤으니 경운기 기술도 혼자 터득했음에 틀림없다. 언니가 얘기를 내게로 돌려 도시로 나간 지 그 사이 몇 해나 되는지 물었다. 나는 얼른 생각이 나지 않았다. 나름대로 얼마나 됐을까 하며 잠시 햇수를 더듬고 있는데 덕이 온화한, 그러나 분명한 어조로 만 열 여덟 해째라고 대답했다. 나는 귀를 의심하고 싶어질 정도였다. 그제서야 덕이 나를 뜨악해할지도 모른다는 내 생각이 기우였음을 알았다.

돌아가신 어머니 얘기를 언니가 꺼내자 덕이 고개를 들고 먼 하늘을 올려다보았다. 나는 마당을 바라보고 있었지만 덕의 그러한 모습이 시야에 확연히 들어왔다. 덕과 함께 잠시나마 지난날을 생각하니 말할 수 없는 어떤 어른거림이 내 눈에 고였다. 나도 하늘을 올려다보았다. 하얀 구름 몇 점이 어디론가 두둥실 떠가고 있었다.

순녀는 이곳을 잊었을까. 순녀의 아들은 이제 대학생이거나 어쩌면 사회인이 되었겠지……. 세월은 각자에게 지워진 그리움의 양이 적든지 많든지 아랑곳하지 않고 흘러만 간다. 형체가 있는 듯 보이면서도 정작은 모양 없는 저 구름처럼. 나는 공연한 회상에 잠겼다. 그러다가 내심 결론을 내렸다. 덕은 결코 고향을 떠나지 않으리라 하는.

우리는 잠시 후에 일어섰다. 끝내 순녀에 대해서나 옛 생각 따위에 대해 아무 말도 하지 못했다. 나는 덕을 쳐다보지 않고 덕의 어린 아들에게만 거듭 당부했다. 부모님 말씀 잘 듣고 잘 자라라고. 덕은 그때도 그저 싱긋이 웃고 있었을 게다.

대문께로 나오다가 나는 잠시 주춤했다. 경운기 뒤편 구석에 잘 사용하지 않는 듯한 지게 하나가 기대어져 있는 게 보였다. 덕의 지난 세월을 허리가 휘청하도록 지고 다녔을 그 낡은 지게가 하릴없이 나의 발길을 멈추게 했다. 덕은 이제 다시는 지게를 지지 않으리라. 그 옛날 가난한 시대는 어린 소년 소녀들의 작은 어깨에 그들이 감당할 만한 지게를 지웠던가.

나는 무언가 짚이는 걸 느낄 수 있었다. 덕이 지게를 내려놓은 동안 그 지게는 내 마음에 지워져 있었던 것이다. 그것을 벗으려고 나는 굳이 단 한번이라도 덕을 만나려 했던 게 아닐까. 제법 한참 서 있었는데도 언니와 덕은 그네들이 알지 못할 어떤 감회를 따로 느끼고 있을 나의 침묵을 가만히 내버려두었다.

모퉁이를 돌아 나오자 마을 뒤편 낙동강으로부터 강바람이 불어왔다. 저만치 마을 어귀로 참꽃지게를 한짐 진 덕의 모습이 나타났다가는 사라졌다.

그날 이후로 벌써 또 수년이 흐른 지금, 내 마음에 진 지게를 내려놓으려 했으나 아직도 나는 그것을 온전히 내리지 못한 것 같다. 이제는 덕을 찾아가지 않고 그저 안부만 묻게 될 게다. 지난날의 그들의 아픔을, 또 나의 빚을 덜어줄 것은 얼마나 더 흘러야 할지 모르는 저 자비로운 세월뿐인 고로.

(1994)

하룻밤도 못 깨어있는 자식

어머니는 마흔이 넘어 나와 동생을 낳으셨다. 어린 딸들이 다 자라는 걸 볼 수 있을까 하는 염려로 우리 자매에게 더욱 남다른 애정을 가지셨는지 모른다. 나는 나대로 늘 불안을 갖고 있었다. 가슴답답증과 편두통에 시달려 오던 어머니가 일찍 돌아가실 것만 같았기 때문이었다.

그 일이 내가 삼십대 초반에 현실로 나타났다. 어머니가 호흡 곤란으로 앉아서 밤을 새는 날이 늘더니 순환기 계통이 급작스레 나빠져서 결국 입원하셨다. 몸에 부기가 있더니 하루하루 더 나빠져 갔다.

여동생이 낮에 빨래며 미음 끓이는 것, 또 몸 씻어드리는 일 등을 죄다 했다. 학원을 경영하던 나는 밤이라야 시간을 내었다. 병실문을 열면 어즙은 얼굴로 빙그레 웃어 주시던 어머니. 그 모습이 떠나지 않아 어둑해지기가 바쁘게 마음이 제 먼저 병원으로 향했다. 내가 좀 늦기라도 하면 문 앞에 들리는 발자국 소리마다 귀 기울이시더라 했다.

나는 밤에 그저 어머니 곁에서 오다가다 보고들은 세상의 온갖 소식을 알려 드리거나 팔다리를 주물러 드리거나 했다. 밤이 깊어지면 어머니가 주무시지 않나 해서 몇 번이나 얼굴 가까이 다가가 살폈다. 간혹 어머니의 친구가 놀러와 나와 교대로 밤을 새워주실 때 나는 잠깐씩 잠을 자기도 했지만 그 간잔지런함을 도무지 이겨낼 묘법이 없었다.

그러다 퍼뜩 눈을 떠보면, 어머니는 벌써 일어나 계시다가 무얼 달라 하거나 멀거니 나를 보고 미소짓곤 하셨다. 왜 나를 깨우지 않았느냐고 하면 느린 목소리로, 좀더 자라고……, 하셨다. 잠자기 위해 여기 있는 줄 아느냐, 잘 바에야 집에서 자지 여기 왜 왔겠느냐며 가석함을 참지 못하고 나는 그만 어머니에게 투덜거렸다.

잠을 참았으나 나도 모르게 깜빡 엎드려 자다가 깨어보면 늘 이불이 덮여 있었다. 어머니가 덮어주신 게다. 지쳐 보이는 딸에게 덮어주려고 어머니가 힘들게 이불자락을 당기신 게다. 사람들은 밤낮 교대로 지키는 두 딸을 효녀라 했으나 어머니 간호에 필요한 온갖 들무새를 씻고 닦는 일은 신실한 동생이 다 했으니 나는 그 말 듣기가 민망했다. 내 몸이 아프기라도 했을 어릴 적에 몇 밤이라도 지새우셨을 어머니. 그 어머니가 가녀린 생명 줄을 놓으려는데 나는 어머니를 위해 단 하룻밤 잠도 이겨내지 못하고 있었다.

일요일에는 종일 어머니 곁에 있을 수 있었다. 그날은 약간 기운을 차리고는 몸이 굳기 전에 수의(壽衣)를 입혀야 된다고 당부까지 하셨다. 어머니는 죽음을 삶의 일부처럼 받아들이신 것 같다. 법정에 선 한 현자는 죽음이 좋은 건지 나쁜 건지도 모르는데 목숨을 구하려고 애원하진 않겠다고 했고, 또 다른 현자는 세상 번뇌에서 벗어나는 길이라고도 했고, 또 다른 이는 천국으로의 이행이라고도 했다. 누군가가 이 세상을 떠난 뒤 몇 세대까지는 그를 기억해줄 테니 죽음이 삶의 다른 방법이랄 수도 있다. 허나 어머니의 정다운 얼굴을 다시는 볼 수도 만질 수도 없게 되다니. 물리적인 부재를 삶의 다른 방법으로 받아들이기가 어려운데 그 시각은 점점 다가오는 듯했다.

어머니는 일체의 링거액 주사를 거절하셨다. 병원 문을 나서는 사람들은 어머니를 보고 회생이 어렵겠다 했지만 나는 차마 한 가닥 희망을 버릴 수 없었다. 어머니는 떠듬떠듬 말을 하다가 그윽하고도 평화로운 눈으로 나를 지켜보다가 하셨다. 간혹 호흡하기가 조금 수월해 보이면 어머니를 웃게 해드리려고 나는 어린 시절의 일들을 하나하나 기억해냈다.

"일 학년 입학 때 엄마가 내 머리를 길게 땋아주었죠. 난 하얀 손수건을 가슴에 달고 갔어요. 키 작은 여자 선생님 기억나죠? 엄마. 그 선생님이 나보고 글 잘 읽는다고 칭찬해주던 일 생각나요?"

어머니가 빙그레 웃으셨다. 어머니의 미소 속에는 좀 쓸쓸한 눈물이 배었을 게다. 행복한 추억들을 아무리 많이 들려드려도 모두 다 놓아야 할 지점에 와 있으니. 그래도 나는 어머니의 정신을 조금이라도 맑게 해드릴 방법을 찾아냈다.

그날 어스름 저녁이 되자 어머니가, 밖에 한번 나가 봤으면, 하고 혼잣말을 하셨다. 얼마나 그리운 바깥 공기였을까. 내가 부축하여 나가려 했으나 어머니는 허든거리며 넘어지셨다. 나는 어머니를 일으켜 앉힌 뒤 어머니 앞에 등을 대고 앉았다. 몇 번이나 도리질하시던 어머니는 내 성화에 못 이겨 근근히 업히셨다. 헌데 어머니의 몸이 어쩌면 그리도 가벼우셨을까. 너무 가벼우신 어머니를 업고 병원 복도를 나섰다.

어머니를 업고 둥실둥실 날아올랐다. 아스라이 멀어진 시절로 가니 엄마가 어린 딸을 안고 둥개둥개 얼러 주신다. 나는 더 멀리 날아갔다. 사람들이 엄마의 어린 딸을 손바닥에 올려놓고 곤두곤두 놀아주자 불안하여진 엄마는 그 옆에서 딸의 손을 꼭 잡고 계신다. 어린 딸은 잠시 후 엄마 품에 안겨 쌔근쌔근 잠이 든다. 돌잔치 하느라고 온 동네 사람들이 모여 있는데 색동 한복 입은 예쁜 딸이 열이 나서 엄마는 가슴이 덜컹 내려앉는다.

어머니가 그만 내려달라 하시기에 사뿐 땅으로 내려섰다. 어머니는 이제 내 말을 아무 반응도 없이 듣고만 계셨다. 어떤 불길한 예감에 그날 밤만은 어머니 곁에서 하루라도 꼬박 새리라 다짐했다. 한밤이 되자 묵직하게 내리누르는 눈꺼풀 무게에 나는 또다시 시달렸다. 거푸 손사래치며 도래머리 흔들어도 잠은 무서운 기세로 나를 덮쳐왔다. 어머니가 고요히 잠드시기에 나도 그 옆에 아무렇게나 엎드러져 잠이 들었다.

어렸던 나를 업고 소록소록 재워 주셨을 어머니, 몸이 쇠어 보채던 나를 밤쯤이야 몇 밤이라도 마다 않고 새우셨을 어머니, 그 품에 안기고 그 등에 업히어 세상모르고 행복했던 나는 어머니가 먼 길 떠나시는데 단 하룻밤도 온전히 깨어 있지 못했다.

(1999)

노년의 우정

어머니 돌아가시기 수년 전, 어머니는 아파트 위층에 어머니보다 다섯 살 연상의 친구를 사귀셨다. 우리 어머니가 숨이 차 못 나가시니 그분이 자주 놀러 오셨다. 어떤 때는 사탕을 가지고, 어떤 때는 떡을 가지고 오셨다. 딸집에 다니러 갔다가 우리 어머니 생각에 사흘을 채 못 넘기고 도로 오셨다.

어머니의 친구는 끈을 단 긴 플라스틱 병을 등에 매단 채 지팡이를 짚고 약수터로 쉬엄쉬엄 올라가셨다. 굽은 등에 물병을 지고 오셔서는 어머니에게 자주 마시라 하셨다. 여름엔 국수 삶아 드시고 겨울엔 국밥 끓여 드시며 두 분은 그다지 부러운 것 없는 우정의 세월을 엮으셨다.

굽이굽이 넘겨온 옛일을 도란도란 나누느라 시간 가는 줄 모르셨다. 장 담그던 얘기며 이 시린 동치미 얘기며 일찍 돌아가신 남편들 얘기며……. 며칠 전에도 나누었고 또 그 전에도 나누었던 이야기들이지만 가끔은 빠뜨린 내용 하나를 첨가하면 참말로 새삼스런 일 같아 두 분은 퍽 놀라는 표정을 서로 지으셨다.

아주 오래 전에 우리 집에 도둑이 들었는데 용감하신 우리 아버지가 도둑을 붙잡고 뉘우치게 해서 돌려보낸 사건이 어머니에 의해 불려 나왔다. 도둑이 칼을 들고 문 밖에서 돈을 요구했는데 아버지가 일단 들어와 잠시 쉬어가라며 방에 불러 들였다. 그리고는 약간의 돈을 쥐어주며 그가 마음을 돌릴 때까지 이런저런 대화를 하시고는 앞으로 이런 짓 하지 말라는, 혹시 다음에 또 돈이 필요하면 한번 더 들르라는 당부까지 해서 돌려보냈다. 그 도둑(아마 빨치산인 듯)은 다시는 오지 않았다 한다. 내가 네댓 살 적의 실화라는데 여러 번 들어서인지 희미한 그림처럼 연상이 되었다.

한의사이신 아버지는 환자들을 우리 집에 불러다(대부분 중풍 환자들이었으므로)아예 숙식을 제공하며 치료했다. 그 환자들을 위해 어머니가 밥을 얼마나 많이 지었는지, 여름날에는 땀을 엄청나게 흘렸다는 이야기도 하셨다. 하긴 내 기억에도 손이 많을 때는 어머니가 아궁이에 직접 불을 떼어 큰솥 밥을 짓거나 일일이 반찬을 챙기시던 모습이 기억에 남아 있다.

또 장마가 져서 농사를 망쳤던 일이며 한해께 가뭄이 들어 애태웠다는 얘기도 두 분 이야기 속으로 불려나오곤 했다. 간혹 옆에서 들을라치면 두 분이 사랑스러워 나도 모르게 웃음이 나왔다.

고비 늙은 노인의 우정은 한 친구가 병들면 십중팔구 이별하게 된다. 어머니의 호흡곤란 증세가 심해져 입원하셨을 때 어머니의 친구는 우리 어머니를 잃을까봐 병실에서 밤을 지내기도 하셨다. 어머니의 손을 꼭 잡고 거기서도 아주 가끔 어떤 이야기를 해놓고는 간간이 웃으며 평온한 우정을 나누셨다.

그러다 점점 회복이 힘든 어머니가 병원 옆 오빠 집으로 거처를 옮기시자 어머니의 친구는 우리 오빠 집에 선뜻 나타나지 않으시고 혼자 아파트에서 병원 쪽을 하릴없이 바라보다가 가셨다 했다. 어머니의 친구가 힘없이 발밤발밤 걸어갔을 뒷모습을 생각해 보았다. 그 많은 옛 이야기를 이제 누구와 나눌 것인가. 설령 이야기를 나눈다 할지라도 그렇게 마음 통하기가 쉬운가. 맛있는 음식이 있어도 약수를 떠와도 함께 나눌 친구가 병들어 누웠으니 세상 의욕이

한풀 더 꺾였으리라.

우리 어머니 돌아가신 후 아파트 계단을 오르내리며 우시던 어머니의 친구를 멀리서 몇 번 뵈었다. 그 모습이 마치 날개 꺾인 새처럼 초라하여 차마 인사할 엄두가 나지 않았다.

그 얼마 뒤 어머니의 친구가 맑은 정신이 없어진데다 몹시 편찮아 계신다기에 찾아갔다. 팔순 노구를 일으켜 내 손을 잡고는, 그래 그래, 하셨다. 아직도 내 얼굴에서 행여 우리 어머니의 모습을 더듬으려는지 나를 물끄러미 보다가는 고개를 흔들기도 하고 또 고개를 돌렸다가 나를 보다가……, 하셨다. 그리고는 젊은 남자의 옷(오래 전에 돌아간 아들의 옷이라 했다)을 갰다 폈다 하며 못 알아들을 말을 해놓고 혼자 웃으셨다. 어머니의 친구에게 다른 친구가 생기기를 바라며 마음이 무거워져 그곳을 나왔다. 어머니의 친구도 얼마 안 가 먼 길 가셨다.

자식도 저희들 일 바빠 자주 못 돌아보는 빈 가슴에 온갖 추억들을 이것저것 꺼내어와서는 서로 채워주던 어머니와 어머니의 친구, 때로는 너무 웃어 배가 아프다던 두 분은 말년에 평화로운 우정의 날들을 보내셨다. 어머니 생전에 바쁘다는 핑계로 자주 못 찾아뵌 것이 가시처럼 걸려 있지만 다정한 친구가 계셔 그다지 쓸쓸하지만은 않으셨을 거라고 자꾸만 긍정해본다.

(1999)

지킴별이 된 아이

중학교를 부산으로 진학한 나는 초록색 세라복과 베레모의 교복 차림으로 고향집에 갔다. 어쩌다 친구 옥이를 만나러 가면 위채 마루에 무심히 앉아 있던 옥의 사촌 오빠가 씩 웃으며 머리를 긁적이곤 했다.

그들 사촌은 한 집의 위채 아래채에 살았다. 집 대문에 있는 아름드리 회나무가 듬직한 문지기 같았음에도 불구하고 그들 집에는 장식품은커녕 문의 창호지가 더러 찢어져 있는 곳도 있었다.

3학년 여름 방학 어느 날, 친구와 함께 탱자 담을 지나 억새로 지붕을 이은 교회로 저녁 산책을 나갔다. 키가 성큼 자란 친구의 사촌 오빠가 마치 경호원처럼 동행하게 되었다. 뜨락의 종각 아래 셋이 앉아 어스름 하늘에 하나 둘 나타나는 별을 보았다. 한 점 없던 바람을 마음으로 느낄 만치 침묵이 지속되면 어떤 은밀한 임무를 띤 사람처럼 친구는 그것을 상냥하게 깨뜨렸다. 북두칠성이 선명해지고 친구가 먼저 별 이야기를 꺼내자 잠시 후 그가 별에 관해 이야기하기 시작했다.

그는 어려운 별자리까지도 일일이 손으로 짚어가며 수줍은 목소리로 설명했다.

"저기 저건 작은곰자리를 둘러싼 용자리고, 은하수 저쪽 큰 별은 직녀성, 저쪽 건 견우성, 그리고 저기 저 별은……."

하고 별을 계속 말하고 있는 이는 세상 때 하나 묻지 않은 해맑은 소년이었다. 그의 손끝을 따라 한참 올려다보았으나 그 많은 별 중에 하나가 같은 별이었는지 모르겠다. 친구 옥이도 나보다는 별에 대해 많이 알고 있었다. 어쩌면 나도 옥이처럼 찬찬히 별자리를 찾을 수 있었을지 몰랐다. 그가 내게 꼬박꼬박 존댓말 하지만 않았어도. 나는 점점 궁금증에 쌓였다. 왜 존댓말을 하는지. 나보다 한 살 위라지만 동창생이 아닌가. 사춘기에는 동창생끼리도 그래야 하는 걸까.

"왜 존댓말을 하니?"

라고 묻고 싶었지만 소년 신사를 무안하게 할 수도 없었다. 나는 존댓말도 반말도 아닌 중간 말을 적절히 써야 했다.

6학년 때는 남녀 반이 달랐지만 5학년 때까지 같은 반에서 그는 늘 급장을 했다. 육 남매 중의 막내라서 그런지 그의 곰삭은 옷들 대부분은 소매나 바지 길이가 덜름했다. 얼굴이 뽀얀 편이어서 옷매무새는 단정해 보였다. 남학생들이 여학생들에게 뱀을 던지거나 돌을 넣은 눈 뭉치를 마구 던져대도 그는 얌전히 갔다. 그처럼 민음성 있던 꼬마가 정중한 소년으로 자란 건 지극히 당연한 결과였던 게다. 얘기꽃이 피어 일어서기 싫었지만 엄하신 아버지의 얼굴이 떠올라 내가 가겠다고 하자 그들은 우리 집 앞까지 바래다주었다.

보충 수업을 마친 방학 끝 무렵 시골집에 갔을 때, 옥이가 찾아와 우리 집 옆 동산으로 나를 데려갔다. 두 무덤가 큰 도래솔 기둥 아래 그가 서 있었다. 더위를 식히러 나와 있는 몇 사람 곁을 지나 동산 언덕배기에 우리도 자리를 잡았다. 친구가 늘 먼저 말을 꺼냈다. 주위의 논이며 먼 산들이 어둠 속에 거뭇거뭇 잠겨들자 두런거리던 사람들이 내려가 버리고 마침내 우리 셋만 남았다. 진북청색

하늘에 나타난 별들이 소나무를 기둥삼아 총총 별 지붕을 이었다. 나는 그 광경을 하염없이 올려다보았다. 그는 명곡을 부르기 시작했다. 울리는 듯한 굵직한 음성이 어둠을 가르고 퍼져 나갔다. 우리도 작은 소리로 따라 불렀다.

노래를 잠시 멈춘 그가 우리 마을 사람들이 너무 가난하다고 말했던 것 같다. 한 마을에 고작 몇 집 외엔 무척 어렵던 시절이라 그 말에 나는 공감했다. 그는 마을의 봉사자가 될 수 있을 게고, 나도 그 일에 참여하리라. 나는 왠지 그런 생각이 자꾸 들었다. 그들도 고등학교는 부산으로 진학하기로 약속했다.

이듬해 그는 부산의 명문 고교 학생이 되었다. 새로 맞춘 하복을 입고 예의 셋이 교회를 향해 버들가지가 치렁치렁한 전포로를 지날 때였다. 건너편 부대 입구에 장총을 맨 위병이 우리를 못 본 척 부동자세로 서 있었다. 얘기에 열중하며 걷는 도중, 내 얼굴이 댓바람에 홍당무가 돼 버렸다. 그의 팔이 성경책을 든 내 팔에 싹 스쳤기 때문이었다. 친구가 늘 가운데 서서 가다가 그날은 내가 좀 어색했지만 우연히 복판에 섰던 것이다. 그도 그럴까 궁금했으나 교회에 다다를 때까지 한번도 그를 쳐다보지 못했다.

그 즈음, 같은 군내의 재부 학생들끼리 학우회를 결성하고는 다음 모임 때 임원 선출을 약속했다. 그와 내가 꽤 유력한 후보자로 떠올랐으나 열이 심했던 나는 그만 참석하지 못하고 말았다. 그가 임원 선출 연기를 제의해 보다가 결국 기권하고 말더라는 후문이 들렸다. 그 이후로 그가 우유부단하다거나 오만하다는 평판이 나돌았어도 그가 나를 얼마나 생각했는지 또 의지가 얼마나 강한지 나는 알 수 있었다.

내가 어긴 무언의 약속으로 그와 나는 조금씩 빗겨가고 있었다. 그도 나처럼 시를 좋아했으나 서신 왕래는 없었고, 특별한 말을 나누지도 않았다. 반 애들이 남자 친구 얘기를 할 때 그를 떠올려 보았지만 친구들처럼 명화감상을 하거나 산책 따위는 하지 않았다. 그의 모범생다운 진실성을 존중하면서도 그 점 때문에 오히려 서운했다.

그해 겨울, 우리들이 직접 쓴 글을 등사판에 찍어 묶은 학우회지가 나왔다. 그의 「P에게」라는 편지글이 실렸다. P라는 한 소녀에게 바친 감정을 편지로 노래했는데 그 내용이 너무나 애절했다. 워낙 얌전한 모범생인지라 나는 그가 그저 가상의 글을 썼으리라 생각했다. 적어도 옥이, P가 바로 너였어, 라고 귀띔해 주기 전까지는. 그날 저녁, 몇 달만에 그 책자를 꺼내어 읽어본 나는 잠을 이루지 못하고 부은 눈으로 이튿날 일찍 학교로 갔다. 상위권 성적이 하위로 뚝 떨어졌다는 그의 소식을 전해 들은 날, P가 누구였느냐고 물어나 보았더라면, 오래도록 내 꿈으로 찾아오진 않았으리라. 당시 허무나 염세적(소녀적 감상이라기보다는 아버지와의 사별로 인해)으로 변한 나는 한 동안 의욕을 상실했고 어쩐 일인지 그와 점점 멀어져 가는 운명을 뻔히 보면서도 돌려놓지 못했다.

실로 우연히 김해에서, 재수생이 된 그를 만났다. 둘이 처음 찻잔을 가운데 놓고 마주 앉았으나 서로 물끄럼말끄럼 바라만 보고 있었다. 한참 후에 그가 내게 조심스레 낮춤말로 말했다. 그건 아주 의외였다. 그는 농대와 의대 둘 중 하나를 택하지 못해 공부에 열중할 수 없다고 했다. 지난날 고향을 위해 그에게 걸었던 기대를 아주 버리지 않았던 나는

"하얀 가운을 입고 환자를 치료하는 네 모습을 상상하니 잘 어울릴 것 같다."

라고 말해주었다. 생각에 잠겨 있던 그가 눈을 반짝하며 결정했다고 말했다.

일 년쯤 뒤였을까. 식물원 근처 주택가에서 우연히 지나는데 그가 말을 건네 왔다. 그나 나나 어떤 마음(?)을 내색하지 못하는 건 여전했다. 어느 집 가정교사로 아르바이트하고 있다는 그가, 저녁에 만날 수 있을지를 겸연쩍게 물어왔다. 허나 웬일인지 만나지 못하고 세월은 이만큼 흘렀다. 그는 눈을 반짝이며 되겠다던 사람이 되긴 했지만 병원에서 진료하느라 대학에서 후진 양성하느라 바쁘기만 할 뿐 병들고 소외된 이웃을 위해 봉사할 거라는 소문은 아직 들려오지 않는다. 어느 길모퉁이에서 다시 만나게 되면 의학도 시절에 감동 받았을 히포크라테스의 선서를(무슨 의미가 있으랴마는)지금도 욀 수 있을지 물어보고 싶다.

병들고 소외된 사람들을 위해 봉사하는 건 더 잘 어울릴 거라는 말을 해주지 못했으나 너무도 어렵게 자란 그가 사려 깊은 어른으로 나이 들어간다면 언젠가 그렇게 하리라. 해서 나는 오래오래 기다리기로 했다.

(1992)

선생님 생각

가을이 되면 코스모스 꽃 흐드러진 길 어디서나 나는 오래 전의 한 선생님 모습을 떠올리곤 한다. 눈이 움푹 들어간 이국적인 모습에다 파란 수염 자리가 참 인상적인 6학년 때의 담임선생님. 그분은 늘 자상한 미소를 머금고 계셨다.

당시 나는 대도시로의 진학을 위해 선생님 댁에서 보충지도를 받기로 했다. 가을 추수가 막 시작되던 시월 초순 어느 날 방과 후, 늘 함께 다니던 친구들과 헤어져 나 혼자 선생님 댁으로 향했다. 며칠 전 운동회 탓인지 몹시 지쳐 있었던 나는 타달타달 걸어 선생님 댁으로 들어섰다. 반겨주시는 사모님과 저녁 식사를 마치고 이쪽 방에서 혼자 산수 문제를 풀었다.

왠지 공부가 잘 되지 않았다. 골목에서 노는 아이들 소리, 짙어내려 앉는 밤 기운, 사모님과 어린 준이의 도란거리는 소리가 유난히 내 귀에 크게 들려왔다. 시계가 아홉 번인가 쳤던 것 같다.

선생님이 오셔서 국어 책을 읽으라고 하셨다. 허나 목소리가 나오기는커녕 글자들이 책 바깥으로 튀어나와 빼뚤빼뚤 춤을 추고 있는 게 보였다.

"머리 아프냐? 배 아프냐?"

하시는 선생님의 물음심에 대답도 않고 계속 울상이 돼 있었다. 이마를 짚어보던 선생님이 갑자기 어머니 보고싶어 그러느냐고 하셨을 때 난 그만 책상에 얼굴을 묻고 봇물 터지듯 서럽게 들먹였다. 일요일이면 집에 갈 텐데 참아라, 하시는 선생님의 달래심을 봐서라도 북받치는 설움이 좀 그쳐주었으면 좋았을 것을.

그 즈음 선생님의 목소리가 들려왔다. 오늘은 일단 집에 가자. 데려다 줄 테니……. 내심 너무나 기뻤지만 천천히 고개를 들고 펼쳐진 책을 덮으려는데 조금 전까지 책 바깥으로 튀어나와 흔들거리던 글자들이 제자리에 고스란히 다 박혀 있었다.

버스가 우리 마을에서 학교 앞으로 하루에 한 번 지나다녔지만 이미 버스 운운할 시간은 아니었다. 그런데도 그날 밤 꼭 집으로 돌아가리라 속다짐하고 있었다. 들어온 지 두어 달 된 전등불 켜놓고 내 생각에 잠 못 이루실 어머니 얼굴이 자꾸 떠올랐다. 연세 많은 탓에 어린 딸에 대한 애정이 남달랐고, 나도 어머니에 대한 그리움이 유달랐다.

선생님은 잠바를 입으셨다. 사모님의 달래심을 뒤로한 채 선생님을 따라 속히 나섰다. 선생님은 내 손을 꼭 잡고는

"녀석도."

라고 하셨다. 중천에 유난히 커 보이는 둥실한 달이 누리를 환히 밝히고 있었다. 약간 바래지려는 가로수 잎들과 나지막한 초가 지붕, 허수아비들이 지쳐 잠든 들판, 저 멀리 기찻길이 천연덕스레 달빛을 향유하고 있었다. 달빛을 따라 온 들에 선생님의 노래 「성불사의 밤」, 「그 집 앞」이 평화롭게 퍼져나갔다. 선생님은 그 아름다운 정경에 취한 듯 아니면 지루함을 달래려는 듯 노래하셨다.

제법 한참 가다가 선생님은 걸음을 멈추고 내 앞에 등을 대고 앉으시더니 업히라고 하셨다. 닷새에 한 번 열리는 고향 장터에 가끔씩 노천 영화관이 머물렀다. 영화를 좋아했던 나는 우리 마을 사람들과 함께 「유정」이나 「남이 장군」, 「새엄마」등의 영화를 빼놓지

않고 보러 갔다가 일하는 김씨나 덕의 등에 업혀 집으로 오곤 했다. 허나 선생님에게 업힌다는 건 아무리 철없는 나로서도 여간 민망한 일이 아니었다. 아마 졸릴지 모른다고 안쓰럽게 여기셨던지 선생님은 몇 번이나 거절하는 나를 그예 업고 걸어가셨다.

선생님 특유의 포마드 향이 아주 짙게 느껴졌다. 처음엔 숨을 못 쉴 정도였으나 차츰 나아져 견딜 만은 했다. 마을 사람들이 부역을 시작하여 길이 넓어지긴 해도 아직은 언틀먼틀한 신작로였는데 선생님은 날 업고 잘도 걸으셨다.

길 양편에 꽃들이 활짝 피어 있었다. 이태 전 우리들이 꽃길 가꾸기 운동을 벌여 길가에 코스모스 씨앗을 뿌렸다. 그 씨앗들이 쑥쑥 잘 자라 이듬해 가을엔 그 길을 지나는 이는 누구라도 코스모스 꽃들의 갈채를 받았다. 선생님의 어깨 너머로 달빛을 한껏 머금은 청보라빛 꽃들이 조신하게 다가왔다가 물러났다.

"꽃 좀 보아라. 참 곱구나."

선생님은 내게 말을 거셨다. 꽃들에 매료되신 선생님을 위해 달은 길에다 더 많은 빛 가루를 뿌려주었다. 춥지 않으냐고, 추우면 잠바를 벗어주겠노라 물으시는 선생님께 나는 괜찮다며 딴은 선생님을 생각해 드렸다. 노루목 옆으로 약간 오르막인 대항다리를 지나 다시 내리막길로 갈 때, 선생님의 등 너머로 우리 마을의 실루엣이 희미하게 드러나기 시작했다. 전기료 아끼는 집이 많아서였던지 얼마 전에 들어온 전깃불 켜진 집은 여남은 집 될까말까. 그 중에 하나는 우리 집이리라.

한참만에 십리 꽃길은 끝나고 마을에 들어서자 어디선가 '공공!' 하는 개 짖는 소리가 나더니 이내 고요 속으로 사라졌다. 우리 집 개였을까. 고추, 상추가 소담스런 우리 남새밭 가두리를 따라 담을 이룬 아주까리들이 보였다. 그 옆 두레우물가 미루나무 우듬지에 달이 따라와 빙그레 내려다보고 있었다. 짐작대로 우리 집에 전깃불이 켜져 있었다. 집 앞에서 날 내려주신 선생님은 내일 학교에서 보자며 얼른 들어가라 하셨다. 나는 선생님 이야기를 하려고 대문을 열고 집으로 뛰어갔다. 내 목소리를 듣고 놀라 나오신 어머니가 속히 밖으로 나가셨으나 선생님은 이미 보이시지 않았다.

그렇게 오면 안 된다고 어머니가 당부하셨다. 나는 알았다고 대답하고는 길게 왔다갔다하는 괘종시계 추가 참 다정하다고 생각했다. 아마 열 시쯤 되었을 게다. 불과 하루 동안이었지만 얼마나 그립던 가족이던가. 왔던 길 지루하게 돌아가실 선생님은 달과 꽃들에게 맡기고 나는 장롱이며 앉은뱅이 책상이 태평스런 방에서 동생과 늦도록 속살거리다 잠이 들었다.

내가 졸업과 함께 도시로 진학한 뒤 선생님은 두어 번 고향집에 들리셔서 내 안부를 물으셨다 한다. 가난한 고향을 위해 훗날 일해주기를 기대하신 건 아닐까. 일 년 후 경남의 다른 학교로 전근을 가셨는데 그만 연락이 끊기고 말았다.

지금처럼 내가 비범한 인물이 되지 못한 건 선생님께서 날 열심히 가르치시지 않아서가 아니요, 어머니가 그 밤을 엄히 꾸짖어 그대로 돌려보내지 않아서도 아니다. 오직 나의 재능이 부족한 탓이다. 비록 평범한 사람이 되었을지라도 사려 깊으신 선생님과 어머니 덕분에, 또 그 어울려 핀 코스모스와 달의 정경으로 인해 조금이라도 다정한 성정이 내게 있음을 위안한다. 이제쯤 하얀 서리가 두 귀를 덮었으련만, 지금도 코스모스 어울려 핀 들판에 가면, 철부지 한 제자를 업고 하염없이 걸어가시는 선생님 모습 선히 보이실 듯하다.

(1989)

큰샘 집

그 집에는 감나무가 여러 그루 있었다. 집 앞엔 꽈리 잎으로 둘러싸인 두레우물이 있었고, 우물을 가운데로 해서 그 집의 출입구가 양쪽으로 나 있었는데 그 양쪽 어디에도 대문이 없었다.

그 우물은 꽤 깊어서 사람들은 '큰샘'이라고 불렀다. 다른 우물은 허드렛물로 쓰였지만 큰샘의 물은 늘 먹을 물로만 길어졌다. 아주 맑고 차가운 물이었다. 그 집 주인은 비가 오거나 봄에 북서쪽에서 모래바람이 불어오면 나무로 만든 큰 뚜껑을 덮든지 해서 샘을 관리했다.

오뉴월에 마을의 어린 소녀들은 발목이 촉촉해지는 줄도 모르고 감나무가 있는 집으로 찾아다니곤 했다. 큰샘 집에는 소녀들의 설익은 꿈이 초여름 내내 가장 풍성하게 여물고 있었다. 감꽃을 많이 주울 수 있어서였다. 앞마당뿐 아니라 본채인 기와집 뒤로 가면 탱자나무 담에 드리운 넓은 딸기밭 입구에도 감나무가 있었다. 대부분의 집에 한두 그루 있게 마련인 감나무가 큰샘 집에는 몇 그루였을까. 이른 아침이면 감꽃들이 밭을 이루었고, 그 집처럼 많은 감꽃이 지는 집은 우리 동네엔 없었다.

소녀들은 새벽잠을 털며 서둘러 나섰다. 늦게 가면 조금밖에 주울 수 없기 때문이었다. 밤새 절로 진 꽃들은 새벽 이슬의 보호를 받아 아직 흙도 채 묻지 않았다. 그 함초롬한 감꽃을 아무리 주워도 누구 한 사람 못 줍게 막는 이가 없었다.

우리 집 뒤꼍에도 석류나무 옆에 감나무 두 그루가 있었다. 어쩌다 내가 늦잠을 자고 일어나면 다른 아이들이 소리 없이 와서는 어느새 주워가 버렸다. 그래도 서운한 생각이 들지 않았다. 다만 잠들기 전, 내일 아침에는 누구보다 일찍 깨이기를 바랄 따름이었다.

그것이 일년 동안 가능한 일이었다면 그리 일찍 서둘지 않았으리라. 짧디 짧은 초여름 날 불과 며칠간의 일이었다. 누군가 먼저 다녀간 흔적이 있어 감꽃을 소쿠리나 앞치마의 절반도 못 주웠을지라도 소녀들은 나뭇가지를 흔들어보려 하지 않았다. 일부러 떨어뜨려 주울 생각은 추호도 없었다. 오직 기다리기만 하면 되었으니.

그렇게 초연한 것이 자연의 섭리에 부합되는지 어떤지도 모를, 겨우 그 어린 나이에 욕심을 버리고 끈기 있게 참으며 나아가 내일을 바라볼 여유까지 소녀들은 조금씩 터득해갔던 것이다. 주워온 감꽃들을 마루에 쏟아놓고 실이 긴 바늘로 하나 둘 꿰었다. 보송한 상아빛 꽃목걸이가 만들어졌다. 어떤 때는 굉장히 길어서 두 번 감으면 알맞았다.

소녀들은 반나절이 되도록 감꽃 목걸이를 자랑스럽게 걸고 다녔다. 목걸이는 스님들의 염주와 닮아 있었다. 어쩌면 그 속에 백 여덟 가지의 번뇌가 숨겨져 있었을지도 모를 일이었다. 그러나 또 모른다. 번뇌가 아니라 모양 다른 희망들이 꽃마다 일일이 담겨 있었을지도. 삼라만상의 온갖 것을 꿰어 목에 걸 수 있었다면 당연히 희망을 꿰어야 옳았다. 만약 번뇌를 예감할 목걸이였다면 그렇게 정성들여 꿰지 않았을 게고 줍지도 않았을 거며 떨어지기가 바쁘게 쓸어버렸을 게다.

어린 감을 고이 잉태했던 감꽃은 분명 소망과 설렘, 그리고 풍요로움의 모습이었다. 소녀들은 그런 갖가지의 희망을 아주 많이 꿰어 걸기를 바랐다. 그리고는 감꽃이 시들기 전에 빼먹으려 애를 썼다. 하나씩 먹다 보면 나중에는 앙상하게 여윈 실만이 몇 개의 감꽃을 꿴 채 목에 걸려 있었다. 아래쪽으로 쳐져 볼품이 없었지만 마지막까지 소중히 걸고 있다가 남은 한 개를 마저 먹음으로써 더 이상의 시든 감꽃을 기억하지 않아도 되었다. 보릿고개가 심했을 때, 어른들은 너나없이 기진맥진했다. 그러나 어린 소녀들의 유월은 감꽃들의 하염없는 낙화로 참 즐거웠다.

감나무는 고욤나무의 개량종이다. 고려 인종 때 고욤나무에 대한 기록이 있다. 조선 성종 때 곶감에 대한 기록이 있으니 감꽃의 역사는 오백여 년 전부터라 하겠다. 그 아득한 옛날에도 소녀들은 감꽃 목걸이를 걸고 다녔을까. 아니면 그 이후 어느 때부터였을까.

우리는 어릴 적에 감꽃 목걸이가 어머니들의 추억 속에 또 앞니가 다 빠져버린 할머니들의 가물가물한 기억 속에 설마 남아 있으리라고는 생각하지 못했다. 손녀의 감꽃 목걸이를 하나하나 꿰어주며 희망의 목걸이라기보다는 실은 번뇌 쪽이 훨씬 더 많았었노라고, 너희들도 그럴 것이라고 할머니는 말해 주지 않았다. 또 인생은 짧은 초여름 날의 다만 한 꿈과 같았노라고 차마 말할 수 없었던 게다. 당신들의 꿈이 하나 둘 무너졌을 때 좌절과 동시에 일어서서 의연히 극복해 왔던 일을 회상하면서, 자꾸 주워라. 되도록 많이. 그리고 많은 추억을 간직하여라. 나이 들어서 먹을 것은 밥과 추억이니라, 라고 구태여 말해주지 않았다.

그렁저렁 초여름이 속히 간 후에 소녀들은 차츰 늦잠꾸러기가 되기도 했다.

세월이 한참 흐른 후, 큰샘 집 안주인이 죽고, 새 여인이 오고 나서부터 그 집에는 사람들의 발길이 시나브로 뜸해졌다. 대문이 없던 출입구에 신식 철 대문이 근사하게 세워졌고, 한쪽은 아예 폐쇄

시켜 버렸다. 초여름이 여러 번 지나갈 때, 우리 뒤에 자란 소녀들은 그 집 앞을 그저 서성이다 돌아가곤 했다. 다른 집에도 잡목이나 싸리 가지로 얼기설기 엮었던 사립문들이 단단한 목재나 철 대문으로 점차 바뀌어져서 무시로 드나들던 이웃 인심이 주춤해져 버렸다.

내 또래들은 어언 자라서 감꽃 줍던 일을 때때로 추억해 내곤 했지만, 그 이후에 자라난 소녀들은 감꽃 피는 초여름이 와도 이른 새벽 큰샘 집 안마당을 수놓았던 싱그러운 감꽃밭을 그다지 기억하지 못했다.

(1990)

세월의 타래

나이 마흔쯤 된 여성이라면 자녀들 뒷바라지며 집안 대소사며 남편의 사회생활과 관련하여 한창 할 일 많은 때이다. 갓 마흔 된 친구가 그 할 일 다 버리고 이 세상을 떠났다는 비보가 왔다. 무의식 속에 잠재해 있던 생사의 두려움이 바로 주변 또래에게 현실로 나타난 것이다.

그 친구는 무척 어려운 환경에서 자랐다. 친구가 일곱 살 때 친구의 아버지가 결핵으로 돌아가시자 따비밭 한 되지기 없던 친구의 어머니는 대도시에서 의류를 싸게 구입해와 마을 사람들에게 팔며 근근히 살았다. 친구와 나는 한 반에서 친하게 지냈다. 친구의 어머니는 한참 연상인 나의 어머니를 '모친'이라 불렀다.

우리는 곧잘 어울려 다니다가 나는 부산의, 친구는 고향의 중학교에 진학함으로 헤어졌다. 방학 때면 고향의 다른 여러 동창생들과도 어울려 사소한 이야기를 나누며 즐겁게 보냈다.

고등학교 입학 후 첫 여름 방학이었을 게다. 초등학교 동창회가 열렸는데 친구는 남녀 동창생들 앞에서 약간 떨리는 듯한 음성으로 줄곧 내 쪽을 보며 노래 불렀다.

서편에 달이 호숫가에 질 때에……
친구 내 친구 잊지 마시오

야윈 두 팔을 앞으로 접고 선 채로 노래를 마쳤다. 촉촉이 젖은 눈빛과 창백해 보이던 친구 얼굴이 시리도록 슬퍼 보인 건 사춘기 때의 경이감 때문이었을까.

그 무렵 우리들은 그 또래의 소녀들답게 어떤 불문율을 형성하고 있었다. 서로의 '미'라거나 조금씩 다르게 성숙해 보이는 듯한 행동에 관해 언급하지 않는 것, 한 친구의 아름다움을 예찬하지 않음으로써 다른 친구들의 자존심을 지켜 주는 것 등. 그건 드러낼 수 없는 시새움의 또 다른 표현이었을 게다.

내 순서가 되었을 때, 나도 친구의 노래에 답하고 싶은 생각이 들었다. 평소 자주 부르던 「봄의 교향악」을 부르면서 친구를 위해서는 그 가사가 썩 잘 어울린다고 생각했다.

청라 언덕과 같은 내 맘에 백합 같은 내 동무야
네가 내게서 피어날 적에 모든 슬픔이 사라진다

여상을 졸업한 친구는 대기업 경리과에 취직했다. 거기서 부잣집 장남이라는 노총각 상사와 결혼해서 서울로 갔다. 그 시절만 해도 고졸 처녀가 대졸 총각과 결혼하는 일은 흔한 일이지만, 상대측 어른들이 가난한 친구를 택한 건 순종형의 며느리를 맞겠다는 바람 때문이라 했다. 친구의 홀어머니에게 용돈을 넉넉히 보낸다는 이야기가 바람결에 들려 왔다.

그 후 친구의 동생 결혼식 때, 동창생들 몇몇이 함께 만났는데 대화 중에 친구는 남편의 손발톱을 깎아 준다 했다. 친구의 좀 생뚱한 부부문화에 우리 모두는 묘한 느낌을 받았다. 잠시 후, 처가에 용돈을 준다는 친구의 남편이 왔으나 발톱 사건으로 반색할 마음이 들지 않았다. 조금 전까지 조용하던 친구가, 그의 남편이 말을 걸자 여러 방향으로 유머러스하게 대답하려 애썼고 그 말에 그들 둘은 함께 웃으며(우리들은 우습다고 느끼지 않았는데도)명랑함을 돋우고 있었다. 두 사람은 다소 허세가 섞인 억지 행위로 좌중을 압도하며 대화를 끌어갔다. 지극히 사랑받는다는 것은 많은 것을 상대에게 주는 것이라고들 한다. 친구가 손톱깎이를 들고 앉은 모습을 상상하기란 굳이 어렵지도 않았건만, 아무래도 그날 기분은 씁쓰레했다.

친구는 이사를 했고 소식이 없었다. 겨우 연락이 닿았을 때는 소화가 잘 안 되어 죽을 먹는다 했다. 의외로 그녀의 음성만은 퍽 달떠 있었다. 다른 친구들이 몇 번 전화 통화를 시도했으나 끝내 연락이 끊기고 말았다.

그 얼마 후 친정 근처 병원에 입원했다는 친구의 소식을 들은 건 우리 이웃에서 피아노 학원을 하던 친구의 사촌 오빠를 통해서였다. 일체의 면회를 사절했다는데 사람들은 친구의 말을 못 알아듣고 친구는 사람들을 못 알아본다 했다. 지난날 우리에게 알려진 그녀의 풍요로운 생활은 사실이 아니었던 모양이다. 친구가 우리 토속 신앙인 무속과 어떤 얽힌 문제가 있었다는 귀선 소문도 들려왔다. 한달 후, 친구는 퇴원해 갔고 각자의 속도대로 흐르는 세월 속에 친구는 홀연히 세상을 버렸다. 신세진 모든 이들에게 고마웠다는 말을 남기고 갔다 한다. 무엇을 신세졌을까? 가난하게 살았어도 친구가 누구에게 신세진 게 떠오르지 않았다.

친구의 사촌 오빠의 작곡 발표회장에서 친구의 남동생을 만났다.

"병명도 없었지요. 오히려 누나는 편안한 곳으로 갔습니다."

오히려 편안한 곳이라니. 저 세상이 편안한 곳이 되려면 이 세상이 얼마나 괴로운 곳이 되어야 하는가. 그들 집안인 듯한 한 사람이 와서 나를 가리켜 누구냐고 물었다. 나는 곧 '누나 친구'라고 소

개될 거라 예상했다. 헌데 친구의 동생은 '누나 친구'가 아니라

"누나하고 제일 친한 친굽니다."

라고 소개했다. 이제 다시는 바꿀 수 없는 기정사실이 된 그 놀라운 말을 듣는 순간, 누군가의 가장 친한 존재였다는 데 대한 희열을 느꼈음을 나는 고백한다. 한 사람의 불행 앞에서까지 자신의 위치를 확인해 보려는 인간의 끝없는 욕망이라니…….

어린 시절 어려운 환경과 원만치 못한 결혼생활에서 얻은 영육의 시련은 세월의 타래로 얽혀 무속적 정신의 혼란으로 나타났고 그 혼란을 못 받아들인 채 쓸쓸히 갔던 게다. 누구의 기억에도 대끈한 눈과 움퍽한 볼을 남기지 않으려 고통 속에 외로이 살다 간 친구가 미워졌다. 이런 이별이 있을 줄 상상도 못했던 미운 친구의 명복을 빌어본다.

(1999)

선이 언니

유년기란 대부분의 사람들에게 무채색으로 희미하게 변해 있다. 작은 집들은 바랜 짚 지붕을 하고 있고 거기 우리 집 옆에 선이네 집이 있었다.

집 앞 도랑가에 밑동이 보이지 않을 만치 물이 자작하게 고여 있는 미나리 밭 두 개가 그려져 있다. 그 밭을 만든 건 선이였다. 우리는 거기 물을 대거나 물꼬를 터주기도 하며 미나리 농사를 열심히 지었다. 내 미나리와 선이의 미나리는 키가 비슷하게 자랐다. 거머리가 무서워서 내가 밭에 손 담그길 싫어하자 거머리 따위는 문제없던 선이가 내 미나리 농사도 지어주었다.

아이들이 콩 주머니 놀이 하는 그림에는 선이가 가운데 있다. 선이는 콩 주머니나 살구 받기 놀이에 나를 끼워주었다. 놀이 팀 속에 끼워주지 않으면 나는 생트집을 부려서라도 어울렸다. 그 사소한 편 나누기는 흥미진진한 게임이어서 나는 열성적으로 놀이에 비집고 들어갔다. 선이는 오른발등 위로 콩 주머니를 착착 받기 시작하면 한번에 백 개도 넘게 했다. 선이처럼 살구 받기를 잘하는 아이는 없었다. 선이는 내 부족한 몫까지 맡았는데 세어보면 우리 쪽 살구가 더 많았다.

어떤 희미한 그림 속에는 두 소녀가 땅바닥을 두드리고 있다. 선이는 두 손으로 땅바닥을 두드리며 주문을 외웠다. 빗방울이 하나씩 들으면 선이는 나를 데리고 바깥마당으로 가 땅바닥을 살폈다. 흙 속에 뚫린 작은 구멍 둘레를 손바닥으로 탁탁 치면서

"빠끔아, 비온다, 나온나."

라는 일정한 멜로디의 주문을 외웠다. 신기하게도 잠시 후엔 땅에 송송 나 있는 몇 개의 작은 구멍에서 빠끔이라는 것이 불려 나왔다. 나도 땅바닥을 톡톡 쳤는데 빠끔이는 나오지 않았다. 울상이 된 내 옆에서 선이가 주문을 외면 자잘한 벌레들은 다시 빠끔빠끔 불려 나왔다.

그보다 더 자주 떠오르는 광경은 교실 창 밖에서 발을 뻗쳐 올려 창문 안으로 들여다보는 한 여자 애의 모습이다. 여섯 살배기가 하도 선이를 따라 학교에 가려 하자 우리 부모님은 그 이듬해 나를 초등학교에 입학시켰다. 4학년이던 선이는 늦게 수업을 마쳤다. 나는 학교 갈 때나 올 때나 선이와 같이 다니고 싶었다. 당시 우리 집 일을 봐주던 덕이가 자전거로 나를 자주 데리러 왔기 때문에 선이하고 함께 걸어다니는 날은 드물었다.

하루는 방과 후 친구들에게 먼저 가라고 한 뒤 선이를 기다리기로 작정했다. 조용해진 운동장에서 척척한 모래를 골라 집을 짓기도 하고 혼자 땅따먹기 놀이도 해봤지만 무료했다. 옷이나 손에 묻은 흙을 탈탈 털고 선이를 보러 갔다. 조용한 골마루를 지나 4학년 교실 앞에서 두 손으로 창문틀에 뻗대게 매달려 선이네 교실 안을 들여다보았다. 아는 얼굴 몇몇이 보였지만 선이 얼굴이 제일 또렷해 선이만 바라보았다. 선이도 내쪽으로 얼굴을 돌려 놀라는 듯하더니 기다리라는 신호를 보냈다. 팔이나 발에 힘이 빠지면 잠시 내렸다가 다시 발을 뻗쳐 교실 안을 보며 선이가 보내주는 미소에 고개를 끄덕여 주었다. 교장선생님이 나타나 벌을 세울지도 몰라 아슬아슬했는데 저만치 긴 골마루 끝 입구에 덕이 보였다. 내려서서

다시 봐도 덕이었는데 나는 잠시 후에 덕의 자전거 뒤에 얹혀 집으로 와야 했다.

다른 아스라한 그림에는 유난히 커 보이는 물동이가 있고 또아리도 있고 꽈리 열매도 보인다. 늦어서야 학교에서 돌아온 선이는 많은 동생들 뒤치다꺼리와 집일을 다했다. 부엌에 있는 큰 물독을 채우기 위해 선이는 한 손엔 동이를, 다른 한 손엔 똬리를 들고 큰샘으로 물 길러 갔다. 큰샘 가는 길에 덤불 담 사이 불그스레한 꽈리 열매들이 조랑조랑 달려 있었다. 선이는 속을 파낸 꽈리를 잘 불었다. 나는 선이처럼 잘 불고 싶어 선이가 물을 길어 올리는 동안 꽈리 열매 줄기를 많이 꺾었다.

선이는 두레박을 끌어올리고 있었다. 두레박은 둥근 철모이거나 때로는 삼각뿔형 양철이었다. 선이는 팔에 온 힘을 모아 팔을 죽죽 뻗어 두레박줄을 우물 바깥으로 끌어내 놓고 다른 손으로 또 당겨 끌어내 놓기를 반복하며 물을 길어 올렸다. 그때 두레박이 우물 벽에 닿는 소리가 열 번도 넘게 끄르르르 났다. 두레박을 올릴 때 흘린 물이 거푸 파문을 일으켰고 물은 반 두레박 남짓 담겨 있었을까.

선이의 또아리에는 두 가닥의 짚으로 꼰 가는 새끼줄이 달려 있었다. 또아리를 정수리에 얹은 다음 머리 위에서 얼굴에 세로 질러 내려온 또아리 끈을 입술로 꽉 물었다. 동이가 더넘스러워 바로 이지 못하고 우물 가장자리에 한번 얹었다가 호흡을 조절한 후에 머리에 이곤 했다. 가끔 또아리가 빠져나갔으나 또아리 꼬리를 물고 있어 땅에 떨어진 적은 없었다. 선이는 동이를 우물 위에 다시 내려 약간 비틀거리며 두어 번 더 시도하고서야 동이를 바로 일 수 있었다.

나는 꺾어온 꽈리 줄기를 방의 못에 걸어놓고 하나씩 따서 바늘로 속을 후벼내었다. 껍질을 물에 씻은 뒤 공기를 조절하여 불어보았다. 신기하게도 호로로 소리가 났다. 아주 잘 불게 될 때까지 여러 날 동안 불고 또 불었다.

무채색 그림이 되어 희미하게 남은 그림들은 더 이상 선명해지진 않는다. 여간 그리운 이가 있어도 현재 형편이 여의치 않다면 선뜻 찾지 못한다. 그리운 이를 찾는 데는 두 가지 이유가 있다. 하나는 자신의 환경에 다소 여유가 생겨서이고 다른 하나는 환경의 어려움보다 그리움이 훨씬 더 커서이다.

"진작 찾고 싶었지만 산다고 바빠서……."

첫마디 말끝을 다 못 맺던 선이 언니. 그 아득한 날 한번도 언니라 불러본 적이 없던 선이 언니의 그리움은 아주 컸던가 보다. 혹여 내쪽에서 먼저 연락해 주지 않을까 싶었던 삼십여 년 세월을 어연간히 참았던 게다. 켜켜이 쌓인 세월의 더께를 털어낸 그림들을 온 방 그득하니 걸어놓고 이 그림 저 그림 보다가, 사전을 펴 '빠끔이'를 찾아도 보다가 이렇게 중얼거리며 나는 종내 늦잠이 들고 말았다.

그리움으로 치자면야…… 그리움으로 치자면야…….

(2000)

구씨 목소리

요사이 아파트 경비실 앞을 지나다 보면 젊은 경비원들의 모습을 자주 볼 수 있다. 얼마 전까지만 해도 경비원이라 하면 늙수그레한 남자들이 대부분이었다. 작고 초라한 경비실의 규모 때문인지 근사한 직장에 다니던 이들이 정년퇴임을 앞두고 친구끼리

"이제 슬슬 경비나 해볼까."

라는 농담 속에나 비아냥거려질(실제 경비를 하는 당사자는 박봉에다 열악한 환경, 거기다 경비의 소관일 듯한 문제에 대하여서는 여하한 책임도 다 져야 하는 매우 고달픈 직종인데도)정도의 직업이었다. 경기가 어려워지면서 농담 속에 '슬슬 경비나 해볼까'라고 들먹거려지던 경비직도 이즈음엔 괜찮은 현실의 한 직종으로 떠올랐다. 일설에는 전직 교장선생님도 경비원을 희망할 뿐만 아니라 젊은 경비원이 꽤 늘었다 한다.

오래 전 우리 가족이 아파트를 마련해 이사갔을 때, 우리 아파트 경비실에 소장을 비롯하여 다섯 명의 경비원이 격일제 근무를 하고 있었다. 그 중에 다른 이들보다 키가 유난히 작고 나이도 아주 젊은 경비원 한 사람이 있었다. 그 사람 성이 구씨라 우리는 '구씨 아저씨' 또는 '작은 아저씨'라 불렀다.

구씨는 며칠 지나지 않았는데도 외출에서 돌아오는 우리 가족 얼굴만 보고도 벌써 우리가 맡긴 열쇠고리를 손에 들고 있다가 내어

주었다. 다른 경비원들은 우리가 이사간 지 반 년이 지났는데도 맡긴 열쇠를 찾으러 가면, 열쇠를 내어주기 직전에 동호를 확인했다. 당시 우리 집 열쇠고리는 빨간 양복을 입고 모자를 쓴, 거기다 지팡이까지 들고 있는 오리 신사 모양이었다. 특별한 열쇠고리 모양임에도 불구하고 그것을 단번에 기억하는 이는 구씨뿐이었다. 우리 가족이 구씨에게 호감을 갖게 된 건 순전히 그런 이유에서였다. 한참 후에 다른 이를 통해 들은 바로는 구씨가 구별한 열쇠고리는 우리 집 것뿐만 아니라 적어도 삼백여 개가 넘었으리라 한다.

구씨 외에 나이든 경비원들은 다소 뻣뻣한 자세로 주민들을 대했다. 아파트 주민들 대부분은 경비실을 통과할 때는 무언가를 부탁하는 입장이 되어야 한다. 따라서 경비원들이 입주민을 알아보든 몰라보든 경비원들의 기분에 달려 있다. 한두 집이라야 구별을 하지, 알아도 확인할 수 있지 않느냐, 라고 한다면 입주민들로서는 항의할 수 없는 노릇이다. 경비원들이, 열쇠를 소홀히 다룬다면 당신네들의 어떠한 소중한 것을 잃을지도 모르는데 아파트에서 경비의 역할이 얼마나 중요한지 알기나 하느냐고 따진다면 더더욱 그러하다. 허나 입주민들의 관리비에서 경비원들의 월급이 충당되는 상황에서는 서로 팽팽히 맞서게 된다.

당시 소장은 늘 불쾌한 일을 방금 겪고 난 사람처럼 투깔스레 보였는데 소장과 한두 번 마찰하지 않은 주민이 없을 정도였다. 공연히 이편에서 무얼 잘못한 것처럼 시비를 걸려고 벼르는 사람 같지만 않았어도 주민들이 소장의 얼굴을 피하지는 않았을 게다. 대부분의 경비원들조차 소장에게 불만이 있어도 반대 의사를 밝혀 보다가는 그냥 참았다.

그런 가운데서 구씨는 누구와도 잘 지냈다. 이른 아침이면 묵묵히, 경비실 부근뿐만 아니라 바깥의 길까지도 빗자루로 쓸었다. 만날 때마다 반갑게 인사를 건네는 구씨의 목소리는 맑았다. 다른 경비원들이 경비실 가운데 둘러앉아 가끔 술을 마실 때도 구씨는 따로 창구에 앉아 누가 들어오는지 나가는지 세심히 살피는 일에 열중했다. 한번은 나의 큰애가 친구에게 자전거를 빌려줬는데 늦도록 돌려주지 않았다. 해서 막 찾으러 나서려는데 구씨에게서 자전거를 가져가라는 인터폰 연락이 왔다. 낯선 중학생인 듯한 소년이, 낯익은 자전거를 타고 저만치 아파트 안에서 나오더라는 것이었다. 가까이 오기에 잠시 불러 물어보려 하자 그 애는 자전거를 두고 냅다 뛰어가 버리더라 했다.

구씨의 눈썰미 덕에 우리는 자전거를 찾았지만 자식을 둔 아버지로서의 구씨도 그 소년에 대한 알심이 없지는 않았을 게다. 얼마나 자전거를 갖고 싶었으면 남의 것을 가져가려 했을까 싶은. 하나 경비원으로서의 책임감이 어느 낯모르는 아버지의 정직한 부성까지(그 소년의 아버지도 아들이 남의 것을 훔치는 건 원치 않을 테니까)책임졌던 것이다.

적어도 구씨는 자신이 철저한 경비직 수행자임을 보여줄 목적으로 막무가내로 그런 아이를 호통칠 사람은 아니었다. 밤늦은 시각에도 주차할 자리를 미리 봐 두었다가 늦게 귀가하는 주민에게 도움을 주었고 교대를 해서 잠시 쉴 시간에도 구석구석 돌아다니며 유리조각이나 병 뚜껑 같은 걸 주웠다. 겨울날 지하수의 언 수도꼭지를 녹이는 일도 집집의 보일러 수리도 구씨가 도맡아 했다. 구씨가 아파트 입구에 지키고 있으면 우리는 그저 든든했다.

그럭저럭 몇 해가 지나는 동안 박봉으로, 혹은 주민이나 소장과의 불화로 경비원들이 자주 바뀌었고 마침내 소장도 그만두었다. 우리 아파트 주민들은 근처에 들어선 대단지 아파트로 하나 둘 이사를 갔다. 구씨도 결국 새 아파트 경비실로 옮겨갔다. 작은 아저씨

없는 경비실은 이상스레 넓어 보이기만 했고 우리 열쇠를 잘 알아보지 못하는 새 경비원에게 매번 오리 열쇠고리를 설명하는 게 참 번거로웠다.

이듬해 여름, 우리도 그 대단지 아파트로 이사를 갔다. 거기는 한 동에 두 사람의 경비원이 있었는데 경비실의 크기가 아주 작았다. 무표정하게 앉아 있는 낯선 경비원들을 보며 간혹 구씨가 떠올라 흐뭇이 웃음이 나왔다. 아무리 작은 일이라도 정성을 다 바칠 구씨는 벌써 그곳 입주민들의 열쇠고리쯤이야 죄다 외웠으리라.

그런 생각도 잠시뿐, 얼마간 두서없이 바쁜 일상을 지나고 나니 가을도 금세 지나갔다. 스팀이 들어오기 시작했는데 우리 집은 파이프 깔린 부분만 미지근했다. 관리실에 연락하자 퍽 사무적인 목소리의 관리인이 내일 기사를 보내주겠다 했다.

이틀날 오후, 현관문 밖에서 벨소리에 이어

"하자 보수 차 관리실에서 왔습니다!"

라는 큰 소리가 들려왔다. 마치 어떤 것이라도 다 고칠 수 있다는 듯이 자신감 넘치고 발음도 정확했다. 약속을 지켜 다행이라 생각하며 현관문을 여는 순간 나는 무척 놀랐다. 왼쪽 어깨에 공구들이 들었을 가방을 아주 멋지게 척 둘러멘 구씨가 서 있는 게 아닌가. 순간 그 많은 열쇠고리를 명쾌하게 구별해내던 지난날의 구씨가 생각났다.

구씨는 우리 가족의 안부를 일일이 물었다. 그땐 정말 인정이 있었지요, 라며 연장 통에서 이것저것 꺼내어 보일러 점검을 시작했다. 새 아파트 단지가 너무 넓어 처음엔 감당하기가 버겁더라고 하며 이제 경비원은 하지 않고 관리인으로서 하자 보수만 한다는 구씨의 목소리는 어떤 긍지로 차 있었다. 수리가 어느 정도 끝나갈 즈음 내가, 앞으로 소장도 될 수 있지 않느냐고 물었더니 그런 건 바라지 않는다며 웃었다. 그 해 우리 가족은 따뜻한 겨울을 넘겼다.

이듬해 여름에도 간혹, 빨간색 공구통을 실은 오토바이를 타고 아파트 사잇길을 달려가던 구씨가 보이더니 이내 모습을 감추었다. 그럴 때면 나의 상상은 구씨가 지나간 길을 죽 따라갔다. 어디쯤에서 오토바이를 멈춘 다음 천천히 오토바이에서 내려 공구 가방을 노련하게 어깨에 걸칠 것이다. 잠시 고개를 들어 갈 집을 올려다본다. 그런 다음 당당한 걸음걸이로 엘리베이터 있는 데까지 걸어가서는 그걸 타고 몇 층인가를 누르리라. 엘리베이터 문이 열리고 거기서 내린 후 그를 기다리고 있을 누군가의 집 현관문 앞으로 서너 걸음 다가간다. 심호흡을 한 다음 큰소리로

"하자 보수차 관리실에서 왔습니다!"

라고 외칠 것이다. 그 소리는 얼마나 신념에 차 있으며, 한쪽 어깨에 가방을 척 걸친 폼은 또 얼마나 근사할까.

아마도 그때 구씨의 오토바이 뒤에 얹힌 통은 판도라의 상자만한 크기였을까. 구씨는 하자를 보수해 주러 갈 때마다 그 통 속에 자신의 희망을 한 장씩 접어두었을 게다. 조금 큰 전셋집으로 옮겨 시골의 노모를 모셔오는 게 소원이라던 구씨. 그가 지난날 우리 아파트 단지의 그 많은 열쇠들을 그리도 잘 구별할 수 있었던 건 어떤 이유에서였을까. 단지 프로 경비원이었기 때문일까.

헌데 참 이상스럽게도 우리 집 문 앞에서 외치던 구씨의 목소리는 그때 내 귀에 이렇게 들리는 것 같았다.

"내게도 꿈이 있어요! 나도 언젠가는 내 집 열쇠가 달린 멋진 열쇠고리를 갖게 될 꿈이 있단 말입니다!"

라고. (1997)

열두 번째 계명

영국의 수필가 가디너는 신이 인간에게 내린 열 가지 계명이 있는데 이들은 대부분, ……(하)지 말라, ……(하)지 말라, 라고 되어 있으니 열한 번째 계명은 앞의 열 가지 항렬에 따라 '……지 말라'를 붙여야 하니까 '들키지 말라' 라고 지을 수 있다는 게다.

앞의 열 가지를 다 못 지켜도 들키지만 말라는 가상의 계명은 인간이 만든 최초의 계명으로서 이 시대에 아주 그럴 듯할지 모른다. 뒷 주머니가 불룩해진 공직자라도 앞 주머니만 비워놓으면 들킬 염려는 없을 테니까. 끝까지 들키지만 않는다면 문제는 발생하지 않는다.

오래 전, 나는 외출에서 돌아오는 길에 큰아이의 중학교 교복을 찾으러 맞춤옷 가게에 들렀다. 그날은 입학식 날이 임박해서인지 손님이 너무나 복작대어 옷을 찾는데도 두서가 없었다. 겨우 옷을 찾아 집으로 온 나는 집에 와서야 한 가지 사실을 알게 되었다. 돈을 지불하지 않았던 것이다. 그 길로 바로 그 가게까지 가기엔 나는 몹시 피곤해 있었으므로 전화를 걸어두기로 했다. 잠시 후 이제쯤 한가해졌다 싶어 연락을 취했다. 전화를 받은 주인은 교복 값을 지불하지 않은 사람이 있는지조차 모르고 있었다.

이튿날 오전에 그 가게에 들러 옷값을 지불했다. 가게 주인은, 이십 년 옷 장사를 해도 이런 사람은 처음 본다며 나를 추어올렸다.

그리고는 아이의 블라우스 한 벌을 선물했다. 나는 당연한 일을 했으므로 도리어 부담스럽다고 사양했으나 그 주인은 제발 거절하지 말아달라고 했다. 그 이후로 그 가게 앞을 지날 때마다 나는 가게 주인을 떠올리며 세상에서 내가 가장 정직한 사람인 양 흐뭇해졌다.

한번은 어떤 가게에서 물건을 사고 나올 때 어쩌다 동전 몇 닢을 더 받아오게 되었다. 나는 잠시 갈등했다. 고작 동전 몇 닢을 가지고 도로 갖다줘야 하나 싶어서였다. 결국 그냥 지나갔다. 한데 아무리 생각해도 누구의 실수는 젖혀 두고라도 정당한 값을 치르지 않은 물건을 쓰고 싶지 않았다. 가게 주인은 아주 싸게 구입해서 몇 배로 이익금을 남길 게 뻔하지만 그건 그 사람 사정이다. 가게 주인이 엄청난 금액의 폭리를 취하는 것과, 내가 동전 몇 닢을 더 받은 것은 비교도 되지 않는 차액임을 모르는 바 아니다. 가게 주인은 허가 낸 상인이요 나는 구매자다. 상인은 이윤을 남겨야 한다. 그가 부르는 금액까지 법으로 허가 난 게 아니므로 가격이 내 마음에 들지 않으면 구입하지 않으면 된다. 구매 과정에서 값이 결정되면 엄청난 이익을 가게 주인에게 준다 할지라도 일단 약속한 금액이라면 지불해야 한다는 게 나의 지론이었다.

이건 우리나라가 법치국가이기 때문이 아니라 순전히 내 도덕관에 의해서이다. 그렇지 않으면 그 가게 앞을 지나칠 때마다, 그때 약간의 동전을 돌려주지 않았다는 생각을 번번이 떠올리지 않겠는가. 겉으로야 당연히 시치미를 떼겠지만 말이다. 나는 다시 동전을 돌려주기 위해 그 가게로 갔다. 그곳엔 마침 한 손님이 가게 주인과 흥정하고 있었다. 잠시 기회를 봐서 내가 동전을 내어놓자 주인은 오히려 나의 행위를 조금 번거롭게 생각하는 듯했다. 주인이 번거로워하든 말든 정당한 값을 치른 나는 그 가게 문 앞에서부터 즉시 떳떳한 사람이 되었다.

어느 저녁 무렵 집으로 돌아오는 길에 돈 만 원을 주웠다. 그 돈을 줍는 순간 나는 참 떳떳치 못하다는 생각이 들었다. 순간적으로 누가 돈을 흘렸을까, 잃어버린 사람이 주위에 있지 않을까 하여 잠시 두리번거렸다. 그러다가 나중에는 혹시 누가 그 돈을 보지나 않았을까 하는 생각으로 바뀌었다. 다시 한 단계 발전하여, 내가 만일, 이 돈 주인 없어요? 라고 물었을 때, 내 돈이오, 하고 나타나는 사람이 있다면 과연 그가 진짜 주인일까 하는 의구심이 들 것 같았다. 도리 없이 내가 주워올 수밖에 없었다.

헌데 그 돈이 내 마음을 집어갔다. 다른 돈과 함께 지갑에 넣어 두어도 불편하고 책상 위에 따로 얹어 두어도 그랬다. 정직한 내 돈이 아닌 다른 돈의 무게가 그렇게 무거울 줄 몰랐다. 하는 수 없이 길에서 푸성귀를 팔던 가난한 노파에게 그 돈을 줘 버릴까 하여 그곳으로 갔다. 그러나 노파는 이미 집으로 돌아가고 없었다. 파출소에 가져다줄까 하고 생각했으나 파출소까지 가기는 번거로웠다. 저녁 내내 돈 때문에 머리가 터질 듯했다. 귀찮은 줄 미처 몰랐던 그 돈을 집 앞 가게에서 아무렇게나 써 버렸다.

이튿날 우연히 돈을 주운 장소 근처에서 넘어진 나는 무릎을 다쳤다. 무릎을 치료하는데 그 돈의 몇 배가 들어갔다. 그 이후로 누구에게나 말하고 싶었다. 길에 떨어져 있는 물건은(우연히 다가온 유혹의 단계) 절대로 줍지 말라고. 어쩔 수 없이 흘려진 돈을 보고 그냥 지나치는 것이 죄악이라 하여 혹 주웠다면(판단착오의 범죄행위) 즉시 파출소에 갖다 주라고(양심 회복 단계). 그렇지 않으면 그 몇 배의 손실이 있을 거라고. 훔치는 것도 나쁘지만 남이 흘린 것을 그대로 두지 않고 자기 주머니로 옮기는 것도 그에 못지 않은 일이다.

물론 아무도 보지 않았기 때문에 들키지는 않았다. 나 혼자만 침묵하면 된다. 그러나 신 역시 호락호락한 존재가 아니라고 가디너는 말하고 있다. '아무도 보지 않았다'라고 했을 때 그 '아무도'에 포함되지 않는 존재가 바로 신이기 때문이다.

사람들은 훔쳐먹는 과일이 맛있다고들 한다. 오래 전 농촌에서는 참외나 수박, 그리고 과수원의 포도 등이 밤마다 어디론가 사라져 갔다. 어느 한 구석에서 그 신선한 과일들을 먹는 이들은, 몰래 먹는 과일은 스릴이 있어 정말 맛있다고 말했다. 결코 들키지 않을 거라고 큰소리치면서. 그러나 그들 중에 누군가가 양심 선언을 한다거나 '낮말은 새가 듣고 밤말은 쥐가 듣는다'는 속담처럼 새나 쥐가 그 주변에 있었다고 해 보자. 그들은 스릴 있는 과일 맛이 아니라 사회와 격리되는 외로움을 맛보리라.

가디너가 가상의 열한 번째 계명을 '들키지 말라'고 했는데도 이미 들켰다면 도리가 없다. 그 들킨 이들을 위해 가디너의 뒤를 이어 가상의 계명 하나를 더 만들 필요가 있다. '시인하지 말라!'라고.

몇몇 높은(?) 사람들은 한 사건을 두고 시시비비를 가리기 위해 상대를 헐뜯는다. 단순히 '버티는 데까지 버티며 시인하지 말라' 가 아니라 '죽어도 시인하지 말라'로 발전한다. 얼마나 많은 일들이 들키지 않는다는 전제 아래 일어나고 있는가. 얼마나 많은 일들이 들키더라도 시인하지 않겠다는 각오 하에 일어나고 있는가. 만일 열세 번째 계명을 하나 더 만든다면 '다급하면 더미씌워라'가 아니고, 앞의 항렬에 따라야 하니까 '상대방에게 더미씌우지 말지 말라'라고 할 정도이다. 발밭은 사람들은 궁딴 답일망정 벌써 준비해놓았을 게다. 이 놀라운 반전에 타협하지 않는 정직한 검사(그런 검사가 있기나 한지는 모르지만)의 고뇌와 수고가 더 커짐은 피할 수 없다.

아직 들키지 않은 몇몇 사람들은 앞의 열 가지 계명은 이미 못 지켰다 하더라도 뒤의 가상의 두세 계명들을 잘 지켜내야 할 게다.

'장발장'의 배고픔을 위한 한 개의 빵 외에 남의 과일을 몰래 먹는 사람들은 오늘도 들키지 않는다는 전제 아래, 아니 들키더라도 절대로 시인하지 않는다는 각오 아래, 나아가 다미씌울 각오 아래 또 무엇을 계획하고 있을까.

(1997)

빗속의 침묵소리

수년 전 여름 방학이 끝날 무렵 아침이었다. 짙은 구름에 짓눌린 사방이 몹시 흐릿하더니 갑자기 후두둑 소리가 들렸다. 나는 무심결에 앞 베란다 창 너머 바깥을 내다보았다. 굵은 비가 쏟아지기 시작했다. 길에는 두어 사람이 얼른 우산을 받쳐들고 발길을 서둘렀다.

한데 저쪽 길에 한 여학생이 미처 우산을 준비하지 못했는지 하얀 손수건을 머리에 얹은 채 학교 쪽으로 걸어가고 있었다. 흰 상의와 검정색 치마 차림새로 보아 나의 큰애와 같은 중학교 학생인 듯했고 등에 멘 가방이 꽤 무거워 보였다.

나는 그 학생이 웬만하면 집으로 되돌아가기를, 아니면 근처 아파트 복도에서 잠시 비를 피하기를 바랐다. 그러나 걸음걸이는 비 피할 의도는 없는 듯 느리기만 했다. 집이 멀까, 아니면 부모가 맞벌이 나갔을까. 어쨌거나 그 장대비를 뚫고 간다는 건 견디기 힘든 일일 것 같았다.

나는 괜스레 마음을 죄며 내가 그 학생을 도와주지 못하는 이유를 찾아냈다. 왜 그래야 하는지도 알지 못한 채 그냥 그래야 될 것 같았다. 애들을 깨워 학원에 보낸다거나 식사 준비를 해야 되고, 또 내가 부른다 해도 내 목소리가 들리지 않을 거라고 생각해보았다. 하긴 조금만 더 가면 학생은 큰 도로를 벗어나 모퉁이로 돌아갈 게다. 이제 그곳만 지나가 버리면 내 시야에서 사라질 게고 나는 그 학생 모습을 잊어버려도 되리라.

짐짓 베란다의 반대쪽 부엌으로 가서 나는 공연히 찬장 문을 닦는다거나 찌개 얹힌 가스레인지 불을 조절하거나 했다. 불과 수분만 서성이고 있으면 될 것이었다. 그럴 경우, 무언가에 열중해 있는 것처럼 행동하는 것이다. 어려움에 처한 많은 이들이 어디론가 가버리고 보이지 않을 때까지. 그때서야 우리는 우리 자신에게 '아니, 그새 지나가 버리다니, 우리가 조금이나마 도와줄 약간의 시간도 주지 않고'라며 가버린 상대에게 못 도와준 이유를 붙인다.

나는 그날 아침에도 그 가석한 변명을 준비하고는 슬그머니 창으로 갔다. 한데 그때까지도 학생의 모습이 사라지지 않고 있었다. 나는 너무 성급히 베란다 쪽으로 간 것을 후회했다. 다시 뭔가 다급한 일이 가스레인지 부근에 있을까 생각하다가 아무리 나 자신에게라도 두 번이나 변명하는 건 좀 겸연쩍어졌다. 게다가 묵묵히 걷는 학생의 뒷모습은 마치 세상의 비바람 따위를 초월한 듯 내 마음을 일시 주춤하게 했다. 차들이 여러 대 그 옆을 지나갔지만 모두 학생을 못 본 모양이었다.

애들이 부스스 깨어 내게로 오더니 빗소리에 밖을 내다보았다. 저 학생이 만일 나의 아이였다면? 더군다나 남의 어려움을 방관만 하는 모습을 아이에게 보이고 있지 않은가. 이어 내 시선은 아파트 앞에 주차해 둔 우리 차에 고정되었고 나는 그 길로 계단을 내려갔다. 차에 시동을 걸고 길모퉁이로 속히 달렸다. 학생이 있을 만한 지점으로 갔을 때 어쩐 일인지 학생의 모습이 보이지 않았다. 흔들리는 차창 너머로 한참 동안 두리번거렸다. 학생은 그예 어디론가 가버리고 없었다. 그 사이 어디로 가버렸을까. 아까 충분한 시간이 있었던 것을, 하며 되돌아왔다.

그날 저녁 무렵, 종일 내리던 비가 잠시 멎어 나는 아이들을 데리고 집을 나섰다. 마침 남편이 차를 두고 나갔기에 우리 셋은 그 차를 타고 근처 대학교로 향했다. 맑은 날 저녁 무렵이면 아이들과 여러 번 갔던 곳이다. 바람 불 때마다 잎사귀들이 나붓나붓 떨며 잔잔한 선율을 자아내던 그 설핏한 숲 언저리를 느릿느릿 걷곤 했었다. 조금 더 올라가 비탈진 언덕 사이로 들어가면 깎아낸 바위벽 위에서 그 아래 작은 호수로 폭포가 빠르게 흘러내렸다. 바람이 불어오면 폭포수의 음향은 안단테 칸타빌레로 느려져 호수 가운데 빈 정자와 나무들은 오래도록 심심하지 않았다.

그날은 평소의 그런 분위기와는 영 딴판이었다. 아니나다를까. 우리가 학교 입구에 도착할 즈음 다시 비가 쏟아지더니 주위는 쉽사리 어둑어둑해져 버렸다. 게다가 나는 아직 초보 운전 단계를 벗어나지 못했으므로 되돌아갈까 하고 망설였다. 개학을 사나흘 앞둔 아이들은 그대로 올라가기를 원했다. 빗줄기가 차츰 굵어지자 전조등이 밝혀주는 시야는 그리 넓지 못했다. 와이퍼를 제일 빠른 속도로 조절한 뒤 오르막길로 두 빛의 안내를 받아 천천히 차를 몰았다.

중간쯤 올라갔을 때, 구석구석 깔린 어둠 사이로 희미한 전등불이 건물의 몇몇 창에 떨고 있을 뿐, 길에 사람은 보이지 않았다. 비바람에 요란해진 길 양편 숲의 흔들림은 그 동안 익숙하게 보아오던 다정한 잎들의 나붓거림이 아니라 거뭇한 유령들의 일렁임 같기만 했다. 바람이 더욱 세차게 덮쳤다. 마침내 내리꽂히는 빗살들로 차창 밖의 시야를 분간키 어렵게 되었다.

내가 마른침을 삼키며 운전에만 바짝 신경을 곤두세우고 있는데 저쪽 위에 한 여학생의 모습이 보였다. 한 손엔 큰 가방을 든 채 휘청 흔들리는 우산으로 겨우 얼굴을 가리고 있었다. 비록 초저녁이긴 했지만 그처럼 음산한 어둠 속에 사람이 보이니 으스스해졌다.

굳이 그 빗속에 걸어 내려와야 했을까. 그는 우리 차의 불빛을 당기듯 보고 있었으리라. 제발 좀 도와주세요, 하고 외칠 것만 같았다.

내가, 그 학생을 우리 차에 태울 경우 차 내부가 젖을 것과 그 학생이 내리고 나면 젖은 자리를 닦아야 할 일들을 생각하는데는 단 몇 초도 안 걸렸다.

사람들은 자주 그렇긴 하다. 우리 옷에 무엇이 묻지 않을까, 우리 가진 것을 잃지 않을까 생각하다가, 너무 바쁜데다 튼튼한 우산을 하나 더 갖고 오지 못한 게 잘못이라며 안타까움을 금치 못하겠다는 얼굴이 된다. 그러다 조금 시간이 경과하면 굳이 자신을 향해 '저 한번의 비로 설마 감기에 걸리진 않겠지' 하고는 자신을 동정심이 좀 있는 사람이라 생각한다.

얼마쯤 지난 후, 그때 그 비를 맞은 소녀 혹은 소년이 폐렴에 걸려 입원해 있다는 신문 기사가 실렸다면 우리는 측은한 얼굴로 또 이렇게 중얼거릴 것이다. 이렇게까지 될 줄 몰랐다고. 제도적으로 비 맞는 사람 도울 생각을 애써 피하는 정부기관의 높은 사람들이나 정부에서는 예의 엄숙하고 슬픈 듯한 표정을 지으며, (이름 내기 좋아하는) 독지가가 나타나겠지, 우리 민족은 인정이 있으니까, 라고 말하며 다른 스케줄 때문에 그 기사를 덮는다. 정작 비를(여기서는 '불행'이라고 해두자)맞는 사람들은 침묵하는데 무엇이 켕기는지 우리는 곧잘 변명을 늘어놓는다.

내가 잠시 미루적거리고 있는데 아침 폭우 속에 놓쳐버린 한 여학생의 모습이 언뜻 떠올랐다. 아침에도 미루다가 한 여학생을 놓쳐버린 걸 후회했는데 두 번씩이나 변명하기란 나 자신에게도 좀 멋쩍었다. 차가 여간 젖더라도 남 돕는 일을 아이들에게 보여주고 상대 학생에게도(이 일을 조금이나마 고마워한다면)적으나마 남의 어려움에 관심 갖겠지, 하는 생각이 들었다. 상대는 지금 괴로워서 못 견딜 판인데 내가 무슨 교육적 측면 운운하고 있나 싶어 순간 부끄러워졌다.

나는 꼭대기 건물 밑으로 가서 차를 돌려 그 학생 앞에 멈추었다. 희미한 불빛이긴 했지만 그의 표정은 어떤 기대로 환해지는 듯했다. 차 뒷문을 여는 순간 빗줄기가 차안으로 들이쳤고 비에 온통 후줄근해진 학생이 우리 차에 오르자 우산이나 젖은 가방 등으로 뒷자리는 금세 축축해졌을 게다.

타월을 건네며 나는 뒤로 돌아보려다 그만 두었다. 차가 얼마나 젖었을까 궁금해서가 아니라 조금 전까지 그 학생이 얼마나 절박해 있었으며 상황이 바뀐 지금 학생은(내가 온갖 생각을 수 분 동안 한 것도 모른 채)얼마나 고마워하고 있을까 확인하려는 얄팍한 마음이 마뜩찮았던 게다. 도와주기로 한 이상 다음 일을 생각하지 말기로 했다. 나는 앞만 보고 천천히 그 학생의 목적지인 버스 정류소로 향해 운전을 했다.

(1995)

2

잊혀진 이름

나는 그 어떤 악기보다 피아노를 치고 싶어 피아노 학원을 경영한 적이 있었다. 피아노 연주를 거의 맹목적으로 좋아하게 된 것은 내가 시골에서 부산으로 중학교 진학을 하고 나서부터였다. 친척집에서 어린 조카가 피아노 앞에 동그마니 앉아 고사리 손으로 앙증맞게 피아노 치던 모습에 반한 나는 몇 날을 그 생각에 젖어 있었다. 그렇다고 해도 고향에서 부쳐오는 용돈이 넉넉지 못한데 피아노를 배우고 싶다는 생각이 든 건 좀 지나친 귀결이기는 했다. 피아노 학원비 조달이 여의치 않아 고작 서너 달 배우다가 그만두고 말았다.

그 후로 음악감상에 취미를 들였는데 나는 소품 같이 쉽고 명랑한 곡들을 즐겨 들었다. 웅장하고 무거운 곡일지라도 '베토벤'이나 '쇼팽', '차이코프스키'의 작품은 테마가 익숙하고 매혹적이어서 정신에 묻은 찌꺼기를 시릴 정도로 흠씬 씻어내리는 것 같았다. 행여 교향악단의 무료 연주회가 있으면 관람하러 갔는데 듣는 음악과 보는 음악은 그 감동이 달랐다.

오케스트라 단원들의 손이나 몸놀림은 시각적인 즐거움을 준다. 특히 피아니스트의 손은 은반 위의 무희처럼 재빠르기도 하고, 발레리나처럼 가붓가붓 날기도 한다. 어깨를 들썩이며 지그시 눈을 감고 천천히 꿈꾸는 듯하다가도 갑자기 흠 없는 유리 위로 옥구슬을 또르르 굴리듯 음계를 연출하기도 한다. 그들은 손으로만 연주하는 게 아니라 가슴에서 우러나오는 영혼의 몸짓으로 연주한다. 영혼의 몸짓이 이루어낸 소리는 보는 이의 영혼에 묻은 욕심들을 씻어 내린다.

나는 결혼 후, 전셋집에 살면서 아주 깨끗한 중고 피아노 한 대를 구입했다. 방 두 칸에 짐이라고는 장롱 두 짝과 피아노가 전부였으니 나를 이해할 수 없다는 남편의 갸웃한 표정도 있을 법한 일이었다. 시누이들의 눈총도 부러 못 본 체, 갓 돌이 지난 딸아이를 무릎에 앉혀 건반을 눌러보게 하고 음자리 연습을 시켰다. 힘닿는 데까지 뒷바라지해서 피아니스트로 키우고 싶은 꿈에 나름대로 젖곤 했다. 하지만 당시의 우리 형편으로 그 바람은 여의치 않았다.

헌데 아무리 생각해도 운이 좋았던 일이 생겼다. 이사를 간 동네에 고향의 최 선배가 부인과 함께 피아노 학원을 경영하고 있었다. 그는 이미 작곡가로서 따문따문 발표하기 시작한 대학원생이었고, 학비와 생활비 전액을 학원에서 해결하고 있었다. 나는 그 학원에 얼마간 다니며 레슨을 받았다.

그런 몇 개월이 지난 어느 날, 최 선배 부처는 나에게 피아노 학원 경영을 권유했다. 속으로 늘 부러워하긴 했지만 그건 상상에나 가능할 일이었다. 처음엔 자신 없어 거절하다가 그들의 권유에 머뭇거리고 있으니 죄다 도와주겠다고 나섰다. 실지로 그들은 피아노 구입이나 실내 장식은 물론 학원 강사까지 소개해 주어서 나는 어려움 없이 학원을 시작하게 되었다. 피아노 곡을 듣기 좋아한다거나 단지 치고 싶다는 이유로 일을 벌인 것이 뭔가 석연치 않았으나 강사도 착실했고 나 또한 경영상의 큰 문제는 없었다. 알음알음으로 해서 원생 숫자도 늘어갔다. 송미도 그 즈음 우리 학원에 와서 참 열심히 배웠다. 워낙 영리해서 하나를 가르치면 둘 셋을 알았다.

기초는 내가 가르쳤으나 나중에는 늘 강사가 가르쳤다.

그런데 시일이 지날수록 내 손이 건반 위를 자유자재로 누비며 어려운 곡을 가르치지 못한다는 고민이 생겼다. 한 입시생은 굳이 원장인 나에게 레슨 받기를 희망했으니 나로서는 이만저만 고역이 아니었다. 강사의 교수법을 지켜보던 내 마음이 여북이나 부러웠을까. 한가한 오전이나 저녁 틈틈이 피아노를 연습하고 싶어도 누가 불쑥 들어올지도 모르고, 서투른 소리를 내기도 싫었다. 악기만큼 끊임없는 반복에 의해서 가능해지는 것도 드물다.

처음의 생각과는 다른 어려움이 나타나자 나는 속으로 애꿎은 최 선배를 원망했다. 내게 피아노를 가까이하도록 해 주었는데 말이다. 다시 생각을 거듭한 끝에 최 선배 부부와 의논해서 결국 학원을 다른 이에게 넘겼다. 몇몇 아이들은 이제 학원 다니지 않겠다고 투정이었다. 하지만 내가 할 수 있는 말은 한마디도 떠오르지 않았다. 꽤나 자깝스런 편인 송미는 내 고민을 은밀히 아는 듯했는데 마침 내 학원을 정리하는 날 눈물을 글썽거렸다. 먼 후일 다시 만나면 다 말해주리라. 그리고 거기를 떠나왔다. 원장 선생님이라는 옷을 훌훌 벗어버린 채로. 그런 후로 나는 어느 정도 홀가분하게 지냈다.

그곳을 떠나와서 피아노를 다시 구입했고, 딸애는 벌써 많은 곡들을 제법 다룰 줄 안다. 가끔 친구들이 놀러와 피아노를 칠 때 선생님 흉내를 내기도 한다. 그렁저렁 가사에 매달려 몇 년을 지내는 동안 당시의 일은 시나브로 잊혀졌다. 그러고 보니 송미를 비롯한 철부지 녀석들과 헤어진 지가 벌써 여러 해가 지났다.

그날따라 두 아이를 데리고 서점으로 쇼핑 센터로 두루 다니며 양손 가득 쇼핑가방을 들고 있었다. 다른 때 같았으면 택시를 탔겠지만 지출을 많이 했으므로 절약도 할 겸 버스를 탔다. 다음날 병원 개업하는 이에게 선물할 꽃나무 화원이 정류소 바로 옆에 있기도 했다.

한데 그게 실수라면 실수였다. 차가 흔들려 한 손에 짐을 몰아 쥐고 겨우 손잡이를 잡았다. 버스 안이 복작댔지만 아이들이 피곤해하기에 뒷자리에 작은애라도 앉힐까 싶어 뒤편으로 갔다. 앉아 있는 사람들에게 목례를 하고 손으로 자리를 만들어 녀석을 막 앉히는 찰나였다. 반색을 하며

"원장 선생님!"

하고 부르는 소리에 정작 놀란 사람은 나였다. 대부분 학생들이어서 나 말고는 원장이었을 만한 사람이 없었다. 나는 괜스레 짜드락난 것같이 더 이상 움직일 힘을 잃었다.

그런 일이 언젠가 올 줄 예상하지 않았던 건 아니었지만 하필 어수선한 버스 안에서일 줄이야. 더러 가당찮은 우연에 망연해질 때가 있음을 모르는 바도 아니었다. 나는 그 소녀를 찬찬히 보았다. 허송미. 그 순간 나는 차라리 어떤 구속으로부터의 해방감을 맛보게 되었다. 실은 그 동안 늘 자유롭고 싶은 욕망을 달음박질로서 해결하려 하고 있었다. 하나 그건 옳은 방법이 아니었음을 알게 되었다.

송미를 만난 곳이 버스 안만 아니었어도 훗날 다 말해주리라고 한 약속을 지키기 위해 그간의 얘기를 해주었을 것이다. 그 새 내릴 때가 되어 나오려는데

"원장 선생님, 안녕히 가세요."

라는 송미의 인사에, 다니느라 헝클어진 머리를 자꾸만 손으로 훑어 빗으며 웃어 주었다.

우리가 내리자 매연을 남기고 버스는 급히 멀어져갔다. 나는 꽃가게에서 벤자민 한 그루를 주문해 놓고 길 건너편 집으로 가기 위해 육교 쪽으로 갔다.

"엄마가 원장 선생님이야?"

송미 옆에 안기다시피 끼어 앉아 온 작은아이가 신기한 듯 빤히 올려다보며 물었다. 나는 아이를 보고 웃어주며 아이의 손을 잡고 천천히 육교 계단을 오르기 시작했다.

최 선배의 부인은 얼마 전에도 내게 한 가지 제안을 해왔다. 목 좋은 곳에 피아노 학원을 하나 더 차릴 테니 책임지고 관리 좀 해달라는 것이었다. 그녀는 워낙 적극적이고 활발한 성격이니 이해가 된다. 지난봄에 최 선배가 비엔나로 유학을 가고 나서부터는 학비 뒷바라지 때문에 더욱 그런 것 같다. 물론 도와주는 것도 나쁘지 않지만 난 이제 그런 옷은 다시 아니 입을 것이다. 벗는다고 생고생을 했으니 말이다.

그날은 모처럼 너볏한 마음으로 피아노 앞에 앉아 새삼 한번 연주를 해봄직한 참 기분 좋은 날이었다.

(1990)

혼자 메는 가방

지하철 열차를 타고 집으로 돌아오는 길이었다. 워낙 많은 사람들이 한 칸에 타다 보면 자잘한 사건들을 늘 접하게 된다. 그날도 어림잡아 앉은 사람보다 선 사람수가 더 많은 서면 역에서 한 여학생이 탔다. 제법 큰 가방을 한쪽 어깨에 메고 있었고, 그녀가 선 자리 앞에는 중년 여인이 앉아 있었다.

무슨 생각에 잠긴 듯한 표정으로 앉아 있던 여인이 앞에 서 있는 학생의 가방 끈을 잡으며 받아주려 하자, 학생이 조용히 사양했다. 겸손한 학생이라 여겼던지 중년 여인은

"들어줄 테니 줘요."

하며 끈을 더 힘주어 잡아당기듯 했다. 서 있던 학생은 한번 더 거절했다. 그래도 앉아 있던 여인은 포기하지 않았다. 제법 시간이 흐르자 무료한 눈길들이 그쪽을 주시하기 시작했다.

마침내 학생은 내키지 않지만 더 이상 거절할 수 없겠다는 듯 조심스레 가방을 여인의 무릎에 내렸다. 가방을 무릎 위에 받아놓은 여인의 얼굴은 어떤 승리감에 만족스러워 보였다. 학생도 정상을 찾은 듯 보였고 사람들도 각자 자기 나름의 시선을 찾아 고개를 돌렸다.

바로 그 다음 역을 막 지날 때였다. 아주 작은 목소리로 감사하다며 조금 전 그 학생이 가방을 되돌려 받으려 했다. 가방을 팔꿈

치로 지그시 누르고 있던 중년여인은 가방을 내어 주며 일순 당황하는 눈치였다. 차가 멈추자 학생은 아까보다 더 조심스레 가방을 어깨에 메고 출입문을 나갔다.

차가 어느새 다음 역을 향하여 출발하기 시작했다. 나는 괜히 궁금해졌다. 그 가방엔 조심스레 다루어야 할 무엇이 들어 있지 않았을까. 도자기 종류나 아니면 공들여 만든 공예품? 그도 아니면 음식 종류였을까. 헌데 그 학생의 목적지는 정말 거기였을까. 설령 목적지가 아니었을지라도 수분만 기다리면 다음 차가 올 게고, 조금 전의 사건을 전혀 모르는 사람들이 그 안에 있을 것이다.

가방 받아주는 일은 나의 학창시절만 해도 흐뭇한 광경이었다. 당시엔 손에 들거나 한쪽 어깨에 메는 가방이 대부분이었다. 차안이 복잡할 때는 앉아 있던 이들이 가방을 받아주지 않으면 무척 힘들었고 그런 불편을 덜기 위해 메는 가방이 나왔으리라. 양쪽 어깨에 끈이 있어 차의 흔들림에도 두 손을 사용할 수 있게 되었다. 무게에 상관없이 발 디딜 틈 없는 차안에서 때론 여학생들의 방패(뒷사람과의 접촉을 막아주는)가 되므로 가방의 효용가치는 꽤 큰 셈이다.

그래서인지 어른들이 요즘 학생들의 가방을 받아주려 하면 그들은 사양한다. 그것을 겸양의 뜻으로 알고 다시 받아주려 했다 하자. 아주 간혹 호의에 응해 주는 학생들이 있지만 대부분의 학생들은 어른들의 고집스런 베풂을 곤혹스러워 한다.

지난 세대들은 작은 인정이나마 나누고 서로 의지하며 난세와 보릿고개를 넘겨 왔다. 모든 게 워낙 부족하던 시절이라 도와줄 게 없으면 말이라도 정이 철철 넘치게 했다. 집을 방문한 손님을 향한 최고의 접대는 식사대접이었고 식사 도중 '많이 드십시오'라는 말은 빼놓을 수 없는 인사였다. 상대가 많이 먹었다고 답례하면 이편에선 한번 더 권하고, 못 이긴 척 저편에선 조금 더 먹고……. 더 먹기를 권유했던 주인(만약 그가 가난했다면)은 정작 손님이 너무 많이 먹고 가지 않기를 내심 바라는 것이다.

지금 세대들은 그런 얘기 들으면 고개를 갸웃하거나 어깨를 들썩이며 두 손을 약간 들어올린다. 젊은 세대들은 '그래도 헛말이라도……'라던 지난 세대의 겉껍질을 수용하지 않는다. 아울러 제발 자신들이 보릿고개(그런 어려움이 와선 안되겠지만)같은 걸 넘기지 못할 거라고 속단하지 말기를 바란다. 또한 열차 안에 서서 가는 노인들이 두리번거리지 말고 품위를 지켜주기를 기대한다. 앉아 있는 젊은이들은 조는 척하는 게 아니라 실제 졸고 있기도 하다. 오해받지 않으려 더러는 아예 앉지 않는다고도 한다.

'이고 진 저 늙은이 짐 벗어 나를 주오'라는 문화가 노인의 무기력화를 앞당기지는 않았을까. 백짓장도 맞들면 낫다는, 지나치게 소박한 인정교류에 너무 많은 시간을 흘려 버린 건 아닐까. 지난 세대들의 '대충'이나 '건성' 따위의 경영 사고를 신뢰하지도 않는다. 그들은 요 근래 수년 이래로 어떤 비교를 해야 했다. 이삼백 년이 넘도록 끄떡없는 외국의 교량이나 건물들과 우리의 그것들과를. 어느 날 길 가는데 갑자기 무너지는 교량 위에 자신이 서 있다거나 우르르 무너지는 건물 속에 있었다고 상상해 보라.

젊은이들은 첨단 과학 정보 자료와 이미 지어진 건물들을 점검할 장비를 가방 속에 넣고 다닌다. 작은 건물 공사에 하자가 있다면 즉시 실수를 인정하고 분석해 보고, 해서 좀더 정교한 시공법을 적용하려 한다. 어떤 결정 사항을 두고 짐짓 눈감는 일은 사양하며 양심 선언도 불사한다. 집안 경조사에 여러 사람 청하는 어른들의 풍속에 과감히 반기를 든다. 속마음 감춘 기성세대들의 모르쇠주의에 때로 속이 훤히 들여다보이는 비닐 가방으로 당당히 대처한다.

그런 세대들을 지난 세대보다 자립심이 덜하다고 할 수 있을까.

가방 받아주려는 기성세대의 소박한 인정주의가 진심으로 고맙게 가 닿을지 모를 일이다. 이즈음 단순히 호의를 갖고 받아주기엔 실로 예사롭지 않은 신세대들의 가방을 조용히 바라보곤 한다. 요즘 아이들이 곱게 커서 나약할까봐 걱정이라는 기성세대들의 염려야말로 기우가 아닐까 싶다.

(1996)

흐름을 타는 사람들

겨울날 기온이 내려가면 나는 곧잘 내가 본 그 아이들을 생각한다. 그날은 몹시 추웠으므로 사람들은 외투를 입고도 어깨를 움츠리고 다녔다. 그런데도 소년은 꼼짝하지 않았다. 양말도 신지 않은 채 두 손을 머리맡에 모으고 육교 위에 엎드려 있었다. 저러다 필시 동상에 걸리지 않을까 하는 생각이 들었으나 나는 약간의 성의를 소년의 손에 놓고 다소 무거워진 발걸음을 천천히 떼어놓았다.

며칠 후, 지난번 그 소년인 듯한 아이가 예의 그 자리에 있음을 보았다. 그날도 반복해서 가까웠다가 멀어지는 구두소리를 리듬삼아 마치 잠든 듯 굳은 듯 소년은 엎드려 있기만 했다. 그러다가도 어떤 발길이 뒤따라오는 일행을 기다린다거나 다른 이유로 소년의 머리맡에서 멈칫했다면 괜한 설렘으로 아이의 작은 손이 떨리지 않았을까. 엷은 햇살이 소년의 손에 있는 몇 닢의 동전에 가 닿았다. 조금 떨어져 회색 법의의 건장한 탁발승이 목탁을 두드리고 있었다. 거기 먼저 시주한 사람들이 바로 네댓 걸음 후에 또다시 자비심을 건네기엔 육교 위의 흐름은 참으로 빠르기만 했다.

나는 잠시 머뭇거렸다. 옆에 가던 일행이, 요즘은 저런 일이 조직화해 있어 아이에게 직접 도움이 되지 않을 거라고 했다. 하긴 지속적이고 온전한 도움을 주지도 못하면서 유난스레 보일 것 같기만 했다. 소년은 누가 지나가는지 알지 못할 것이다. 나 한 사람쯤 그냥 지나가도 결코 원망하지도 않을 것이다. 하나 아무래도 외면하기엔 소년의 꾀죄한 손목이 너무 가늘어 보였다. 마침 주머니에 얼마쯤 있었으므로 그것을 아이의 손에 놓고 얼른 그곳을 떠났다.

그 후로도 여러 번 그곳을 지나갔다. 많은 행인들 중에 적으나마 성의를 보이는 이가 갈수록 드물었다. 양손에 쇼핑백을 잔뜩 들고 가는 이, 팔짱을 낀 채 잠시도 놓지 않으려는 연인들, 또 무슨 급한 일이 있는 듯 후닥닥 뛰어가는 이들은 모두 앞만 보고 간다. 종이 목걸이를 걸고 부은 다리로 앉아 있는 여인, 한쪽 수족이 마비된 노인, 그리고 노래하는 눈 먼 부부의 곁을 지나서 간다. 일일이 마음쓰기엔 도시 생활이 여유롭지 못한 게다. 사람들은 더 이상 걸음을 늦추지 않게 되었다.

현대인들의 바쁜 이유 중의 하나는 모임이 될 수도 있다. 적잖은 시간과 지출을 감내하면서도 부득이 여러 개의 모임에 참석하게 된다. 사회적으로 다소 안정된 이들이 모이는 곳엔 화제 거리가 풍성하다. 육교나 지하도를 지날 때도 그들의 대화는 여전히 이어진다. 서로 보고 웃는다거나 '그렇지'라는 반응을 보이며 분위기를 조절한다. 본의 아니게 계단에 앉아 있는 사람들에게 일별도 주지 못한다.

나도 언제부턴가 멀찍이 미리 보고 '정말 가엾다. 세상에 저럴 수가' 라고 생각하면서도 정작 그 앞에서는 고개를 돌려 다른 쪽을 보고 갔음을 고백하지 않을 수 없다. 거기엔 항시 그들이 자리하고 있겠지만 앞에 가는 사람들 등판에 그들의 모습이 아주 가리어지기를 바라는 것이다. 가까이 가서야 마치 누가 마음속을 들여다보고 있기라도 한 듯, '아차, 미처 준비할 틈이 없이 복잡하군. 다음으로 미룰 수밖에'라고 생각을 바꾸는 것이다.

그런데 다음에도 나는 그 기회를 놓쳐버리기 일쑤였다. 만일 복작대는 인파 속에 혼자 멈추어 서서 지갑을 꺼낸다고 하자. 길을 더 복잡하게 만드는 이가 누군가 싶어 힐끗 보고 지나가는 시선들이 부드럽지만은 않다. 적은 지폐나 동전들이 지갑 속에 있지 않을 것이라며 애써 생각을 얼버무린다. 적어도 그런 마음이 들 때까지는 놓쳐서는 안될 무엇을 아직 갖고 있었던 것이다.

한번은 종교 단체의 봉사 요원들을 따라 '천사의 집'을 방문한 적이 있었다. 대부분 믿음이 깊고 사랑이 넘치는 사람들이었다. 그곳 아이들은 앞이 보이지 않는 장애아들로서 점자로 된 두꺼운 책을 들고 각자 손으로 자리를 찾아 앉았다. 찬송가를 부를 때, 더듬어 페이지를 찾느라 첫째 줄은 놓치고 훨씬 뒷줄부터 따라 불렀다. 점자를 해독하지 못하는 우리는 보고 있을 수밖에 없었다. 책의 두께와, 감은 눈으로 노래 부르는 모습을 보며 공연히 헛기침만 자꾸 했다. 그 아이들을 통하여 신은 영광을 나타낼 것이라는 기도 대목에서 나는 가시의 걸림 같은 목의 통증을 느꼈다.

예배를 드린 후, 준비해 간 김밥이며 과자, 과일들을 나누어주었다. 쉰 명 가까이 되는 아이들은 댓바람에 다 먹어 버렸거나 양쪽 주머니가 볼록볼록하도록 남은 것을 집어넣고는 더 달라고 조르기도 했다. 잠시 후, 그 아이들로 구성된 합주단의 연주를 답례로 듣고 나서야 북받쳐 오르던 우리들의 안타까움은 다소 진정되었다. 악기를 다루는 아이들의 모습이 방금 전까지와는 달리 의젓하게 보이기까지 했다.

여든이 넘은 원장은 노인답지 않은 밝은 목소리로, 나름대로 열심히 한다고 해왔으나 이젠 힘에 부친다 했다. 방문객들은 꼭 다시 올 것을 약속하고 가지만 쉬 와지지는 않는 모양이라며 쓸쓸히 웃었다. 우리가 작별을 고하자 손을 놓지 않으려는 아이도 있었고, 지르퉁하게 토라지는 녀석도 있었다. 겨우 달래 놓고 그곳을 나섰다.

차에 막 탔을 때, 일행 중 한 사람이 횟집으로 우리를 안내하겠다고 했다. 우리들 대부분은 그 생급스런 제안에 당혹했으나 아무도 거절하지 않았다. 음식을 먹기 시작하면서도 좀 전에 만났던 아이들 얘기를 꺼내는 이는 없었다. 분위기는 점점 화기애애해져 갔다. 나는 차라리 국수 한 그릇씩 먹는 게 더 편했으리라는 생각을 하면서도 한편으로 그 방안의 화목함을 깨지 않으려고 애쓰고 있었다. 지금은 우울함을 털어 버리자. 내가 그런다고 그 아이들에게 무슨 도움이 되겠는가. 거기에 앉아 있어도 될 만한 합당한 이유를 나 스스로에게 자꾸만 갖다 대고 있었다. 꼭 다시 찾아가리라는 속다짐만 거듭하며…….

결국 한 친구와 나는 먼저 일어섰다. 차마 더 이상 머무를 수 없어서가 아니라 다른 모임에 시간이 다된 까닭이었다. 돌아 나오는데 남은 이들의 한바탕 웃음소리가 들렸다. 그곳을 벗어나서야 식사를 대접한 이에게 좀 전에 가졌던 의문이 풀렸다. 아이들과 대화할 때, 한 아이의 손이 그에게 닿자 그곳을 손으로 털며 그 사람은 살짝 한 걸음 물러섰다. 나는 순간, 그가 왜 일행들과 함께 왔을까 하는 의문이 들었다.

그날, 만일 다른 약속이 없었더라면 나도 도중에 나올 수 있었을까 하고 가끔 되돌아본다. 게다가 그 후로 여지껏 그 자리에서 다짐했던 일을 실천하지 못하고 있으니 생각만 부질없다. 이즈음엔 왠지 텅 빈 공허감을 자주 느낀다. 육교나 지하도 계단 여러 곳에 앉아 있거나 엎드려 있는 사람들의 숫자는 늘어만 간다. 인파의 빠른 흐름 속에 잠시라도 멈추어 서서 주변을 둘러보는 이는 좀체 보이지 않는다. 나도 사람들 속에 어울려 걷는다. 잃어버린 것이 무엇인지조차 모르고.

햇빛 잦아지는 거리에 행인들이 종종걸음으로 귀가를 서두를 때, 그들도 서서히 몸을 일으킬 게다. 그들이 어디로 어떻게 돌아가는지 우리는 알지 못한다. 내일도 많은 사람들이 변함없이 길을 가게 될 것이다. 더러는 바삐, 더러는 일행과 얘기에 열중한 채로, 또 더러는 골똘히 생각에 잠긴 채…….

(1994)

아이의 창

작은애와 내가 막 외출 준비를 끝내고 집을 나서는데 바로 집 앞에서 어떤 광경을 목격하고 우리는 걸음을 멈추었다. 참새 한 마리가 뒤뚱거리며 걷다가 나의 키 정도만큼 날다가 하더니 우리를 피하지 않고 그대로 앉아 있었다. 아무리 보아도 어딘가 불편한 것 같았다.

작은애는 그 옆을 지나쳐 가지 못하고 멈추어 서서 그 놈을 주시하고 있었다. 바쁜 아침이라 나는 아이가 어서 걸음을 떼기를 기다렸다. 여전히 새에게서 시선을 떼지 않는 아이의 갈등을 짐작한 나는 한 가지 제안을 했다. 내가 곧 돌아올 거니까 만일 그때까지 날아가지 않고 있으면 집으로 가져와 다친 데가 있는지 살펴보겠노라고.

나의 제안은 실은 내가 감당하기 버거운 일이었다. 다만 그 순간을 지나가기 위한 다른 도리가 없었음을 고백하지 않을 수 없다. 왜냐면 새는 내가 올 때쯤 없을 수도 있으니까. 아이는, 그 사이 다른 사람이 보면 안 되는데……, 라고 되뇌고는 걸음을 옮겼다. 아마 포장마차 베발에 씌어진 '참새구이'라는 글자를 떠올렸으리라. 몇 번이나 뒤돌아보는 아이의 표정엔 측은한 빛이 들어 있었다.

나는, 내가 외출에서 돌아올 때쯤 제발 참새가 어디론가 날아가 버리기를 바랬다. 정말이지 나는 부지런하지도 않으면서 궁지에 처한 새를 본체만체하지 못하고 집으로 가져 올 게 뻔하기 때문이었다. 게다가 뒤치다꺼리할 생각을 하니 엄두가 나지 않았다.

오래 전에 잉꼬 새 두 마리를 키운 적이 있었다. 큰애가 두세 살 때쯤이었다. 새장 속의 새들은 먹이를 잘 먹고 살이 오동통하게 쪘다. 높이 달린 새장을 가리키며 아이가 발을 동동 굴렀다. 나는 도리 없이 그것을 내려 바닥에 두곤 했다. 아이는 꽤 오랜 시간 새들을 자세히 보며 놀았다.

한데 새장이 달린 곳의 바닥 주변은 늘 사람의 손길을 필요로 했다. 새똥으로 더러워지는 것을 막기 위해 신문지 같은 걸 깔아놓는 것도 여간 지저분해 보이지 않았다. 새장 속의 바닥 청소도 그랬다. 나는 그런 일들이 번거롭고 귀찮아졌다. 뿐 아니라 터무니없이 작은 공간 속에서 공연히 퍼덕여 보는 새는 답답함만 줄 뿐 내겐 아무런 위안도 주지 못했다.

만일 저 새들을 새장 밖으로 날려보낸다면 어디로 갈까. 숲으로 찾아가 다른 새들과 어울려 살아갈까. 새들이 어울려 지저귈 숲은 어디에 있을까. 그보다는 번잡한 도시를 빠져나가기도 전에 지쳐버릴 것만 같았다.

마침내 나는 결론을 내렸다. 작은 새장 속의 새들을 보아도 답답해하지 않고 또 그것들의 뒤치다꺼리에도 불평하지 않을 이들이 새를 길러야 한다고. 해서 새를 도로 내다 팔기로 했다. 막상 그렇게 생각하니 아이가 서운해할 것 같아 여러 날 망설였다. 하루는 그예, 아이 몰래 새를 조류센터에 가져다주었다.

새가 없어진 것을 안 아이는 울상이 되어 며칠 동안 새장이 달렸던 곳을 가리키곤 했다. 하는 수 없이 아이를 데리고 시장으로 갔다. 조류센터와 이웃해 있는 꽃집 앞에서부터 아이는 내 손을 끌며 새들이 있는 곳으로 들어갔다. 며칠 전까지 우리 집에 있었던 새들도 만약 팔리지 않았다면 있을 것이었다. 아이는 새들이 많이 있는 것을 보자 손뼉을 치기도 하고 살피는 것 같기도 했다. 그러다가 높지 않게 놓여져 있는 어떤 새장 앞에서 멈추어 섰다. 손을 비비거리기도 하고 새장 앞에 갖다대기도 하며 한참 동안 명랑한 표정으로 서 있었다.

그때, 가게 주인이 오더니 며칠 전 내가 가져다 준 새는 팔렸으며 아이 앞에 있는 새들은 우리가 기르던 새와 같은 종류의 새라 했다. 자세히 보니 과연 그랬다. 새장의 모양이나 새들의 생김새가 비슷비슷해서 구별하기 어려웠지만 그건 틀림없었다. 아이는 함께 놀았던 새를 찾고 있었나보았다. 그 나이의 눈으로 새들과 어떤 느낌을 나누었을지 알 수 없지만 분명 찾고 있었던 것이다. 이제 싫도록 보았으려니 싶어 나오려 했으나 아이는 전혀 나올 생각을 하지 않고 새들을 보고 있었다.

그 후로 거기 서너 번 더 갔지만 아이는 내가 읽어주는 그림책이나 놀아주는 장난감에 차츰 흥미를 가지면서 새의 기억에서 아주 조금씩 벗어나고 있었다. 나는 다시는 새의 뒤치다꺼리를 하지 않아도 되었다.

참새가 우리 집 앞에서 비틀거린 그날 아침에도 그래서 나는, 참새가 제발 다른 데로 가버렸으면, 하고 바랐던 게다. 한데 나의 바람은 무산되어 버렸다. 내가 다시 왔을 때도 담벼락 한 구석에서 새가 날다가 멈추고 날다가 멈추곤 했는데 그게 기껏 몇 걸음도 되지 않는 범위 내에서였다. 내가 좀더 가까이 가자 쓰레기통이 있는 구석진 뒤쪽에 가서 아예 웅크리고 앉아 있었다.

나는 더 이상 가까이 가지 않고 멈추어 섰다. 새도 꼼짝하지 않았다. 나의 다음 행동이 어떻게 나올지 살피려는 듯 작고 얇은 새의 눈까풀이 경련을 일으키는 듯했다. 나는 그 광경을 더 이상 모른 체할 수가 없었다. 좀 전에 아이의, 다른 사람이 보지 않아야 될 텐데……, 라는 말이 떠올라서였다.

겨우 새를 잡은 건 몇 번의 시도 끝에야 가능했다. 겉보기에 상처는 없었으나 막상 손으로 감싸 잡고 보니 단 며칠간이라도 보호해 줘야 한다는 생각이 일지 않은 건 아니었다. 그러한 생명체를 길러본 사람이라면 누구나 경험했으리라. 말못하는 짐승이라 할지라도 사람들이 관심 가져주는 대로 길들게 됨을. 따라서 우리가 아무리 게으르다 해도 우리들의 양심을 걸고 박대하지 못하는 것이다. 시나브로 그것들의 습성을 받아들이고 만다.

한데 막 대문을 열고 들어오자 이웃집 처마 위에 수십 마리의 참새들이 짹짹거리고 있는 게 보였다. 그 소리에 내 손에 있던 새는 눈을 요리조리 뙤록거리며 갑자기 민감해졌다. 나는 감쌌던 손을, 새가 친구 새들을 잘 볼 수 있도록 약간 느루잡았다. 두리번두리번 살피는가 했는데 내 손의 긴장이 조금 느슨해지는 틈을 이용해 새는 그만 저쪽으로 날아가 버렸다. 도무지 믿어지지 않는 일이었다. 새는 아마 친구들 소리가 나는 곳으로 사력을 다해 날아갔으리라. 좀더 바로 말하자면 실은 새가 제발 날아가 주기를 나는 바랐다고 하는 게 옳다.

어쩌면 새는 그러한 나의 본심을 알아챘는지도 모른다. 새는 단숨에 친구들에게 가지 못하고 한 번 날다가 한 번 아래로 쳐지고……, 다시 날다가 처지면서 날기를 시도했다. 겨우 날아오르는 것을 보는 순간 나는 얼른 고개를 돌려버렸다. 그리고는 모퉁이로 너무나 힘들게 날아갈 새를 찾아 두리번거리기를 이내 중지했다. 고백하건대 나는 이미 그 새가 그럴 줄 알고 있었다. 그런데도 집안에 들어서며, 단지 실수였어. 정말이지 날아가 버릴 줄은 몰랐어, 라고 나 자신에게 인식시키고 있었다.

무엇보다 아이에게 일의 경과를 말해 줘야 할 일이 아무래도 걸렸다. 아마도 아이는 학교에서 내내, 어쩌면 우리 집에서 치료해 줘야 할지도 모를 새에 대하여 생각했을 것이다. 아니나다를까. 학교에서 돌아오자마자 아이는 집 안 몇 군데를 눈으로 잠시 훑더니

"새는요?"

했다. 밝은 표정으로 나는

"손으로 한참 포근히 감싸줬더니 신기하게도 잘 날더라. 친구들과 숲 쪽으로 어울려 가던데."

라고 말해 주었다.

"친구 새들과 같이 갔어요?"

라고 물어보는 아이에게 나는 그랬다고 말해 주었다.

아이는 눈을 슴벅이며 그렇게 잘 날 수 있었을까 하는 의구심에서인지 잠시 생각에 잠기는 듯하더니 숲이 보이는 창으로 가 창문을 열었다. 아마도 새들이 날아갔음직한 경로를 따라 숲 언저리 어디쯤인가를 더듬고 있는 듯했다. 한참만에 아이는, 이제쯤 다 나았겠지요……? 라고 내게 물었다. 그 물음 속에서 어떤 답을 요구하고 있음을 알아챈 나는 겸연쩍음을 몰래 감추고 말해 주었다. 아마 지금쯤 훨훨 날아다닐지도 모른다고.

아이는 먼 창 밖을 내다보며 무한한 상상에 젖어드는 것 같았다.

(1996)

별명을 사랑한 소년

몇 년 전, 학생을 상담하는 자원 봉사자로 일한 적이 있었다. 열두세 명의 소년들이 모인 중학교 3학년 어느 반에 들어갔을 때 일이다. 아이들은 약간 호기심어린 눈으로 나를 바라보았다. 청소년 상담 프로그램 순서가 대부분 '별칭 짓기' 아니면 '나는 누구인가' 또는 '나는 어떤 사람이 되고 싶다'는 등의 순서에 의해 진행된다. 처음에 각자 자기의 별명을 지어 왜 그런 이름을 붙이게 됐는지 그 연유를 말한다. 어색함을 떨치고 친근감을 갖게 하기 위해서이다.

이미 갖고 있던 별명도 괜찮고 또 이 기회에 새 별명을 지어도 괜찮다고 말하면 아이들은 별명을 다양하게 짓는다. 좋아하는 연예인, 위인, 동물 등의 이름을 짓기도 한다. 때로는 미래의 자기 모습을 상상한 별명도 있다.

그날은 자신이 좋아하는 건 무엇이든 좋으니 지어 보라 했다. 그런 다음 별명을 쓴 종이를 가슴에 달게 했다. 한 사람씩 차례로 별명과 관련된 이야기(왜 그런 별명을 갖게 되었는지, 또 왜 그런 별명을 갖고 싶은지)를 말하는 순서였다. 헌데 '구두쇠'라는 별명을 적었던 소년의 순서는 네다섯 번째쯤으로 기억된다. 소년의 얼굴은 처음 보았는데도 좋은 성정일 것을 짐작할 수 있는 그런 표정을 갖고 있었다.

왜 구두쇠라는 이름을 지었느냐고 물었더니 소년은 순하고 느린 미소를 지으며 친구들이 붙여줬다고 말했다. 그러자 옆에 있던 아이들이 우우 하면서, 저 앤 워낙 구두쇠라서요, 했다. 왜냐고 물었더니 또 다른 아이가, 음료수 캔 하나도 우리한테 사주기는커녕 자기가 사 먹는 것도 본 적이 없어요, 했다. 그렇게 다른 친구가 말하는 동안 구두쇠라는 소년은 담담한(너희들은 모른다는 표정 같기도 하고 그저 아이들 말이 재미있다는 표정 같기도 한)미소만 짓고 있었다.

분위기를 바꾸기 위해 그 소년에게 다른 별명을 하나 지어 보라 하자 그 소년과 조금 친한 듯한 한 소년이 좀 큰 소리로

"경찰대학에 가고 싶대요."

라고 했다. 그러자 한 아이가

"구두쇠 경찰이 되겠다."

라며 다른 아이들을 웃기려 했다. 과연 대부분의 아이들이 웃었다. 그래도 구두쇠라는 별명을 가진 소년은 조금도 개의치 않고 웃음을 머금고 있었다. 비록 구두쇠이긴 해도 인기가 꽤 좋았던 모양이었다.

구두쇠라는 소년에게 이야기를 하라 했더니 학생은 잠시 머뭇거리며 뭐부터 말할까 하고 생각하는 듯했다. 곧 이어 천천히 말문을 열었다. 아버지는 배의 기관장이었는데 몇 해 전에 돌아가셨다고 했다. 할머니가 편찮으셔서 병원에 오래 입원해 계실 때 입원비를 대기 위해 어머니가 집을 팔았다 했다. 할머니는 결국 작년에 돌아가셨고 지금은 어머니가 헌옷 수선 일을 해서 살아간다는 것이었다. 그러자 옆에 앉아 있던 아이들이 조금씩 의외라는 반응을 나타내기 시작했다. 구두쇠 소년은 말하는 도중 말의 속도가 변한다거나 표정이 슬퍼진다거나 하지 않고 시종일관 같은 어조로 말했다.

하루는 시험준비 하느라 새벽 두 시까지 공부를 하고 있는데 어머니가 잠결에 허리가 아파서 신음하는 소리를 듣게 되었다고 했다. 감기가 들어 목이 쉬고 열이 나는데도 이튿날 새벽 일찍 일어나서 자신과 두 동생의 도시락 준비를 해주고는 옷 수선가게 문을

열더라 했다. 소년은 가게 앞에서 웃어주시는 어머니를 물끄러미 보다가 말없이 학교에 왔다 했다. 또 동생들에게 절약해야 된다고 말해 줘야 하기 때문에 자신은 형으로서, 오빠로서 늘 모범을 보여야 된다는 것이었다.

조금 전까지도 그 소년을 구두쇠라고 놀리던 다른 소년들 몇몇은 벌써 고개를 떨구고 있었다. 나는 다른 친구들에게 그 아이를 좀더 이해시키려고 두어 가지 질문을 더했다. 아버지가 전에 해 주시던 이야기 중에 기억에 남아 있는 게 있느냐고. 소년은 이렇게 대답했다. 항상 우리보다 어려운 사람을 도와주어야 한다고 하셨습니다, 라고.

아버지가 보고 싶으냐고 묻자 그 성격 좋은 구두쇠 소년도 잠시 고개를 숙이더니(아마도 어떤 슬픔 같은 걸 잠깐 삼키고 마음을 가다듬을 양으로)무언가 결심한 듯 얼굴을 들고 말을 이었다. 술을 좀 과하게 마셔도 좋고 돈을 못 벌어도 좋아요. 또 편찮아 계셔도 좋아요. 우리 이야기를 들어주고 우리를 야단쳐 주실 아버지가 계시기만 하면 얼마나 좋을까 생각했습니다, 했다. 자신은 참을 수 있는데 동생들이 측은하고 또 어머니 몸이 불편하신 게 안됐다고 덧붙였다.

순간 나는 그 소년의 어머니가 하는 헌옷 수선 일이 얼마나 훌륭한 일로 느껴지던지, 소년은 또 얼마나 듬직하게 느껴지던지 몰랐다. 구두쇠라는 별명까지 근사하게 들렸다. 소년의 이야기가 거의 끝나갈 무렵엔 거기 있던 소년들이 고개를 숙인 채 눈가를 훔치고 있었다. 구두쇠 소년은 자신의 이야기를 그날 처음 입밖에 냈던 모양이었다. 해서 경찰이라는 별명으로 바꾸어 불러주면 어떻겠느냐고 했더니 모두 좋다고 했다. 헌데 정작 구두쇠 소년이 가만 미소짓더니 그냥 구두쇠로 불러도 괜찮다고 했다. 조용하나마 옹골진 소년의 보짱이 참 미더워 보였다. 우리는 도리 없이 소년의 별명을 본래대로 구두쇠라 부르기로 했다.

그 후로 반 친구들이 그 소년을 그렇게 불러주었는지는 의문이다. 경찰의 꿈이 아직 변하지 않았는지도 알 수 없다. 설령 무슨 다른 직업으로 꿈을 바꾼다 해도 그 아이는 반드시 사회에 큰 도움을 주는 인물이 될 것이다. 환경이 어려워 좌절하는 아이들의 보도를 볼 때면 마치 별처럼 반짝이는 눈빛을 가진 그 소년의 모습이 떠오른다. 남들이 놀리기 위해 지어준 별명쯤은 아랑곳없다는 듯, 그 별명에 딱 어울리는 진짜 구두쇠임을 당당하게 공개한 한 소년이 내게 남아 있다.

(1997)

보여주기 욕망

많은 사람들 앞에서 스포트라이트를 받고 싶은 건 인간의 욕망 중 하나이다. 관중 앞에 나서는 것을 두려워하던 사람조차도 어떤 계기로 몇 번만 남들 앞에 나서다 보면 아무렇지도 않게 된다. 오히려 보여줄 때의 그 묘한 희락을 잊지 못한다. 이런 상황은 보여주긴 하되 잘 보여주고 싶은 욕망으로 확대된다. 얼마나 많은 것을 알고 있으며 또 얼마나 성실히 외관적 예의를 지켰는가를 보여주고 싶어한다.

백화점이 아닌 큰 시장의 의류 가게 같은 데서

"골라아, 골라! 골라아, 골라!"

하고 외쳐대는 이들을 볼 수 있다. 그들은 한쪽 발을 약간 앞으로 내딛고는 가볍게 들었다 놓았다하며 손뼉에 발 박자를 정확히 맞춘다. 얼마나 여러 번 연습을 했겠는가. 길손들은 그 빠른 제스처를 보며 웃음을 선사 받는다.

허나 조금만 유심히 보면 그 스타들이 결코 웃고 있지 않음을 알게 된다. 경쟁의 대열에 뛰어든 그들의 얼굴은 사뭇 진지하기만 하다. 무대에 선 배우처럼 혼신의 힘을 다해 박자를 맞추다보니 목에는 긴 핏대 선이 돋아 있다. 사람들이 그 가게 앞에 죽 둘러서면 그들은 아까보다 더 흥을 돋운다. 나는 때때로 그들로부터 신명나는 흥을 배울까하여 저만치 서 있어 본다.

간혹 어떤 모임에 가보면 시종일관 즐거운 분위기를 잘 끌어가는 사람들이 있다. 그들 몇몇은 유머가 얼마나 풍부한지를 보여주기 위한 작은 각축장을 연다. 특정인이 잘 보아주기를 바라는 게 아니라 오직 나 자신의 잘 보이고 싶은 욕망 때문에 열연한다. 오해의 소지는 벗어 던지고 이해의 폭을 넓혀 어울린다. 그 어울림은 거기서 끝나지 않고 노래방으로 이어지기도 한다.

모임의 마지막 장소로 택한 노래방에서 마이크를 넘기지 않고 두세 곡을 연달아 부르는 이들도 있지만 거기서 잘 보여주기 효과를 기대하기는 힘들다. 반주 음이 워낙 커서 노래부르는 이의 정감 어린 목소리를 여간해서 제대로 들을 수 없고, 일행들은 다음에 각자 부를 노래 제목 찾기에 바쁘기만 하다. 곡을 정하고 나면 노래하는 이를 보지 않고 가사가 나오는 화면에 줄곧 시선을 보내거나 안주를 먹으며 옆 사람과 이야기에 열중하기도 한다. 가수는 일행들이 제발 자신의 노래를 성의껏 들어주기를 바란다. 노래하는 이를 바라봐 주는 예의를 지켜야 하는 까닭은 그곳에 혼자 노래부르러 가는 사람이 없기 때문이다. 남자들은 술 마시는 순간이나 담배 연기를 내뿜을 때의 동작을 봐주지 않을 때 몹시 기분이 상한다고 한다. 하긴 남몰래 연구했을지도 모를 표정이나 동작 아니겠는가.

잘 보여주기 욕망은 사랑이 그득하거나 근엄해야 할 곳에서조차 예외가 아니다. 종교 기관 내의 정신 문화를 이끄는 주도자들도 이것의 기쁨을 거부하지 못한다. 우리는 인간의 대열에 서 있는 종교 지도자들을 무리하게 한 단계 끌어올려 신의 계획을 좀 더 알고 있을 거라고 규정한다. 그들 역시 종교 창시자의 말을 전달하는 시간만은 일반인들보다 약간 나은 자리에 잠시 올라가게 되므로 가르침 시간을 은밀히 기다린다.

무신론자가 아닌 종교적인 사람들은 대부분 자기가 진 짐을 종교 단체 내로 지고 들어가는데 그들의 짐에 관심 가져주지 않으면 그들은 풀렀던 짐 보퉁이를 주섬주섬 챙겨 도로 지고 나갈 것이다. 짐 보퉁이 없는 교회에서 '신의 은총을 기억하시오'라거나 '헌금에 따라 곳간이 넘치도록 복을 받을 것이오'라고 아무리 소리쳐도 빈 메아리만 남을 게다. 속세를 떠났다는 스님들이 '공즉시색'이니 '색즉시공'이니하며 일체의 욕망에서 벗어나라고 가르치기 위해서는, 욕심 때문에 번뇌하는 신도들 앞에서만은 가능한 한 욕심에서 아주 멀리 벗어나 있는 듯한 모습을 확실히 보여주어야 한다. 그렇지 않고서야 욕심에 절어 있는 중생의 마음에 어떻게 변화를 주겠는가.

이렇게 찾아드는 추종자들이 어느 목사가 설교를 잘한다거나 어느 신부가 강론을 잘한다거나 어느 스님이 염불을 잘하더라는 말을 주고받지 않는다고 장담할 수 없다. 그러니 종교 지도자들은 한두 시간 감동적인 가르침을 주기 위해 몇 날을 기도하고 연구하며 연습해야 한다. 때문에 추종자들로부터 좋은 가르침이라는 말을 듣기 위해서건 실제 도움을 주기 위해서건 낭랑한 음성으로 말씀을 전할 때 이 욕망이 작용하게 된다. 욕심을 버리라는 스님들에게 하나 남은 욕망이 있다면 이것일진대 신도들은 그냥 넘어가 줘야 한다. 여하튼 많은 사람들 앞에 한 계단 높이 올라서서 보여주는 그 역할이 없었다면 자상하면서도 근엄한 표정을 자주 지어야 하는 종교 지도자의 길은 실로 허전하고 무료했으리라.

이 욕망은 전시회나 연주회 같은 기념식장이나 결혼식장 등에서도 잘 드러난다. 행사의 개최자는 아무리 담담하고자 해도 떨리게 마련이다. 잘 보여주게 될까, 기대만큼 잘 보여주었을까 하는 걱정으로 잠을 이루지 못할 정도다. 그날의 주인공이야 당연하다 하더라도 거기 참석하는 하객들은 어떠한가. 축하해 주러 가는 목적도 그러하지만 그보다는 머리 모양이며 옷매무새 하나 하나를 살펴 보

라. 그날의 주인공보다 더 돋보이려는 악의는 결코 없었다 해도 불특정다수에게 잘 보여주고 싶은 야릇한 욕망을 누를 수가 없다.

십여 년 전 여동생의 약혼식장에서 촬영한 기념사진들을 우리 가족들이 함께 보게 되었다. 사진 속의 내 모습을 보며 나는, 좀더 환하게 웃을걸, 하는 생각에 잠겨 있었다. 바로 그 때 제부 될 이가

"내 표정이 너무 긴장해 있는 것 같은데."

라고 하자 싱긋이 웃고 있던 오빠는

"내 배만 클로즈업시켰군."

이라고 했다. 그쯤에서 우리는 모두 웃고 말았다.

우리들의 잘 보여주고 싶은 마음은 현실이거나 사진 속, 심지어 기억 속이거나 가리지 않는다. 남녀노소나 지위고하의 구별이 없고, 때와 장소에 거의 무관하다. 지금 뒷전에서 조용히 미소만 짓거나 흰눈으로 남을 손가락질하거나 또는 어떤 특별한 몸짓과 옷차림을 하고 있거나 간에 자신의 잘 보여주고 싶은 욕망을 다른 방식으로 충실히 연기하고 있을 따름이다.

보여주기 욕망의 특징은 누구나 애당초 악의로 시작한 것이 아니요, 큰 기대를 한 것도 아니므로 조금 서운한 평판이 돌아와도 감정을 못 삭여 펄펄 뛰는 이가 없다는 점이다. 나는 아직 이 욕망의 끈을 온전히 끊은 이를 만나지 못했다.

(1994)

중년의 아리아

그날 나는 우연히 서쪽 하늘을 바라보다가 그림 같은 장면을 발견하고 시선을 떼지 못했다. 교회의 뾰족탑이며 높고 낮은 집 옥상 물탱크와 안테나, 그리고 빨랫줄에 걸린 옷들이 불그레한 바탕색 위에 거뭇한 물감으로 엷은 실루엣을 그려놓았다. 남은 힘을 다해 저편에서 은은한 빛을 발하는 일몰 직전의 해가 퍽 고적하고도 아늑하게 보였다.

마침 그 집의 주인인 듯한 사람이 그림 속으로 들어와 움직이는 모양이 프랑스의 무성영화 장면처럼 이국적으로 보였다. 그 사람은 하루를 무사히 마치고 집에 돌아와 옥상에 있는 것들을 갈무리하고 있는 모양이었다. 나의 집 주위에 잠시나마 마음을 뺏길 만한 풍경이 있다는 데 적잖이 놀랐다. 어느 전시회에서 보았던 「노을지는 도시의 뒷골목」이라는 제목의 그림이 떠올랐다. 그림 속 저녁 무렵은 약간 기울어진 전봇대와 지붕들로 인해 퍽 지쳐 보였었다.

마침 텔레비전에서는 내가 즐겨 부르는 어떤 외국 번역곡이 흘러나왔다. '정답던 얘기 가슴에 가득하고'로 시작하여 잊지 못할 님이 지금 어디서 방황하고 있는지를 염려하는 노래이다. 애절함이 결결이 담긴 가사와 감미로운 멜로디가 노을 자락과 어울려 나의 실내에 애잔하게 깔렸다.

간혹 그러한 분위기는 아주 잠깐이긴 하지만 우리 나이에 맞는 정서를 느끼며 살아가고 있는가를 되돌아보게 한다. 젊은 날의 이성 친구와 말다툼하며 헤어진 뒤 아름다운 청춘을 애태우며 보내버리고 별로 이룬 것도 없이 나이만 들어가는 게 아닌가 싶다. 아스라한 옛 얘기를 풀어내거나 못 다한 마음을 누군가에게 전하려는 듯 노래하지만 들어줄 이 없는 곡조만 애연했다. 잠시 후에 석양은 뉘엿뉘엿 사라지고 하늘이 차츰 북청색으로 짙어가더니 별들이 가물거리기 시작했다. 어스름 거리엔 평소 예사로 보이던 가로수 잎들이 희미한 가로등 불빛에 파르르 떨고 있었다. 나도 따라 부르던 노래를 그만 멈추었다.

이튿날 밝고 투명한 동쪽 햇살이 내리비치고 있을 때 어제 그 옥상을 바라본 나는 당혹스러워졌다. 거뭇한 실루엣 아래 감추어졌던 물체들이 햇빛 아래 훤히 드러났기 때문이었다. 군데군데 칠 벗겨진 옥상 위의 낡은 가스 통과 느슨하게 처져 버린 빨랫줄, 그 옆 잿빛 슬레이트 지붕 아래 나무토막이며 비닐 따위의 자질구레한 것들이 널브러져 있거나 대강 쓸려져 있는 집 마당이 낱낱이 다 드러났다.

어제의 분위기는 우리 시력이 다소 흐릿해지는 어스름 저녁이 온다 해도 결코 되느끼지 못할 광경이었다. 온갖 잡동사니 쌓인 곳을 바라보며 노래부를 수는 없었다. 부부간이나 친구간에 모르면 더 좋았을 실수와 결점을 보아버린 사람처럼 씁쓰레해졌다.

세월이 그렁저렁 흐르고 젊은이들은 어언 중년이 되었다. 아이들을 낳아 기르고 집안 살림을 일구며 어른들을 모셔왔던 아내. 그녀의 가칫한 손이 남편에게 유난히 애처롭게 느껴지던 날들이 있었다. 허나 언제인가부터 그건(많은 사람들이 흔히 비교하는)장롱이나 소파 또는 거실에 걸린 오래된 유화를 보는 듯한 일상적 감정으로 변해버렸다. 아내들도 다르지 않았다. 몸이 곤한 날에도 직장으로 향하던 남편. 때로 스트레스를 푼답시고 술이 거나하게 취해 들어와서는 아내의 연민과 동정심을 자아내던 그들의 모습이 언제부턴가 전 같지 않았다.

그가 과연 잃어버린 후 찾게 된 나의 반쪽이었던가 싶어 의아해진다. 급기야 서로의 속내를 헤적여 보지만 쓸쓸한 낙엽 몇 잎만 겨우 건져 올릴지 모른다. 옛 설렘이 거의 남아 있지 않음에 아연해질 따름이다. 애틋한 마음이 일지 않는 우리들의 일상은 무료하기 그지없다. 이대로 늙어가야 하는가. 입을 꾹 다문 채 꾸부정히 걸어가거나 공원이나 골목에 멀뚱한 눈으로 앉아 있는 노인들에게서 우리는 결코 상상해 내지 못한다. 그들의 굽은 등줄기 위나 골 깊은 주름 속, 그리고 처져버린 눈꺼풀 밑 어디에도 젊은 날의 두근거림이 숨겨져 있으리라곤. 도무지 믿어지지 않을 우리의 그날도 저처럼 쉬 오고야 말지 않을까.

몇몇 친구들은 말한다. 저렇게 무료하게 늙어있고 싶진 않다고. 게다가 아무리 더듬어도 아쉽기만 한 지난날을 회상만 하기엔 이르다고. 젊음의 뒤안길에서 이제는 돌아와 거울 앞에 선 누님 같은 역할은 아직 맡지 않겠노라고. 청년 시절처럼 활기찬 얼굴은 아니지만 그들의 볼은 상기되어 있었다. 나이 들어갈수록 느끼는 일이라며, 어디론가 훌쩍 떠나보고 싶은데 정말 말 통하는 친구가 생겼으면, 하고 바라는 건 술렁술렁 빠져나가려는 젊음에 대한 아쉬움 탓일까.

며칠이 지난 후, 그다지 기대하지 않고 우연히 서쪽 하늘을 다시 바라본 나는 전날의 나의 결정이 성급했음을 깨달았다. 예의 그 은은한 하늘이 너그러이 펼쳐져 있었다. 아무리 자질구레한 한낮의 광경이었다 해도 그 황혼의 감격은 결코 너절치 않았고 너절한 것들마저 삶의 다른 면이라는 생각이 들면서 이제 두 그림 다를 이해할 수 있을 것 같았다.

오래 전에 우리는 무엇이나 그렇게 조급히 결정을 내리지 않았던가. 친구나 부부나 다 마찬가지다. 너무 하찮은 일로 다투다 헤어지지 않았던가. 상대에겐 본래 그런 면이 있었는데 단지 우리가 알아버렸다는 이유로 그 곁을 떠나진 않았던가. 멀어진 그들의 결점을 모른 척만 해줬더라면 됐을 일을. 상대가 달라진 게 아니라 내가 이해하지 못했던 게다. 그쪽 문제가 아니라 나의 문제였다. 그럼에도 잘못을 극구 상대에게 돌리고는 많은 친구를 잃거나 이혼하는 경우도 있지 않은가.

그들과의 아쉬움이 그렁저렁 그리움으로 자리잡은 이즈음 번화한 거리의 횡단보도에서나 복작대는 지하철역에, 서둘러 헤어진 그들이 가고 있지나 않을까 싶어 괜스레 두리번거린다. 지나고 보니 '오해할 아무 것도 아니었던 것을' 싶어 피식 웃어도 본다. 마지막까지 친구의 부족함을 덮어주고 채워주려는 미더운 우정에서 우리 삶을 어느 정도 윤택하게 만들 수도 있는 것임을 깨닫는다.

그런데 상대는 나를 아직도 까다로운 사람이라 여기면서 구태여 멀찍이 서 있는지 모른다. 아니면 가까이 있다 할지라도 태연함을 가장하고 있을지도. 불지 않아도 있는 바람처럼 항용 있어야 좋을 사람. 그 우정의 주인공은 혹여 이토록 무례한 이는 아니면 좋으리라. 우리 눈에 무시로 눈물 괴어 물체들이 흐릿해 보일 그때, 잎들의 조락처럼 삶의 가방을 하나하나 놓아야 할 그때서야, 오래 전부터 그대 주변에 머뭇거렸네. 정말 너그러운 친구가 되고 싶었는데, 라고 할 만치 말이다. 만일 내가, 지금 모습을 드러내시오. 정직한 이여, 라고 한다면 성실한 상대는 아직도 까다로울 것 같은 내게 혹 결점을 보일까 저어하여 영 멀어질지 모른다.

모처럼 고즈넉한 길을 걷고 있는 우리 앞에 불쑥 나타나, 조용한 시간을 방해할 생각은 추호도 없었는데, 다만 당신이 외로울 때 말동무되고 싶었을 뿐인데……, 라고 짐짓 미안해한다면 나는 아무것도 탓할 생각이 없다.

그날 석양은, 내가 의식의 흐름에 따라 상상의 세계를 여기저기 다녀올 동안 제법 오래 서쪽 하늘에 머물러 있었다.

(1996)

사진의 수명

개인사진이거나 단체사진이거나 간에 우리들의 시선을 가장 오래 붙잡아두는 건 자기 자신의 얼굴이다. 모델이 아니라도 한두 해에 한번쯤 사진을 찍어, 이 나이엔 이랬었지, 라며 자신의 젊음 상태를 보관하고 싶어한다.

행사장이나 모임에서 우연히 함께 찍게 되는 사진의 의미는 공존했던 사람들의 교제 자취를 남기는 데 있다. 먼 날 희미한 돋보기 아래로 고적함 달래줄 자료들이다. 비디오 매체의 기술 발달로 사진이 주춤할 것 같아도 사진관에는 막 현상된 미래의 추억들이 매일 소쿠리 하나 가득 찬다.

시간이 흐른 뒤에 보면 시나브로 멀어진 그리운 이들이 있다. 그들을 만나기 위해서는 공백의 세월을 걷어주는 사진 속으로 들어가야 한다. 가만 두면 자고 있겠지만 사진첩을 열기만 하면 어마어마하게 넓은 세계에서 함께 교류하던 이들의 발자국을 찾게 된다. 영상이 된 사람들이 하나 둘 잠에서 깨어나 그날의 장면을 재현해낸다. 사진은 지난날의 만남이 되살아나는 추억의 전시장이요 현재와 과거를 잇는 또 하나의 창이다. 젊은 날의 사진은 볼수록 해맑고 아름다워서 우리를 한껏 나르시시즘에 빠지게도 한다. 사진관에서 찍어도 예쁘고 흑백 카메라로 찍어도 윤곽이 또렷하다. 해서 자꾸 찍어대지 않았던가.

고교 시절을 펼치면 늘 조용하거나 왁자한 광경의 이미지들이 남아 있다. 수학여행으로 속리산이나 설악산을 찾았을 때 그곳은 갑자기 떠들썩해졌다. 멀건 국과 찬밥으로 집 생각을 더하면서도 달빛 아래 불꽃놀이는 못 잊을 낭만이요 설렘이었다. 미륵불의 웅대함이나 흔들바위, 비룡폭포의 장관도 그랬다. 그 경관들이 우리 나이만큼 발랄한 배경으로 자리하고 있다. 황량한 늦가을 낙엽 깔린 나무 아래서 이듬해 졸업을 앞둔 우리는 미래의 꿈을 이야기했다. 교사니 디자이너니 은행원이니 언론인이니 하는 꿈들은 나름대로 알차고 가능할 것들이었다. 사진 속의 친구들 얼굴도 참으로 밝았다.

그러한 꿈을 제대로 이룬 사람은 얼마나 될까. 일찍 사회인이 된 사람들은 자신의 사회적 위치를 곧잘 남과 견주기도 하며 많은 교제를 원한다. 모임을 마친 후엔 더 많은 교제 흔적을 남기려고 삼삼오오 어울려 사진을 찍는다. 사진을 찍는 순간 마치 더 친한 듯한 느낌을 받는다. 허나 얼마간 지난 후에 대부분 사람들은 어느 정도 초연해져서는 말한다. 이제 꿈의 잡기놀이는 그만 두었노라고. 더는 자발적으로 사진 찍으려 하지 않는다. 그저 옆에서 권유하면 찍는 정도로 변했다.

사진은 교제의 세월을 뛰어넘어 보다 근원적인 만남의 단서가 되기도 한다. 우리는 종종 땟물이 꾀죄한 아이의 사진을 들고 텔레비전에 나와 그의 고향이나 부모형제의 이름을 말하는 이를 보게 된다. 그들의 외양은 우리와 같은 황인종이지만 다른 나라 말을 유창하게 사용한다. 인도적인 외국인 양부모에게서 잘 자랐으나 친부모에 대한 기억 한 줄기만은 소중히 간직해온 입양아들. 그들이 쏟아내는 그리움은 화면 바깥으로 넘실넘실 흘러나와 시청자들의 마음을 흠씬 적셔놓는다. 단서라고는 모서리가 구겨진 사진 한 장이 있을 따름이다. 친부모 친형제를 만나기 전까지 그 낡은 사진은 그들의 재산목록 1호일 것이다. 이때의 사진은 사진이 할 수 있는 최고의 효용가치를 나타낸 게 아닐까.

전쟁 사진에는 종군 기자들의 숭고한 정신이 그대로 드러나 있다. 정치적 사건을 취재한 사진 역시 그러하다. 역사적 의미를 담아내기 위한 기자들의 사진 찍기 작업은 생명의 위험을 감수하고 강행된다. 거대한 세력에 의해 사진을 공개할 수 없을 때 역사를 바르게 자리매김 하려는 기자들은 일신의 불이익 따위에 뜻을 굽히지 않는다. 어느 지면 한구석에라도 발표되는 충격적인 기록사진들은 그 내용에 뒤지지 않는 기자들의 놀라운 용기의 결과이다. 사진 속의 어떤 비극적 인물만큼이나 비극적인 사진기자가 됨으로써 결코 자신이 찍은 사진들을 보지 못할 줄 짐작하고 간다. 세월이 지나면 이런 사진들은 기념관이나 전시회에 진열된다.

사진 전시회에 가보면 어떤 순간들이 딱 멈추어 있는 장면들이 걸려 있다. 건물이나 나무 등의 고정된 사물을 찍는 것은 어렵지 않으나 막 날기 시작한 나비의 날개나 한쪽 다리를 접고 외다리로 졸고 있는 학, 빛과 어둠을 이용한 명암의 배치 등을 묘사하는 것은 쉽지 않다. 구도나 모든 배경과 초점화된 주체가 조화롭게 찍힌 사진이라야 예술 작품이라 할 수 있다. 찰나를 포착한 사진들은 순간 예술로써 보는 이에게 경이로움과 정서순화를 선사한다.

이에 반해 무슨 기관의 장이라든가 높은 사람이라는 이들이 복지관 같은 데 들러 노인이나 고아, 또는 장애인들의 손을 잡으며 사진을 찍는다. 함께 찍혀야 하는 당사자들은 여간 곤혹스럽지 않다. 높은 이들이야 좋은 일을 한다는 명목으로(그들이 실제 어려움에 처한 이들을 위해 행하는 일은 고작 라면 몇 박스나 불우한 이들과 일일이 악수하는 정도인데도)사진을 찍어가서 무슨 기록사진인양 자신의 개인 홍보용

책자에 싣거나 여기저기 공개한다. 그런 경우 사진은 그저 명예욕에 들뜬 인간의 욕망을 채워주었을 따름이다.

이 외에 사진기술의 발달로 몰래 카메라라는 것이 나와 사람들을 당혹하게 한다. 은행이나 도로 위의 무인 카메라는 어딘가에 기여하는 측면이 있겠지만 연인이나 부부들이 상대를 의심하여 다른 이성을 만나는 장면을 찍어 엉뚱한 자료로 제시하는 경우도 있다. 이 또한 사진 본래의 의미가 퇴색되고 만다. 외국에는 파파라치가 남의 사생활을 따라다니며 찍어 공개하기도 하는데 이는 긍정적인 면과 부정적인 측면이 다 있다고 한다.

사진은 순간을 간직하는 점에서는 사람의 기억과 같다. 우리 기억에는 다정한 주변인의 모습이 간직돼 있고 사진 역시 함께 찍은 주변인들 모습을 간직하고 있다. 헌데 사진 속의 인물이 반드시 우리에게 그리운 이들일 수만은 없다. 현실에서야 만나지 않으면 그만이지만 사진은 찢어버리지 않는 한 만나지 않을 수 없다. 사회교제는 이미 끊어지고 사진만이 남아 씁쓰레한 미소를 짓게 만든다. 만남을 일일이 다 찍지 못해 아쉬운 반면에, 한번 찍어놓으면 함부로 버릴 수 없는 게 또한 사진이다. 언젠가는 그저 웃어넘길 수 있을까 싶어 아주 버리지 못하고 도로 꽂아둔다. 그래서일까. 한 해 두 해 갈수록 왠지 사진 찍기가 망설여진다.

노인들은 사진 찍기를 저어한다. 어느새 고비 늙은 자신의 사진을 보는 일은 우울하기만 하다. 아울러 지난날을 추억할 시간이 많지 않음도 알고 있다. 젊은 날 생각에는 나중에 희미한 돋보기 아래 못 견딜 쓸쓸함이나마 달래줄 사진으로 알았는데 막상 늙고 보니 다 부질없기만 하다.

기력이 있을 때 사진들을 정리하는 노인의 모습은 경건하기까지 하다. 비록 자식 대에서 잘 보관한다손 치더라도 시간 거리가 너무 멀어서 못 만나는 귀여운 후손들이, 역시 본 적 없는 조상의 사진에서 무엇을 건져 올리기를 기대할 수는 없다. 두고두고 회자할 거리가 많은 삶을 살았다 하더라도 자손들이 그 훌륭한 조상의 사진을 꺼내어 보기란 얼마나 어려울까. 집이 크고 넓은 유럽에는 방 한 칸을 조상의 사진을 확대하거나 초상화를 크게 그려 보관한다 하지만 우리나라 실정은 그게 여의치 않다.

한 생애가 훌륭한 업적을 남겨 역사적인 자료로서 가치가 있다면 그 인물 사진 보관이야 업적과 관련된 국가기관 담당 부서에서 책임질 일이다. 하나 평범한 사람들에게 사진이란 젊었을 때엔 나르시시즘에 빠지게 하는 한편 교제 증명서가 되고, 늙어서는 추억을 선사함으로써 그 임무를 다하는 게 아닐까. 사진의 수명은 그 속에 찍혀 있는 인물이 삶의 막을 내리는 날과 거의 비슷할 것 같다.

(2000)

통영 아지매

시어머님의 장례식 이전까지만 해도 나는 통영 아지매를 그저 좀 교양 있게 늙어온 다정한 이웃 어른이라고만 생각했다. 오래 전에 시어머님은 그 분을 '통영 아지매'라는 호칭으로 소개하였다. 통영 아지매는 우리 부부를 위해 '인내'라는 제목의 글귀가 씌어진 표구 한 점을 선물로 주셨다. 그리고는 자신이 살아온 경험을 존조리 들려주시곤 했다.

통영 아지매는 그 후로도 우리 집에 가끔 놀러오셔서 무슨 교훈적인 이야기를 재미있게 하시는지라 세대 차이를 그다지 못 느꼈다. 소녀같이 순수한 표정과 남을 결코 판단하지 않는 너그러운 성품 때문이었을 게다. 무슨 이야기를 해놓고는 우리가 웃음을 그칠 때까지 너볏한 눈빛으로 우리를 보고 계셨다.

때론 나와 시어머님이 얘길 해놓고 웃고 있으면 열린 대문으로 막 들어서며

"범수네 있나?"

라며 자신의 방문을 알리고는 몹시 부러운 눈빛으로 모녀 같다고 인사하셨다. 그 아지매를 통해 시어머님 호칭이 오래 전에 '범수네'라는 걸 알았다.

범수라는 이름은 손위 둘째 시누이의 이름이다. 자꾸 불러주면 좋다 하여 어머님은 큰딸을 제쳐두고 둘째딸 이름을 부르게 했다

한다. 그래서인지 범수 시누이는 오래도록 잘살았다. 해서 나는 '범수네 큰 자부'라는 이름으로 불렸고 어느새 '범수네' 뒤에 어떠한 이름들이 붙게 되어도 나는 그 이름에 익숙해져 갔다.

독실한 원불교 신자이신 통영 아지매는 가르침대로 모두가 큰 원 안에 있다는 믿음 생활을 실천하셨다. 자늑자늑하면서도 조용한 당당함을 지니신 그분의 인품을 시어머님은 항시 공경하셨고 두 분은 형이야 아우야 하며 평생을 살아오셨다.

그분의 홀로되신 여동생을 우리는 이모라고 불렀는데 그 이모는 담배를 피우며 혼자 화투 패떼기를 즐겼다. 워낙 농담을 잘하여 이모 뒤에 '님'자를 생략하는 게 더 다정하다고 하셔서 그렇게 불렀다. 한데 가까워 보이기는 하지만 만만한 느낌이 들어서인지 어질고 점잖으신 통영 아지매에겐 선뜻 이모라는 호칭보다는 아지매라 부르는 게 다정스럽고도 예의 있어 보였다.

시어머님의 장례식 날, 장지에 도착해서였다. 통영 아지매와 다른 몇몇 어른들도 모두 친구와의 마지막 작별을 위해 바지런히 따라 오르셨다. 통영 아지매가 내게 조용히 다가와 등을 쓰다듬으셨다. 아마도 지난날 고부간에 정겹게 이야기하던 장면을 떠올리며 친구 며느리의 마음이 자신보다 더 슬플 거라 짐작하셨던 모양이다.

시어머님을 영원한 안식처에 안치하고 이제 우리 시형제들이 한 사람씩 차례대로 흙을 공글렸다. 이어 다른 친척들이 고인의 명복을 또 그렇게 빌었다. 다음 친분 있는 이웃들 차례로 나오시오, 라는 사회자격인 어떤 남자의 목소리가 들렸다. 바로 그때였다.

"범수네야! 어데 가노!"

갑자기 조금도 주저함 없는 큰 목소리가 젊은 조문객들 사이를 가르고 퍼져나갔다. 마치 저만치 실제 앞서가는 사람을 부르듯 하도 저렁저렁하게 울려 누구라도 정말 걸음을 멈출 것 같았다. 세속적 껍데기를 다 벗게 하는, 부와 지식과 명예 같은 것들이 그 음성 아래 맥없이 녹아내릴 듯한 영혼의 울림소리 같았다. 통영 아지매였다. 내가 영혼의 울림이라 느낀 건 아지매의 목소리를 듣는 순간 우리가 알게 모르게 부모에게 서운하게 해드린 일들이 톡톡 다 튀어나오는 것 같았기 때문이었다.

우리 형제들은 사흘 동안 눈물을 다 흘리고 그만 어머님의 별세를 받아들이려는 시점에 온지라 다소 덤덤해져 있었다. 헌데 통영 아지매의 외침이 우리 가슴으로 파고들어 이제 그만 그치려한 우리의 슬픈 정조를 다시 한번 흔들어 깨운 것이다. 그 바람에 가라앉아 있던 마지막 남은 슬픈 정서가 마취에서 깨어나듯 우리 내부에서 술렁였다. 만약 교양 있는 중부 지방 말씨로

"범수네, 어디 가니?"

라고 말했다면 그 격조 있는 어조로는 우리의 비감에 아무런 영향을 주지 못했으리라.

젊은이들이 모를 늙은이들만의 외로움과 아픔을 그들 우정의 연륜 속에 얼마나 많이 용해시켰을까. 앞앞이 말못하고 자식 체면 세워주면서도 외로운 늙바탕을 또 얼마나 서러워했으랴. 그 비밀을 다 싸안은 아지매의 한마디는 나뿐 아니라 거기 모인 젊은 조문객들을 엄히 질타하는 듯도, 한편 절규하는 듯도 했다.

너무 많은 죽음을 봐오면서 죽음 따윈 이미 달관했을 테지만 모두들 죽고는 어디로 가는지, 가고는 오지 않는 의문에 대한 물음을 다정했던 친구를 향해 외쳐 보고 싶었던 아지매. 그 정직한 음성으로 인해 통영 아지매가 어떤 사람인지 잘 모르던 젊은 조문객들도, 또 우리 어머님에 대해서 잘 모르던 사람들도 아지매의 의연하고 당당했을 삶의 태도와 또 그 친구인 우리 어머니의 삶의 자세까지 짐작하고도 남았으리라. 장지를 내려와 헤어질 무렵 아지매의 얼굴

은 몹시 처연해 보이셨다.

차례 상에 어머니의 밥 한 그릇을 더 올린 추석날, 내가 유난히 허우룩했던 건 아마도 함께 살았던 기간 동안 미운 정 고운 정 다 들어서였을 게다. 시어머님 안 계실 명절을 어머님과 나는 오래 전부터 예행 연습을 해왔다. 일을 잘 못하는 내게 갖추갖추 건잠머리 다해주시며

"내가 없더라도 이렇게 해라."

하고 일러주시곤 했다. 때론 약간 짜증스러워진 내가

"걱정 마세요. 어련히 잘할까봐서요."

라고 하면 어머님은 안심하는 듯 웃으셨다. 당시엔 지나친 걱정 같다고 생각했는데 어머님 안 계신 명절이 되니 이상스레 그 대화들이 그리웠다. 조용히 웃으며 그저

"예."

라고 대답만 할 걸, 싶었다.

저녁 무렵 나도 모르게 눈물을 흘리니 식구들이 날 위로한다며 함께 바닷가로 데려갔다. 바람이 불어 세찬 파도가 저만치에서 해변으로 밀려 올라왔다. 구름에 가린 희미한 보름달 아래 몇몇 청춘남녀들이 불꽃놀이를 하고 있었다. 불이 공중에서 짧은 순간 활활 타다가 잠시 후 이내 사라져 버렸다. 어느 정도 장수했다는 이들의 삶도 지나고 보면 저 불꽃과 같이 잠시잠깐이고 말리라.

나는 물론 오래 전에, 나중에 어머님 돌아가신 후가 되면 어머님 생전에 못해드린 일들이 마음에 걸릴 게고 어머님이 나한테 잘해주시던 일만 기억에 남을 것도 예측하지 않았던 바 아니다. 허나 나중에 다가올 일을 미리 알 수 있다고 믿었던 당시의 예측들보다 실제는 훨씬 달랐다.

문득 장지에서의 통영 아지매 모습이 생각났다. 큰아들을 따라

영도 어딘가로 옮겨가셨다고 들었다. 쏴 밀려오는 파도소리에 통영 아지매의 음성이 실려오는 듯하더니 이내 멀어졌다.

범수네야! 잘 가거래이…….

(2000)

너무 큰 차를 타고

내 차는 내수 생산 마지막해인 97년 산 티코이다. 경차의 원조격 차종이지만 항시 내겐 너무 큰 차 같다. 지난 초봄에 이 차로 여러 곳을 여행했는데 마음만 먹으면 찻길 있는 곳 어디나 못 갈 곳이 없다. 헌데 요사이 들어서 사람들이 자꾸 차를 바꾸라고 한다. 같은 사고의 상황에서 경차가 더 위험하다는 것과 체면 때문이라는 것이다. 위험 앞에서야 좀 큰 차라도 마찬가지일 게고 체면 때문이라면 전혀 문제가 되지 않는다.

작은 차를 못 타는 사람들은 나름대로 이유가 있을 것이다. 형편이 좀 어려워도 큰 차를 몰고 다니면 품위가 있어 보이니 남에게 보여주기로야 큰 차 모는 것보다 더 효과적인 게 없다고 생각할 것이다. 큰 차를 타는 이유는 어쩌면 경제적으로 윤택해서 외제차도 살 수 있지만 애국하는 차원에서 국산 중형차를 탈 수도 있고 가난했던 지난날이 한 맺혀서라도 그럴 수 있다. 내가 비록 작은 차를 타지만 큰 차 타고 다니는 사람을 그다지 부러워하지도 그렇다고 경멸하지도 않는다. 그걸로 나는 인품의 잣대를 재지는 않는다. 물론 중형차를 늘 타던 사람들에겐 작은 차가 답답해 보일 수 있겠지만 자기 형편과 취향에 맞는 차를 타면 될 일이다.

내가 티코를 타는 이유는 여러 가지다. 기름 값과 도로비가 절약되고 골목길을 빠져나갈 때나 주차할 때 게다가 청소할 때 아주 편하니 나 같은 게으른 서민으로서야 안성맞춤이다. 운전석 외에 책이나 가방 등을 놓을 수 있는 자리만 있으면 되겠기에 나 혼자서 타는 티코가 늘 너무 크게 느껴진다. 우리 아이들도 큰 차를 타고 싶겠지마는 잠시 공간 이동하는 데 대한 불편을 그다지 내색하지 않아 주어서 다행이다. 차체가 작아 엔진 소리가 좀 크게 들리는 것과 파워핸들이 아니라 힘들긴 해도 그런 정도는 얼마든지 견딜 수 있다.

또 다른 이유로는 경차의 원조인 이 차종이 2001년 초에 생산이 마감되어 희소가치가 있어서이다. 예술 작품이나 골동품도 아닌데 무슨 희소가치냐, 오히려 수리나 제대로 되겠느냐고 말들 하겠지만 그래도 나는 이 차를 내다 팔지 못한다. 예술가(특히 화가)가 세상을 떠났다면 그가 남긴 작품의 값은 세월이 흐를수록 올라가지만 생산이 마감된 차의 값이 세월 흐른다고 올라갈 일은 맹세코 없을 것이다. 그러니 측은해서라도 중고차 매매 시장에 내다 팔지 못하는 게다.

하루는 낮에 어떤 여성 모임에 갔는데 장소는 고급 호텔 레스토랑이었다. 회원 중에 한 사람이 경사가 있어 식사를 대접하기로 되어 있었다. 회원 다섯 명 중 네 명은 중형차를 몰고 왔고 나 혼자 소형차를 타고 왔다. 입구에서 봐도 나무들 사이 주차장에 하나같이 큰 차들만 점잖게 주차돼 있었다. 이 작은 차도 출입이 되느냐고 호텔 주차 담당 직원에게 물었더니 그는 웃으면서 된다고 했다. 우리 회원들의 아파트 평수는 쉰 평 이상인데 그 중 한 사람은 쉰두 평이고 또 한 사람은 쉰 여덟 평, 또 한 사람은 예순 다섯 평이다. 나머지 한 사람은 넓은 주택에 살았다.

그날의 대화는 절약이었다. 그들은 집 청소를 하고 나면 허리가 뻐근해진다고 푸념했다. 걸레 역할까지 다 해주는 청소기를 쓰긴 하는데 어느 메이커에서 나온 어떤 모양의 청소기가 좋은지에 대해

서로 정보를 나누었다. 바닥은 역시 사람의 물걸레질이 최고라고 내가 말하자 너무 넓어서 그건 힘들다고 했다. 고용창출도 할 겸 파출부를 부르라고 했더니 절약해야 하므로 그것도 안 된다 했다. 그러잖아도 요사인 파출부 구하기도 드문 시대라 한다. 주부들이 노래방 같은 데서 박자 좀 맞춰주거나 노래 몇 곡 잘 불러주면 많은 수입을 올린다 하니 파출부의 인기 순위가 뚝 떨어져 버렸다.

또 그들은 각각 집 평수에 맞는 에어컨을 사다보니 전기요금이 너무 많이 나와 여간한 더위는 선풍기로 살아갈 계획이라 했다. 아이들에게 인내심도 길러주고 절약정신도 길러주니 이중의 효과가 있지 않겠느냐며 그들 스스로 자신들의 알뜰함에 감동하는 듯했다. 생선 한 마리 달아 놓고 식사하는 자린고비의 신 화중지병식 절약이다. 헤어지기 전 그들은 나한테, 작은 차는 위험할 뿐더러 학생들 앞에 체면 좀 생각하여 차 바꾸라는 말을 우정 잊지 않고 각각 중형차 한 대에 한 사람씩 앉아서 폼을 내며 차를 몰고 갔다.

이즈음 나는 대학에 시간을 얻어 학생들을 가르치고 있다. 대학에 시간을 얻었다는 게 무슨 보장이 된 게 아니다. 공부하느라 생활도 어려워졌을 텐데 보장이 되지 않는 것에 슬퍼진 강사들은 보수가 일정한 다른 직장을 찾아 강의실을 떠나는 것이다. 그런 처지에 학생들을 가르치는 것과 작은 차를 타는 것이 무슨 연관성이 있는지 아무리 생각해도 짚이는 바가 없다. 차를 강의실 안에 끌고 들어가서 차의 크기만큼 실력을 인정받는다면 모를까.

가르치는 일이 즐거운 나는 학생들에겐 그들이 깊이 생각하려고도 않는 지난날의 아픈 역사라거나 교재 따라 준비해간 과제를 인식하게 하고 또 그들과 젊은 대화를 나누면 되는 게고, 차는 목적지까지 공간이동 하면 되는 일이다. 국가에 뚜렷이 표나는 이익을 준 것도 아니고 세금을 탈세하고 싶은 만큼의 재산가도 아니요, 기름 한 드럼 나지 않는 나라의 평범한 시민일 뿐인 내가 명분도 없는 체면 때문에(대중교통을 이용하는 시민들도 많은 상황에)경차를 버리고 중형차로 바꾸랴.

한번은 수업 중 우리 국민의 사치에 대한 내용이 있었는데 내가, 나 혼자만 타기엔 티코가 너무 커서 2인 좌석 차가 있다면 그걸로 바꾸겠다고 했더니 학생들이 투정 비슷이 우우 함성을 질렀다. 그 가운데 어떤 학생이

"큰 차로 바꾸지요."

라고 했다. 내가 작은 차 타는데 학생이 불편하냐고 물었더니 학생들이 크게 웃었고 그 학생은

"위험하잖아요."

라고 했다.

오후에 학교에서 S자로 굽은 약간 내리막 꽃길을 내려가는데 어떤 영업용 중형 택시가 급히 올라왔다. '앗 저런!' 하고 생각하는 찰나 그 차가 내 차 왼쪽 뒤를 쾅 받고는 저만치 가서 멈추었다. 그 차는 중앙선을 넘어 급히 올라왔고 내 차는 차선을 지켜 느린 속도로 내려가는 중이었다. 적어도 그 순간 내 머리는 복잡해졌다. 작은 차라 손상이 클지도 모른다. 소리가 엄청 컸으니 문짝이 들어가든지 뒷부분 어딘가가 움푹 들어갔을 게 뻔했다. 같은 상황이라면 티코가 훨씬 더 위험하다던 사람들의 말이 떠올랐다. 차 바꾸지요, 하던 학생의 말도 스쳐갔다. 변상 문제로 상대의 차 번호나 연락처를 적어두고 다시 연락을 한다거나 차 수리를 위해 정비소에 차를 맡기고 찾아와야 하는 일 따위의 번거로운 일들이 머릿속을 메웠다.

접촉사고의 경우 사람들은 자기 잘못인 줄 알면서도 쉬 인정하지 않고 상대의 실수라 우기며 자기의 실수를 최소한으로 줄이거나 일단 더미씌운 다음 변상을 적게 하거나 안 하려 애쓴다. 저 운전자

는 자기의 잘못을 시인할까 하는 생각에 나는 골똘해 있었다.

차에서 내리기 싫었지만 차 문을 느릿느릿 열고 내렸다. 차의 파손 부위에 따라 어떤 심한 결론에 속히 다다르는 게 싫어 일부러 내 차를 먼저 보지 않고 마침 이쪽으로 걸어오는 운전자를 보고 있었다. 그 기사는 저만치에서부터 안절부절못하는 듯하며 오더니 무조건 미안하다고 했다. 하긴 그 경우엔 아무리 인정하기 싫은 이라도 잘못이 워낙 명백하니 도리가 없겠지만 다소 허탈해진 나는 두려운 마음으로 내 차를 보았다. 헌데 범퍼에 약간 스친 듯 칠이 조금 벗겨져 있을 뿐 눈을 깜빡 되떠 보아도 어디 한곳 찌그러진 데가 없었다. 뒤죽박죽이던 내 머릿속이 신기하게 아무렇지 않아졌다.

기사의 차는 어찌 되었을까. 그 차도 괜찮았으면 좋겠다고 생각하며 상대의 중형차 쪽으로 걸어가 차를 보니 넓은 부위에 보기 싫게 푹 긁혀 있었다. 많이 긁혔네……, 라는 내 말에 그 기사는 연신 허리를 굽혀 미안하다는 말만 했다. 내 차 수리 문제로 눈치를 살피는 듯도 했다. 사실 그 기사는 당연히 내 차의 칠 벗겨진 부분에 대한 책임을 져야 한다. 만약 그 사람이 자신의 과오를 인정하지 않았더라면 나는 그의 연락처와 차 번호를 적어 놓고 그 작은 부위까지 도색하려 했을 것이다. 허나 거듭거듭 미안하다는 사과에 그의 정직성을 인정해서 그냥 보내기로 작정했다. 운전자들에게 그런 투명하고 정직한 문화가 정착되기를 간절히 바라는 나로서는 혹여 그 운전자도 이와 유사한 경우를 당했을 때 상대에게 관대하게 대하리라는 믿음 때문이었다. 내가 기사에게 그냥 가라고 하자 기사는 자못 얼떨떨해하며 그 자리를 떠났다.

나는 내 작은 차의 승리에 박수를 보냈다. 이 조그만 차가 자기를 들이받는 큰 차를 용감하게 막아내지 않았는가. 큰 차와 부딪혀도 상처가 조금밖에 나지 않는 차를 사람들은 왜 자꾸 바꾸라고 할까. 나는 작은 상처를 입혀 미안해하면서도 한편 용감한 내 차에게 (무엇보다 사람이 다치지 않았기에)고마워하며 시동을 걸었다. 옆자리엔 내 짐이 놓여 있어 좌석 공간이 유용하지만 빈 뒷자리를 보니 티코는 여전히 내겐 큰 차다. 처음 내게로 왔을 때 그 흠 없고 귀엽던 모양을 늘 기억하며 이 차가 나이 들어 못 움직이게 될 때까지 조심스레 동행할 생각이다. 다른 이에겐 너무 작아 보이는 내 큰 차를 혼자 타고 S자 꽃길을 천천히 내려왔다.

(2001)

누림세

어느 시의 주민들이 시장의 집 앞에서 해명을 요구하며 시장이 물러날 것을 요구하는 기사가 보도되었다. 시민들의 표정은 분노에 차 있었고 매우 진지했다. 사건 자체는 무슨 문제라도 마뜩찮으면 시위할 수 있는 문제니까 접어두더라도 시민 정신에 대한 문제를 곱씹어보지 않을 수 없었던 것은 그 시위대원들이 대학생들이나 남성들이 아니고 평범한 가정 주부들이었다는 점이다. 그들은 입을 모아

"시장 물러나라!"

라고 외치고 있었다.

나는 간혹 이런 시장이 나오기를 상상해보곤 한다.

잘사는 사람과 못사는 사람의 격심한 차이를 고민하던 한 젊은이가 플래카드에 '가진 자는 못 가진 자에게 누림세를 내시오' 라고 써서 그와 뜻을 같이 하는 한 시민과 시가지를 행진하고 있었다. 그들은 시장이 엄청난 부를 축적했으며 그 밑에는 아주 똑똑한 비서가 있다는 걸 알고 시장과 비서를 찾아가는 중이었다. 많은 사람들이 단 두 사람의 시가 행진(특히 플래카드의 '누림세'라는 글)을 보고는 별 싱거운 사람들도 다 있다는 표정으로 피식 웃고 지나갔다.

두 사람은 만나는 노숙자들에게 자기들과 함께 가기를 종용했다. 길에 즐비하게 앉아 있던 노숙자들은 무슨 좋은 구경거리가 있나

하고 슬그머니 넘어다보다가는 '누림세'가 뭔가? 하고 서로 얼굴을 보고 궁금해했다.

그 중에 지난날 작은 사업체를 경영하다가 부도가 나 거리에서 살고 있는 한 사람이

"저건 우리들의 권리를 찾자는 이야기 같소. 우리 모두 저들을 따릅시다."

라고 했다. 노숙자들이 하나 둘 그 뒤를 따랐고 숫자는 점점 늘어났다. 그들은 맷물 꾀죄죄한 옷차림에다 덩덕새머리를 하고 있어 누가 봐도 단박에 노숙생활을 오래 한 것을 짐작할 수 있었다. 다리 저는 사람 두엇이 한 사람은 지팡이를 짚고 한 사람은 목발을 짚고 행렬 뒤에서 처지지 않으려고 필사적으로 절뚝절뚝 따라갔다. 그들로 인해 도로에는 차들의 흐름이 일시 마비되는 듯했다. 경찰도 그들을 제지하지 않았다.

행인들은 힐끗 일별하는 이들도 있고 관심 있는 구경거리라 생각하는지 걸음을 멈추고 아예 팔짱을 끼거나 뒷짐을 진 채 구경하는 이들도 있었다. 행렬은 시가지를 사흘 동안 돌며 노숙자들을 죄 규합했다. 그들은 노숙생활에 이력이 난지라 한뎃잠이야 얼마든지 견딜 수 있었다.

마침내 나흘째 되는 날 시청에 도착한 그들은 너른 새 시 청사 마당에서

"시장은 나와서 우리들의 이야기를 들으시오! 들으시오!"

라고 구호를 외쳤다. 잠시 후에 시장의 비서가 나와 시장은 지금 외출 중이라 했다. 행렬에 앞장섰던 젊은이가 나서서 시장이 있다는 걸 알고 왔다고 했다. 그처럼 많은 노숙자들이 이 시에 있다는 걸 처음 본 시장의 비서는 마음이 몹시 괴로웠다.

상황을 보고 받은 시장은

"골칫덩이들이군. 내가 지금 저 사람들을 만나서 어쩌란 말인가. 시에 관한 내 업무가 산더미처럼 쌓여 있다구. 왜 좀 따돌리지 못하는가."

라며 비서에게 짜증을 부렸다. 비서는 고개를 갸우뚱했다. 저렇게 많은 시민들이 굶주리는데 저보다 더 급한 시의 업무가 있을까 싶어서였다. 정직한 젊은 비서는 어떤 행렬이 있다는 걸 어제 전해듣고 시장에게 이미 보고했었다. 그러나 시장은 무슨 대책을 세우기는커녕 귀담아듣지도 않았다.

시 청사 마당에는 시끌벅적한 노숙자들의 집단 투쟁을 구경하기 위해 많은 사람들이 모여들었다. 노숙자들은 점점 큰 소리로 외쳤다.

"시장은 나와서 우리들의 이야기를 들으시오! 들으시오!"

그들의 행색은 초라하고 너절했으나 모두들 힘만은 어디선지 불끈불끈 솟아오르는 모양이었다.

그때 시장의 비서가 나타나 구경하는 사람들에게 말했다.

"여러분들은 오늘 이색적인 구경을 했으니 이들에게 관람료를 지불하시오."

사람들은 약간 의아해하다가 그 말에 수긍하고 저마다 얼마씩 내고는 돌아가거나 관람료를 더 내고 일이 어떻게 풀리는가 끝까지 구경하겠다고 남기도 했다.

어떤 건설 문제로 모 기업체 사장과 저녁 식사 약속이 돼 있는 시장은 다급해졌다. 속히 퇴근을 해야 되는데 앞뒤 문이 다 막혀 있어 빠져나갈 틈이 없었다. 비서마저 나타나지 않아 상황이 궁금해진 시장은 비서에게 '업무태만'이라는 명목으로 시말서를 쓰게 할 생각이었다. 도리가 없어진 시장은 우선 노숙자들을 구슬려 돌려보낼 궁리를 했다. 시장이 얼마나 높은 직책이라는 것쯤은 아무리 무식한 저들이라도 알 테니 직접 모습을 나타내면 저들이 감동하여

물러나겠지, 라고 생각하며 시청 마당으로 나갔다.

"시장이 나타났다!"

여기저기서 외침소리가 들렸다.

"여러분. 나는 오늘 몹시 바쁘오. 내일 다시 만나서 이야기합시다."

시장의 근엄한 목소리에 숙지근해지기는커녕 노숙자들은 더욱 단결하여 외쳤다.

"우리는 이미 한 달을 굶었소! 굶었소! 우리를 위해 시에서 대책을 세우시오! 세우시오!"

한 사람이 구호를 외치면 모든 사람이 따라서 외쳤다.

"우선 오늘은 돌아가시오."

"우리는 갈 곳이 없소. 여기서 잘 것이오! 잘 것이오!"

도무지 꿈쩍하지 않는 노숙자들을 돌려보내려다간 어떠한 일을 당할지도 모른다는 생각이 시장의 머리에 스쳐갔다. 시장은 적당히 얼마를 주어 이들을 돌려보내려고 비서를 찾았다. 헌데 비서는 노숙자들 틈에서 자신은 비서직을 사퇴하겠다며 아까 모금한 것을 노숙자들에게 골고루 나누어주고 있었다. 그리고는 당장 이들의 식사부터 해결해 주는 게 급하다고 말했다. 배신감에 젖은 시장은 이를 갈며 그러나 겉으로는 너그러운 척 그들 모두에게 빵과 우유를 사서 대접했다. 그리고 매일 노숙자들을 위해 하루에 얼마씩 지급하기로 지원금을 약속했다.

다음날 비서에게 사표를 쓰게 한(아마도 그 도시에는 그러한 처리가 가능했듯)시장은 비서에게 욕설을 퍼부은 다음 내쫓았다. 새로 온 비서는 시장에게 무엇이나 듣기 좋게 이야기했다. 다시 중요한(?) 사람들 만나는 데 바빠진 시장은 노숙자들에게 무관심해져 갔고 그들을 위해 아무런 대책을 준비하지도 않았다. 겨울이 되자 등걸잠을 자다가 동사하는 사람들이 늘어갔다.

며칠 후 대통령의 지방 순시가 있었다. 시장은 어떤 미봉책을 쓰려고 했으나 노숙자들은 이 기회를 놓치지 않았다. 마침 노숙자들에게 관심 많은 대통령은 도시 거리거리에 웅크리고 있는 사람들을 보고 시장에게 대책을 세우라고 했다. 새 비서는 일시적인 현상이라며 일을 하는 척하다가 서류만 조작하고 별다른 대책을 강구하지 않았다.

어느 날 시장은 한 통의 고소장을 접했다. 죄명은 '시장실에 있으면서 없다고 하여 시민들을 속인 죄'라고 되어 있었다. 시장은 조사를 받던 도중 세금포탈과 뇌물 혐의를 받았고 그로 인해 더 이상(그간 얼마만큼 시민을 위해 봉사했는지는 모르지만)시민을 위해 봉사하지 않아도 되게 되었다.

그곳에는 민선 시장이 탄생했다. 새 시장은 노숙자들에게 새로운 일거리를 마련해 주는 일에 주안점을 두었다. 동시에 재산세액이 많은 이들에게 얼마 이상 기준을 정한 다음 등급을 매겨 많은 것을 즐겁게 누린 데 대한 '누림세' 한 가지를 더 적용해서 부과시킬 것을 국회에 건의했다. 그 세금은 그야말로 가난한 이들을 위해서만 써야 된다는 문구가 짙게 씌어 있었다. 부지런히 노력해서 번 돈이라고 항의해온다면 부지런히 노력한 정도로 이윤을 분배하자고 건의할 참이었다.

지난날 시장의 비서였던 젊은 사람은 어디로 갔을까. 그가 바로 새 시장이 되어 나타났던 것이다. 그의 소문은 금세 시내에 퍼져나갔고 그는 시민들에 의해 시장이 된 것이다. 새 시장은 지난날 노숙자들을 위해 최초로 플래카드를 만든 시민에게 시청의 중요한 일을 보게 했다. 노숙자들 문제를 공론화하여 해결한 것처럼 다른 어려운 문제도 구석구석 찾아내라고 당부했다. 시장 고소를 주도한 이가 바로 그 시민이었다.

새 시장은 판공비로 나오는 자금을 정직하게 운용했다. 어떤 방면으로나 불법 허가를 해주는 일 따위는 없었고 공정한 것에 기준을 두었다. 뇌물은 물론 값비싼 식사를 대접받지도 않았고 윗사람에게 아첨하지도 않았으니 어디를 가도 떳떳했다. 시장이 정직하니 다른 공무원들도 깨끗하게 변해갔다. 그 시는 복지가 가장 잘된 도시로 타 도시의 모범이 되었다.

몇 년 뒤 젊은 시장은 임기가 끝나 시장에서 물러나려 했다. 그러나 '시민을 위해 한 번만 더 봉사하시오! 봉사하시오!'라는 플래카드를 든 시민들의 강한 반대에 부딪혀 그는 마음대로 물러나지 못하고 재선 시장이 되었다.

(2000)

버림받은 사람

물려받은 재산을 잘 관리하는 한 부자가 있었다고 상상해보자.

그는 재산을 더 늘이기 위해 간이 우체국이나 마을 금고, 크고 근사한 목욕탕과 주유소를 여러 군데 만들어 운영했다. 또 극장을 사서 사람들에게 좋은 영화를 보게 해주었고 마을버스와 관광버스 운수업도 하여 산동네에 사는 사람들을 편하게 해주었다. 학교에는 가난한 아이들에게 매년 얼마씩 장학금을 내놓았고, 일 년에 두어 차례 그 동의 가난한 사람들 수십 명에게 쌀과 내의 같은 걸 사주었다. 자기 회사의 버스가 사고를 내면 직접 찾아가 피해자들을 위로하고 보상을 적절히 해주었다. 그러자 그의 이름은 한 사람 두 사람 입에 올랐다. 나중에는 그 동민뿐만 아니라 이웃 동과 그 이웃의 이웃 동에도 전해져 그가 사는 구민들 대부분이 알게 되었다.

어느 날 그는 구의원에 출마하여 당선했다. 그는 전보다 더욱 열심히 구민들을 찾아다녔다. 특히 구민들의 경조사에는 빠지지 않았다. 그는 자신의 의원 사무실에 사람들이 많이 찾아와 주기를 바랐고 찾아오는 사람들의 어려움을 풀어주려 노력했다. 그의 얼굴은 자연스럽게 더 널리 알려졌고 공공 장소에 몰리는 사람들은 그에게 고맙다는 말을 했다. 그의 사업체들은 하나같이 번성해 갔다.

몇 년 후 그는 시의원에 출마하여 당선했다. 그는 감동한 나머지 시민들을 위해 열심히 노력하기로 다짐하고 발빠르게 뛰어다녔다.

이제 아는 사람들이 무척 많아져 버렸다. 길을 갈 때 사람들 인사를 받는 게 왠지 번거로워져 모른 체하고 가기도 했다. 웬만한 일은 비서가 알아서 해결하게 되었다. 그의 경영업체에서 문제가 생길 때 처음엔 비서가 문제를 해결하려 하다가 사람들이 그가 나타나기를 항의하면 겨우 모습을 드러내어 문제를 수습했다. 그제야 그에게 하소연하던 피해자들은 마음이 풀려 돌아가곤 했다.

몇 년 후 그는 국회의원에 출마했다. 사람들의 열렬한 지지로 인해 당선되었다. 트럭에

"충직한 머슴이 되겠습니다. 감사합니다."

라는 플래카드를 써 붙이고 몇몇 사람들과 함께 도시의 거리를 다니며 자신을 지지해준 데 대해 두 손을 흔들거나 때로는 허리를 직각으로 굽혀 답례했다. 그의 이름을 외치며 축하해주는 사람이나 당선된 그 자신이나 함께 감격에 전율했다.

헌데 어느 날부터 사람들은 그의 얼굴을 실제로는 잘 볼 수 없었고 가끔 텔레비전 화면으로나 볼 수 있었다. 어쩐 일인지 그가 돌보던 가난한 동민들에게 더 이상 쌀과 내의는 전달되지 않았다. 그에게 도움받은 사람들이 친절하던 그를 기억하며 그를 만나기 위해 그의 사무실을 방문했으나 만나지 못하고 돌아가야만 했다. 간혹 그가 경영하는 사업체에 문제가 생겨도 그의 모습은 볼 수 없고 매스컴에 방영되는 그의 사진만 아나운서의 보도를 통해 볼 수 있을 따름이었다.

한번은 그의 사업체에서 사고가 났는데 사람들은 두 파로 나뉘어 내기를 했다. 한쪽은 그가 나타날 거라 했고 한쪽은 나타나지 않을 거라 했다. 그가 나타나지 않아 안 나타날 거라 했던 쪽이 이겼다. 보상문제가 시원하게 처리되지 않아서 사람들은 그 옛날 따뜻이 미소짓던 그를 기억하며 그의 참모에게 그를 만나게 해달라 했다. 그

라면 이런 식으로 처리하진 않을 거라고 믿으면서.

사람들은 결코 그를 만날 수 없었다. 그는 이제 더 높은 사람들과 만나야 하는 스케줄 때문에 시간이 없었던 게다. 시민들의 어려움이나 하소연을 들어주는 일은 더 이상 그의 역할이 아니었고 시민들의 문제는 하나도 전달되지 않았다. 사람들은 하다못해 그의 비서라도 만나기를 바랐으나 그 일도 여의치 않아져 갔다. 그 의원은 더 높은 사람들을 만나러 다녔고 비서마저 바빠졌다.

어느 날 그는 꽤 높은 직책을 맡게 되어 그 사실이 텔레비전 뉴스로 보도되었다. 그는 회의석상 같은 데 의자를 뒤로 젖혀 앉아 있거나 근엄한 표정을 짓는 사람들과 어울려 다녔다. 무슨 모임을 만들어 동원된 사람들로부터 열렬한 환영을 받는 광경도 보도되었다.

헌데 그가 살던 시의 사람들은 그가 높은 사람이 된 것에 별 관심이 없었다. 그의 표정이 평소 위엄을 부리며 앉아 있던 높은 사람들의 표정처럼 변했기 때문이었다. 그를 따뜻하고 예의 바르던 옛날의 그로 보아주긴 힘든 사람들이

"그놈이 그놈이지……."

라는 말을 내뱉으면서 그를 마음자리에서 떼내어 버렸다.

그 의원은 더 높은 이와 만날 시간표를 비서가 가져오자 어떤 웃음을 감추느라 입술 주위 근육이 실룩거렸다. 혹여 그가 웃음 참는 걸 아는 이는 없었을까. 실은 바로 옆에 서 있던 비서가 알았지만 모른 체하려다 보니 비서의 입 주위도 덩달아 실룩거렸다.

노련한 배우들

중년 이상의 여인들이 모이면 소녀처럼 달뜬 목소리로, 더 예뻐졌다는 둥 그대로라는 둥 멋진 첫 인사말을 한다. 더러 계나 동창회 같은 모임 장소로 가기 전에 길에서 먼저 몇 사람을 만나는 경우가 있는데 이들은 길이라는 공간을 개의치 않는다.

바로 그때 그 옆으로, 여편네들이 무얼 저리 쓸데없이 재잘거리나, 하며 눈살을 찌푸리고 지나가는 행인들이 있을 게다. 혹 그 여인들 연배나 그 이상의, 호기심 많은 어떤 남성이 그 여인들과 조금 떨어져 걸음을 멈출 수도 있다. 부근에 긴한 볼일이 있는 것처럼 서서 눈을 다른 곳으로 향한 채 귀만은 여인들 쪽으로 열어놓는다.

잠시 후, 여인들의 인사치레를 다 엿들은 남자는 여인들 쪽으로 슬며시 일별한다. 여인들이 나눈 이야기 내용과 그들의 실제 모습이 일치하는가 싶은 궁금증을 견딜 수 없어서이다. 그리고는 거의 아무도 모르게 고개를 한두 번 갸웃하면서 마치 자기의 할 일이 이제 막 끝난 듯 그곳을 떠날 게다.

바라보는 남들이야 어떻든 여인들은 고조된 기쁨을 감추지 않는다. 세월 따라 나이 먹어오는 동안 점차 주위의 시선에서 자유로워져 말은 걸쭉하고 행동은 스스럼없어졌다. 친구의 얼굴을 자세히 살피며 인사말만은 이렇게 한다.

"넌 어쩜 그대로니."

라고. 그러면 상대 역시 그대로라고 맞받아 준다.

모임을 하는 사람들은 일 년에 한 번 혹은 육 개월에 한 번 만날 수도 있고 좀더 빠르면 두 달에 한 번 내지 한 달에 한 번 만날 수도 있다. 그들이 다소 긴 기간을 두고 만났더라도 첫 인사는 변함이 없다.

"어쩜 그대로니!"

라고. 그 인사를 들은 친구가, 머리 물을 들였다거나 피부 마사지를 했다고 고백할지라도 잘 됐다고 경탄해마지 않는다.

친구들끼리 견거니틀거니하며 시새웠던 젊은 날에는 서로 칭찬하는 일은 드물었다. 실상 삼십대에는 성숙해졌다는 칭찬이 더 매력적이어서 '그대로'라는 말은 오히려 별 자극을 주지 않는다. 그 말이 정작 그리운 나이는 사십대부터가 아닐까. 마흔이 넘은 이들은 집에 돌아가 친구들과 주고받았던 '그대로'라는 말을 흐뭇이 곱새길 테니까.

여기서의 '그대로'란 바로 지난번 만났을 때로부터 지금까지의 변화를 말한다. 육 개월 전에 만났거나 일 년쯤 전에 만난 이들은 그 사이 그다지 달라지지 않는다. 조금 전에 지나가던 남성이 고개를 갸웃한 까닭이 여기에 있다. 아무리 봐도 그 여인들을 이십대 정도로(그 남자는 여인들의 '그대로'라는 말을 단지 젊은 시절로만 해석했을 것이므로)봐주기는 힘들었기 때문이다.

사십대를 지나 오십대나 육십대들도 그대로라고 인사하는 건 실례되기는커녕 도리어 친근감이 있다. 얼굴 화장도 하나마나 별다르지 않고 웃을 때 눈가에 접히는 주름살들도 내남없다. 어지간히 혈색 좋게 살이 쪘거나 빼빼 말라 있어도 늙기 정도는 비슷비슷하다. 앞쪽 목에 살이 힘없이 처져 버렸고 팔이나 손등 살갗도 가죽 씌운 것처럼 죽 당겨진다. 눈을 감았다 뜰 때 처진 살 때문에 두 눈꺼풀이 따로따로 뜨여 서글퍼지기도 할 것이다.

이 무렵엔 겉모양의 노화뿐 아니라 기능의 노화가 뚜렷하다. 느릿느릿해진 걸음걸이며 휘어진 등, 거기다 시력마저 희미하다. 그 본새로 '그대로'라는 인사말은 아무래도 멋쩍은 것 같지만 주름 쪼글쪼글한 우리 부모나 언니, 선배들이 모임을 자주 가지며 '그대로'라고 인사하고 싶은 소박한 욕망을 들여다보는 건 실례가 아니겠는가.

나도 언제부턴가 '그대로'라는 인사가 듣기 좋으면서도 한편 서글퍼진다. 앞에 있는 친구의 젊지 않은 모습이 바로 내 모습 같아서이다. 이제 더 이상 늙지 말라고 다짐하는 친구의 우정을 막을 수 없어 나도 그에 버금가는 답례를 해주고 만다.

수십 년이 지나 우연히 옛 친구를 만나게 될 때, '그대로'라는 인사로 감당 못할 몇십 년의 거리를 무엇으로 메울 재주가 있을까. 우리 눈엔 마지막 만난 날의 모습 이후로 입력된 새 정보가 없다. 서로 훌쩍 변해버린 모습을 바라보며 잠시 은밀한 공감대를 찾으려 애써야 한다. 그러다가 다시 잡은 손에 힘을 주며

"그대로야."

라는 인사말을 하게 되는데 이는 상대가 어디 있었건 간에 나처럼 갖은 시련의 세월을 견뎌온 데 대한 공경과 연민에서이다.

한 시절 날리던 풍운아라도 도리 없이 늙어 가는 건 비풍운아들에게는 흥미 있는 일이다. 별스레 교활하거나 넘성넘성 이물스레 늙어온 이가 아니라면 높은 자리에 있던 이나 낮은 자리에 있던 이나 다 친구가 되어 노을지는 내리막길을 웃으며 내려갈 수 있다. 그 광경은 곱이곱이 아리고 쓰리게 산전수전을 이겨낸 이들만이 연출할 수 있는 드라마이다.

내가 지금보다 나이 적었던 날 늙음을 젊음에 대한 패배라고 말하곤 했다. 이제 나는 그렇게 말하지 않는다. 연륜에는 한 시대를

이겨낸, 공간을 초월한 삶의 승리자로서 비슷한 연륜의 사람끼리 공감하는 세월이 있는 것이다. 상대가 얼마나 파란만장하게 살아왔던가를 서로 얼굴만 보고도 고개 끄덕일 만큼 삶의 이치를 조금씩 알아 가는 까닭이리라.

'진시황제의 불로초'는 늙음에 대한 거부행사로서의 대명사가 되어 버렸다. 인간의 불로 욕망은 생명공학과 의학, 과학 분야에서 불로 세포를 찾아 나서는 한 연구 분야로 확대되었고 곧 어떤 결과가 있을 거라 한다. 그런 건 연구자들의 몫으로 돌리는 여유를 부릴 준비를 해야겠다.

행여 절대로 늙고 싶지 않은 사람이 있다면 예의 바르고 재치 있는 상대에게 먼저

"예전 그대로야."

라고 칭찬해줌으로써 그 인사말을 되돌려받는 방법이나마 택해볼 만하다.

(2001)

수납 공간

어느 명절 뉴스에 형제가 다투다가 형이 동생을 죽였다는 기사가 보도되었다. 부모와 함께 살기 힘든 형제가 죽도록 싸우다가 정말 죽어버려서 사람들에게 다소(이 다소라는 표현은 그들을 진실로 비판할 사람이 몇이나 있을까 하는 의문 때문이다.)충격을 주었다. 얼마 전에는 팔순 노모 모시는 문제로 형제가 다투다가 큰아들과 노모가 여관에서 자살했다는 기사가 보도됐다. 그 뉴스를 본 사람들은 처음엔 흥분하여

"세상에 저런 일이……."

라고 말했지만 차츰 말끝을 흐려갔다. 부모를 두고 발생하는 형제간 다툼은 가족 개인의 문제로 덮어두기엔 그 정도가 빈번하고도 예사롭지 않다.

아득히 먼 고구려 시대에 부모가 일흔이 되면 산 속에 내다버린 제도가 있었다고 전해온다. 겉으로 드러난 이유는 먹고살기 힘들어서라고 하지만 가난만이 원인은 아닌 것 같다. 만일 부모가 고집스럽거나 말이 많아서 자식들간에 분란이 자주 발생한다고 가정해보자. 앞에서 보도된 것처럼 형제간에 서로 죽이기까지 하는 일이 일어난다면 말이다.

젊은이들이 노인들을 가까이 하지 않으려는 첫 번째 이유는 볼품없는 외모에서 찾을 수 있다. 노인들의 얼굴은 퍽 지쳐 있거나 생

기를 잃어버린 무료한 표정이 대부분이다. 물론 젊은 사람들은 자신들이 얼마나 쉬 늙게 될지 실감하려고도 않고 노인들의 눈부시던 젊은 날을 상상해내려고도 않는다.

얼마 전 어린아이들이 노인을 어떻게 생각하나 싶어 몇몇 아이들에게 설문 조사한 적이 있다. 아이들은 잠시 생각하더니 아주 명쾌한 답을 찾았다는 듯

"누렁이요."

라고 했다. 왜냐고 물었더니 대부분 노인에게서는 누르스름한 색만 떠오른다 했다. 옷 색깔과 치아, 얼굴 색 등이 그렇다는 거였다. 초점 희미한 눈, 휘청 굽은 허리에 정갈하지 못한 옷매무새 등도 아이들에게 볼품 있을 리 없다. 거기다 몸이라도 불편하다고 해보자. 힘없이 절름절름한 걸음걸이와 음식을 흘리는 식사 습관, 스스로 가누지 못하는 생리현상까지 겹쳐 있다면 말이다.

부모에 대해 자식들이 두 번째로 못 견딜 일은 육체적 고통이라 한다. 얼마 전 치매에 걸린 어머니를 십 년간 모시고 살아온 한 딸의 기사가 보도 됐다. 딸 부부는 병든 노모를 아기 다루듯 정성껏 보살펴왔다. 치매 걸린 어머니는 자신을 목욕시키는 딸을 두들겨 패댔고 옷을 갈아 입힐 때도 뻗댔다. 어머니의 힘은 아주 셌다. 딸은 얻어맞으면서도 어머니를 어르고 달래었다. 인터뷰하던 기자가 다른 형제는 없느냐고 묻자 다른 형제들이 모두 어머니를 서로 모시고 싶어하지만 어머니에 대한 애정이 좀더 깊은 자신이 모신다 했다.

허나 우리는 짐작해본다. 그 어머니를 모시고 싶어할 다른 자식이 있을까 하고. 그 딸도 힘이 들어 그예 어머니를 병원으로 옮겼다. 병원 문을 나서는 딸의 눈에서는 굵은 눈물 줄기가 쉼 없이 흘러내리고 있었다. 이유를 모르는 어머니가 멀뚱거리며 화면 저 뒤

켠에 좀 두려운 눈빛으로

"저녁에 데리러 와."

라고 당부하는 모습이 멀어지더니 화면은 멈추었다. 그 얼마 후 성실한 딸은 다시 어머니를 모시고 갔다 한다.

부모에 대한 세 번째 부정적인 견해는 부모가 늙어갈수록 말수가 많아진다는 점이다. 이 경우는 앞의 두 가지보다 더 중요하다. 실제 노인들은 외모도 늙고 정신도 희미해지건만 혀만은 늙지 않는다. 맛을 음미하는 혀의 기능은 쇠퇴해도 말하는 혀는 오히려 편견을 섞어 논평하기도 하고, 케케묵은 옛날 사건을 들출 정도로 활동이 느는 모양이다.

고집스런데다 말수 많은 부모와 함께 사는 자식들의 애로는, 부모가 다른 자식들을 붙잡고 자식의 흉을 보는 거라 한다. 이런 부모를 공경하긴 정말 힘들어서 결국 노부모를 위해 하루하루 끼니만 해결해주며 어떠한 관심도 갖지 않게 된다. 따로 사는 며느리들은 행여 부모에게 다정하게 대하고 싶어도 부모가 함께 살자고 할까봐 냉정한 척한다는 것이다. 아주 간혹 부모에게 전화를 걸어 안부를 묻지만 그건 진심으로 부모가 걱정되어서라기보다 남편 눈을 가리는 요식 행위에 불과하다는 게다.

세 치 혀의 중요성을 강조하지 않은 경전은 없다. 영어에서도 말될 말을 하는 사람이나 입이 싼 사람을 'He(She) has a big mouth.'라고 한다. 부모들은 고생하며 자식을 키워냈던 지난 시절이 억울하여 무얼 좀 보상받고 싶겠지만, 요즘 젊은이들은 워낙 바빠서 부모의 기대에 부응하지 못한다.

옛 고려장제도는 당시의 국가적 현안 같았는데 왜 폐지되었을까. 노모를 지고 산으로 가는 도중, 하얀 끈을 나뭇가지에 묶어 자신의 귀가 길을 표해둔 어머니를 보고 발길을 돌린 아들 때문이었을까.

늙은 아버지를 지고 올라갔다가 지게째 버리고 내려오려는데, 지게를 갖고 가야 나중에 자신도 아버지를 져다버리지 않겠느냐고 말한 어린 아들 때문이었을까. 이건 서민들 이야기라서 당시 왕의 귀에 안 들어갔을 수도 있다.

국가의 요직에 있던 한 정승은 어머니를 집안에 숨겨두고 봉양했다. 중국에서 온 사신들이 낸 문제(두 마리의 말 중 어느 말이 어미고 어느 말이 새끼인지를 가려내는)를 못 알아맞히면 불리한 조건을 들어줘야 할 형편이었다. 임금과 신하들이 모두 절절매고 있는데 정승의 어머니가, 말을 며칠 굶겼다가 먹이를 줄 때 먼저 달려드는 말이 새끼 말이라고 일러주었다. 과연 한 마리는 정신없이 달려들어 실컷 먹었고 한 마리는 멀뚱멀뚱 눈치만 보다가 그 말이 다 먹은 후에 먹더라는 것이다. 정승은 왕에게

"짐승도 그럴진대 하물며 사람으로서 우리를 저렇게 키웠을 부모를 내다버릴 수 없어 법을 어겼으니 벌을 내려주십시오."

하고 간청했다. 왕은 무척 고심한 끝에 그날부터 고려장제도를 폐지했고 각자 부모는 개인별로 알아서 하도록 명령했을 것이다.

도의적 차원에서는 이런 아들들의 효심이 귀감이 될 만하다. 헌데 법까지 바꾸게 했던 아들들의 효심 밑바닥에는 어머니의 지극한 사랑이 있었다. 그들은 작은 입을 가진 부모들이었다. 말될 말을 삼가며 지극한 사랑을 베풀었으므로 법이 어떻게 바뀌어도 자식들에게 대우받았다. 지금도 사려 깊은 부모는 자식들에게 말을 함부로 하지 않는다. 이런 부모가 병들게 되면 자식들은 기꺼이 간호하려 한다.

허나 그처럼 사려 깊은 부모가 몇이나 될까. 고집스럽게 큰 입을 가진 부모의 자식들은 고려장제도 폐지에 반기를 들고 싶지 않았을까. 어머니가 자식들 사이, 또는 아들 며느리 사이에 분란만 일으킨

다면, 마음이 아프지만 나라에서 정한 법이니……, 라며 노부모를 지고 산으로 가려하지 않았겠는가. 고려장제도란 효자들에겐 견디기 힘든 제도였을 게고 불효자들(?)에겐 그나마 적절한 제도였다고 생각한다.

고려장제도의 방법 문제는 잠시 젖혀두더라도 국가적 현안으로 삼은 점에서 이천 년 전의 왕은 노인복지 법을 절실히 깨달은 듯하다. 헌데 산이라는 법적 공간에서 집이라는 도의적 공간으로 넘길 게 아니라 더욱 수정하고 발전시켜왔어야 했다. 그랬다면 지금쯤 우리나라는 우수한 노인복지제도를 실현하고 있을 것이다.

우리나라처럼 젊어서 고생한 사람이 늙어서 사회보장제도 혜택을 못 받는 나라도 드물다. 실업자나 일용노동자로 오래 살아왔다면 연금을 붓지 못했을 것이고 그 자식들 역시 어렵게 살아갈 수도 있다. 그러니 그들이 갈 수 있는 곳이 어디인가. 이즈음엔 대를 이어 살 수 있는 구조의 아파트가 곳곳에 지어지고 노인 학교도 활성 되지만 가난한 노인들이 선뜻 갈 수 있는 곳이 아니다.

수납 공간이 없으면 집안에 있는 물건들이 자꾸 널브러진다. 수납 공간은 제도다. 사회가 때때로 어수선해지는 것도 수납 공간 부재 탓이다. 노인 복지 문제를(부모가 보는 앞에서 부모 모시는 문제로 젊은 자식들이 혈투를 벌이며 죽어가거나 부모와 동반자살까지 하는데도)가족 차원이나 개인의 인성 문제, 또는 예산 운운하는 정부라면 비록 폐지되긴 했으나 고려장제도를 실시해봤던 이천 년 전의 왕보다 더 나은 제도를 펼친다고 할 수 없다. 그러니까 이천 년 동안 세월은 거의 흐르지 않은 것과 같다.

(2001)

어떤 드라마

드라마 속의 한 검사가 비리를 저질렀는데 검찰에선 쉬쉬하며 발표하지 않기로 결정했다. 전체 검사의 체면이 걸려 있어서였다.

이 청년 검사는 한 술집 주인인 유부녀를 오래도록 사랑해왔는데 그 술집이 어떤 큰 사건에 연루되어 법적 문제로 비화되었다. 이제 이 검사와 마담의 관계가 밝혀진다면 젊은 검사는 직책에서 물러나야 할 것이었다. 헌데 젊은 검사는 자기의 사랑은 진실이므로 차라리 검사직을 그만둘 거라 했다. 선배들은 전체 검사의 이미지를 어떻게 책임질 거냐며 사랑 같은 건 밝히지 말고 잘못 연루된 걸로 위증하라 했다. 그래서 검사들의 체면은 나쁘게 보도되지 않았다.

얼마 전 한 노인의 사건이 보도되었다. 그는 일제와 얽힌 사건 중에 마지막 남은 우리의 양심이라고까지 미화되었다. 너무 가난한데다 배우지 못하여 조국에 대한 인식도 그다지 깊지 않았으나 정의감만은 살아 있던 인물이었다. 청년 시절 조선인을 비인간적으로 차별하는 일본인을 살해한 혐의로 일본 감옥에서 늙어버렸다.

그가 감옥에 갇혀 있을 때 한국 사람들은 마음 아파했고 한 스님은 그를 구하기 위해 사람들의 서명을 받아 모았다. 세월이 흐르면서 그 사건은 개인 문제가 아니라 민족적 자존심 문제로 확대되었다. 그의 사건은 드라마로 제작되었고 많은 사람들의 노력으로 그는 뒤늦게나마 석방되었다.

그가 고국으로 돌아오는 날 사람들은 그를 환영했고 언론은 며칠 동안 그 사실을 보도했다. 오래 전에 드라마로 방영된 적이 있는 그의 일생이 다시 방송됐다. 나도 눈시울을 적시며 그가(언론이 평한 대로)민족적 자존심이었음에 공감했고 언제까지나 그런 인물로 남아 있어주기를 기대했다. 사람들이 그를 후원했고 한 재산가는 아파트까지 희사했다. 그는 각처에 불려 다니며 강연하면서 약간의 경제적인 안정과 명성을 얻었다.

하지만 그는 외로웠다. 지식이 있었더라면 자서전이라도 썼을 것이나 그는 배운 게 없었다. 그가 혼자 산다는 것을 안 여인들이 그를 도와준다며 접근했고 한때 혼인신고를 했던 여인은 다시 접근하여 노인의 통장 등 재산 일부를 훔쳐가 버렸다. 그때부터 노인은, 그 여자를 만나기만 해봐라, 하고 벼르지 않았겠는가.

그러던 차에 노인을 도와준다며 드나들던 다른 40대 후반의 한 여인과 어떤 문제가 발생하여 그는 다시 신문 사회면에 실렸다. 전의 민족적 자존심처럼 보이던 모습이 아니라 칼을 들고 선 희한한 모습이었다. 지난날 그를 민족의 양심인 듯 평하던 언론에서는 이번엔 그를 파렴치한인양 비난하는 글을 실었다. 그 바람에 이삼일 동안 신문판매 부수가 약간 늘었고 뉴스 시청률은 일시 올라갔다. 원인이야 사건 자체지만 그 보도들로 인해 노인은 한때의 명성을 송두리째 잃어버렸다.

잃은 게 과연 노인의 명성뿐이었으랴. 보도를 접한 일본인들은 어떤 반응을 보였을까. 이제 노인은 어떻게 될 것인가. 한 사람의 탤런트를 만드는 데 많은 시간과 돈이 투자되고 또 그들은 유명해졌다 하면 광고 수입으로 엄청난 소득을 가져간다. 그럼에도 호시탐탐 탈세를 하려 하고 있다. 일본이나 영국이 막대한 비용을 세금으로 충당하면서도 왕실을 없애지 않는 이유는 코믹물이나 드라마를 보는 것보다 더 즐겁고 인기가 있으며 무엇보다 국민들의 우상과 구심점이 되어주기 때문이라 한다.

우리나라에는 어떤 구심점이 있는가. 전직 최고 지도자들 중에는 구심점이 되고 싶어하는 이도 있겠지만 그건 자신이 되겠다고 해서 되는 게 아니다. 평생을 일본 감옥에 있었던 노인은 일제와의 아픈 역사적 문제에 있어서는(자신의 의사와는 상관없었지만 그럴 만하다고 믿는 사람들에 의해 다소 과장되게)하나의 작은 구심점 역할을 해온 셈이다.

헌데 그 노인이 살아가기엔 한국의 대도시는 너무나 바쁘고 영악했다. 곰곰 생각해보면 우리는 모두 노인을 좀더 지속적으로 관리했어야 했다. 노인이 우리 사회에 적응하도록, 우리의 작은 민족적 양심으로 자리를 좀 지켜주도록(그의 뜻보다는 사회적 여망에 맞게)사후관리를 했으면 좋았으리라. 아무나 그 노인의 집에 드나들지 못하도록 출입을 통제하고, 노인이 왜 남에게 후원받는지를 출입하는 이들에게 인식시켜야 했다. 평생 남의 나라 감옥에서 살다 나온 노인에게 여인들이 어떤 일을 저질렀는가 생각하면, 어린애도 아닌데, 하고 노인을 탓하기가 민망하다.

전체 검사의 체면 손상 때문에 아무 것도 발설하지 말아달라는 선배들의 말에 진실을 숨겨야 함을 고뇌하던 양심적인 젊은 검사가 떠오른다. 기관의 체면을 위해 개인의 진실을 발표하지 않는다면, 또 그것을 알고서도 사건의 힘에 따라 보도하고 안 하고의 문제가 달려 있다면 정직한 검사와 정직한 언론인은 어디서 한숨짓고 있을까.

어느 극작가가 사실주의적 작품으로 시작은 했으나 그만 우스꽝스런 코미디 물로 서둘러 끝내버린 연극 한 편을 본 것 같다.

(2001)

3

거울

우리 아파트의 엘리베이터 안에 그리 크지 않은 거울이 하나 부착되어 있다. 여럿이 엘리베이터를 타게 되면 대부분 그 거울을 보지 않는다. 그러나 혼자 타게 되면 사람들은 어김없이 거울을 들여다본다.

나는 언제부턴가 외출을 할 때, 마치 문지기를 대하듯 엘리베이터 안의 거울과 만난다. 그 속에 조금은 가꿔진 모습의 내가 서 있다. 나는 거울 속의 나로부터 매번 질문을 받는다. 겉만 가꾸려 하는 건 아닌가 하는.

엘리베이터 안에 있는 거울은, 급하게 나오느라 조금 비뚤어져 보이는 남성들의 넥타이나 약간 정돈되지 않은 여성들의 머리 모양새를 바로잡아 주는 마지막 감시자이다. 나는 그 거울을 보며 눈을 크게 떠보기도 하고 얼굴을 약간 돌려보기도 한다. 별다르게 정돈할 곳은 없다. 잠시 후에 스스로 만족할 만한 어떤 표정을 지어보고는 사람들을 만나면 그 표정을 재현하리라 다짐한다.

헌데 막상 사람들을 만나게 되면 번번이 그 기억을 잊어버리고 만다. 어떠한 만남일지라도 감정에 충실한 나머지 속마음을 내색한 뒤에서야 표정이 어땠을까 하고 후회하기 때문이다. 그런 연유로 거울을 볼 때 웃는 표정을 거듭 연습하여 익숙해지도록 노력한다.

한번은 엘리베이터 안에서 거울을 보며 예의 혼자 웃는 연습을 하다가 그 모습이 보기 좋아 작은 기쁨에 달떠 있는데 갑자기 문이 드르륵 열렸다. 그 새 엘리베이터가 일 층에 닿았던 게다. 문 밖에는 낯선 두 사람이 서 있었는데 그들이 도리어 겸연해하는 걸 보고서야 그때까지 내 얼굴에 미소가 남아 있었음을 알았다. 웃던 얼굴을 즉시 태연하게 바꾸기가 멋쩍어져서 되도록 천천히 웃음기를 거두었다. 그리고는 혼잣말로 '거울을 보느라고…….' 하며 걸어나왔으나 자못 무안한 마음이 들었다.

그런데 몇 걸음 지나 투명한 쇼 윈도 앞에 이르면 그 같은 무안함은 어느새 사라져 버린다. 버스나 사람을 기다리는 동안, 죽 늘어선 가게의 유리문 가운데서도 이쪽 풍경이 좀더 선명하게 보일 만한 문 쪽으로 자석에 끌리듯 다가간다.

얼마 전까지만 해도 거리의 투명한 문에 얼굴을 비춰보는 행위를 얌전하지 못하다 하여 삼가도록 일렀다. 그러나 요즘처럼 개방된 개성 시대엔 매순간 자기 모습을 확인하며 자신감을 더하는 것을 나무랄 수 없다. 큰 백화점의 여성용 세면대 앞에는 항시 숙녀들로 복작댄다. 우리는 왜 이토록 지속적으로 자기 모습을 비춰보고 싶어할까. 어쩌면 남에게 잘 보이려는 목적보다 자신이 즐거워지고 싶은 게 아닐까.

사람에게는 나르시시즘이 잠재되어 있다. 물에 비친 아름다운 요정을 보고 첫눈에 마음을 뺏겨 버렸다는 나르시스. 그는 날마다 사랑을 고백하려 했지만 손을 뻗치면 모습을 감추었다가 가만하면 다시 나타나는 그 아름다운 요정을 향한 애절한 마음을 전하지 못해 슬펐다. 사랑하는 이의 모습(자기 자신의 모습)을 바라만 보다가 점점 초췌해져서 나르시스는 끝내 목숨을 잃고 말았다. 그가 죽은 자리에 수선화가 피었다고 전해 온다.

실상 우리의 얼굴이 그다지 잘생기지 않았다 할지라도 관심 있게 한번 들여다보자. 반드시 어느 한 부분 마음에 드는 곳을 발견할 것이다. 그 순간 도취되다가도 하는데 그 감정은 평소 자신이 열등하다고 느껴지는 부분을 보는 순간 달아나 버린다. 우리는 누구보다 자기 얼굴의 미추를 잘 알고 있다. 그래서 조금 전에 찾아낸 결점들을 가리거나 아예 개성이 되도록 만들기도 한다. 가리는 방법보다 노출시키는 쪽을 택한다면 있을 것이다. 그러면 그 결점에서 벗어나 자유로워질 수 택한다면 있을 것이다.

좀더 솔직하고 용기 있는 사람이라면 남이 자신의 열등한 데를 미처 눈치채기 전에 먼저 고백하는 방법을 택한다. 눈이 작다거나 피부가 검다거나 상처 흔적이 있다는 등등을 말이다. 그 말을 듣는 상대는 으레 결코 그렇게 보이지 않는다고 말해 준다. 우리는 호감을 갖고 있는 우리의 친구가 무거운 옷을 걸치고 다니기를 바라지 않는다. 상대가 자기 결점을 먼저 고백하지 않더라도 외모에 비중 두지 않으므로 굳이 감추지 않는 게 지혜롭다. 상대방은 우리의 결점을 우리 자신처럼 그렇게 잘 집어내지도 못한다.

가령 우리가 신뢰하게 될 것 같은 어떤 사람이 굳이 격식을 차리려 한다면 그의 집에서의 모습을 상상해 보자. 그가 여성이라면 아이들 뒤치다꺼리에 짜증을 내기도 할 게고 편한 바지나 티셔츠를 입고 빨래며 청소를 할 게다. 그가 남성이라면 가족들 눈치를 슬금슬금 살피며 바깥으로 나가 담배를 피울 게고, 술 마시고 늦게 귀가한 날은 아내와 다투다가 용서를 빌기도 할 게다. 또 형제간에 불화가 있다면 감정을 표출시키지 않겠는가. 그런 모습을 떠올려보면 이해의 폭이 넓어질 것이다.

우리는 남의 말을 귀담아 들어주고, 자신의 곤란했던 일을 담담하고 솔직하게 말할 수 있는 사람을 가까이하고 싶어한다. 시대가 바뀌어도 그 같은 기대는 변하지 않는다. 사람들의 말쑥한 차림은 겉치레가 아니라 겸손함을 갖춘 내면 모습이 아닐까. 때와 장소에 합당한 예의는 엷게 화장한 얼굴처럼 신선해 보인다. 가식 없다 하여 제 마음대로 행동한다면 맨 얼굴과 같고, 지나친 꾸밈은 짙은 화장과 다르지 않다. 아무리 겉볼안이라지만 점잖은 표정과 성장(盛裝)을 하고 있을지라도 가느다랗게 실눈 뜨고 남의 뒷모습을 훔쳐보는 이라면 그를 친구로 삼고 싶지는 않을 것이다.

늘 반복하는 생각이지만 거울 저편에 있는 나라고 인식되는 자는 누구인가. 오래 들여다볼수록 궁금해진다. 어떤 천재 시인의 묘사처럼 거울 저편은 볼수록 신기하다. 결코 손 잡을 수도 만질 수도 없지만 내가 자주 성찰할 수 있도록 내 눈에 나를 잘 보여주는 거울의 기능에 감사한다.

(1993)

가르침을 준 언니

그녀는 이십여 년 전 우리 친정 집안에 시집온 육촌 올케언니이다. 전에도 집안 결혼식이나 행사 때 간혹 보기는 했지만 나는 그 언니에 대하여 특별히 관심 갖지는 않았다. 뭐 이렇다할 정도로 눈에 띄는 특징을 지닌 것도 아니고 몸매가 썩 날씬하다거나 미모가 뛰어나지도 않았다. 사람들에게 상냥하게 인사하는 편도 아니어서 기억에 남는 타입이 아니었다. 단지 그 언니의 무뚝뚝한 표정으로 보아 감정에 흔들리는 사람이 아니라는 것만은 짐작하고 있었다.

언니 집에는 나의 작은 당숙모가 살아 계셨다. 다른 사촌 오빠를 통해 들은 바로는 거동을 못하는 큰 당숙모가 그 집에 와 계신다고 했다. 여든 두 살의 작은 당숙모와 아흔 다섯 살의 큰 당숙모는 서로 친 동서간이다. 당숙부들은 돌아가신 지 한참 됐지만 두 분 동서지간은 의가 좋으셨다.

사실 큰 당숙모는 딸이 넷 있는데 큰언니는 일흔 세 살로서 신경통 때문에 꼼짝 못하고 둘째 언니는 일흔 한 살인데 선천성 뇌 장애 아들의 뒷바라지 때문에 누구를 더 이상 간호하는 일은 할 수 없다. 셋째 언니와 넷째 언니는 미국에 이민갔기 때문에 도리 없이 지금의 육촌 오빠(큰 당숙모에겐 조카가 된다)집에 오신 것이다.

나는 작은 당숙모와 큰 당숙모가 돌아가시기 전에 자주 찾아 뵈야겠다고 다짐했다. 우리 친정 집안에 웃어른들이 거의 다 돌아가시고 두 분만 남았는데 모두 돌아가신 내 어머니와 아주 친하셨기에 그분들을 뵈면 그리운 우리 어머니의 이야기를 함께 나눌 수 있기 때문이었다.

헌데 노환으로 앉지도 못하시는 큰 당숙모를 작은 당숙모가 날마다 아기 다루듯 세수며 목욕이며 머리 빗기는 일 등을 다하시다가 작은 당숙모마저 허리에 무리가 갔다는 게다. 해서 더 이상 큰 당숙모의 뒷바라지를 할 수 없게 되었고 도리 없이 육촌 올케 언니가 그 일을 도맡아하고 있다 했다.

열 마디 교육적인 말보다도 한번 그 효성스런 광경을 보는 게 깊은 감동을 주리라 생각하고 나는 그날 딸아이를 데리고 갔다.

작은 당숙모 집은 아주 협소했다. 사실 육촌 오빠는 건설업을 했는데 경기가 좋았을 때엔 집이 세 채나 될 정도였다. 국가 경제가 외환관리체제(IMF) 하에 들어설 즈음 오빠는 부도를 맞았고 세 채의 집들은 남의 집이 되어 버렸다. 작은 방 두 개를 전세로 얻어 오빠 부부와 고3짜리 딸이 한방을 쓰고 다른 작은 방에는 두 분 당숙모가 사용했다. 겨우 앉아 있을 정도로 너무 작은 방들에 다섯 명이 살고 있다니 인내심 적은 나로서는 하루도 못 견딜 일이었다.

두 어른의 뒷바라지를 묵묵히 행하는 언니는 어떤 성품을 가졌을까. 꼼짝 못하는 노인 수발이 얼마나 힘드는지 경험해 보지 않은 사람은 잘 모른다. 아무리 깨끗이 목욕시키고 방을 닦아도 노인환자 특유의 냄새를 막을 길이 없다. 헌데 두 당숙모가 거처하는 작은 방에서는 은은한 풀잎 향기가 나고 있었다. 언니는 관절염을 앓고 있었는데 젊은이가 건강해야 노인을 잘 모실 수 있다며 언니의 친정에서 보내온 약을 달여 먹는다고 했다.

누군가로부터 생활비를 받는 것도 아닌데(큰 당숙모가 갖고 온 얼마의 돈으로 생활비를 한다지만 그건 아주 적은 액수였다) 어쩌면 그리도 고비 늙은 노인들을 정성껏 모실 수 있을까. 물론 작은 당숙모는 매우 착한 분이시다. 생전 젊은이들 일에 이래라저래라 요구하는 일이 없고 잠시라도 함께 있으면 당숙모의 소녀 같으신 성품에 웃을 일이 적지 않다. 하긴 그런 어머니를 마다할 수도 없겠지만 그래도 이즈음 세상 흐름이 어디 그런가. 헌신적인 며느리란 소리 듣고 싶어 자기 삶을 굳이 힘들게 할 젊은이는 흔치 않다.

나는 언니의 무소 같은 정신력에 내심 놀라며 무슨 힘으로 이 환경을 견뎌내느냐고 물었다. 언니는 자기 아니면 할 사람이 없어서라 했다. 커피를 마시며 이야기하는 도중 언니의 입을 통해 관절염은 정말 괴로운 증세라는 둥 살기가 힘들다는 둥 하는 푸념을 한 마디도 들을 수 없었다.

어떠한 환경에 처해 있던지 상황을 이겨내는 자세는 보기에 아름답고 미덥다. 전에 나는 언니처럼 어렵게 사는 사람을 보면, 사는 것 같이 살지 못하는구나, 하고 생각했다. 허나 그날 나는, 언니야말로 참 사는 것 같이 사는구나, 하고 느끼기 시작했다. 요즘같이 영악한 시대에 언니처럼 무던한 여성이 내 친정 집안 식구라는 사실에 더없이 감사했다.

(2000)

공원에서

어린 딸아이의 손을 잡고 일전에 찍은 사진도 찾을 겸해서 수원지로 향했다. 늦가을 공원을 산책하다보면 고즈넉함이 겹쳐 적막감이 한층 더 짙어진다. 한해를 보내야 하는 아쉬움에 공원은 섬뜩하도록 을씨년스러웠다. 붉다 못해 검어 보이는 단풍들이 상록수 사이로 몇 닢 달렸을 뿐 그토록 푸르고 울창하던 여름날의 요란함이 맥없이 가라앉아 있었다. 잎들의 조락으로 인한 앙상한 가지들, 고요한 후미진 골짜기에 습기 찬 낙엽 냄새와 숱한 사람들이 버린 고뇌들이 잎 북데기 곳곳에 버려져 있었다. 빈 우듬지에 덩그렇게 달린 새둥지조차 더욱 스산하게 보였다. 이미 쓸쓸하지 않은 게 하나도 없는 늦가을은 저만치 겨울 기색이 휘감아도는 나무들 사이에서 무언가 서두르고 있었다.

언제부턴가 가을이 저물어가면 어디서 내게로 왔는지 모를 허무들에 쓸쓸해지곤 한다. 이상스레 어디 마음 둘 곳을 찾지 못하는 허전함, 끝 모르는 허공을 날아다니거나 바닥 모르는 바다 속 어딘가를 헤매는 것 같은 지향없는 방황, 잡힐 듯 잡힐 듯하나 아무 것도 잡히지 않는 도무지 모를 허무를 머플러나 긴 망토처럼 휘감고 있다.

사진은 그런 대로 선명하게 나왔다. 아이와 함께 사진을 한참 들여다보다가 핸드백 속에 집어넣고 다시 길을 걸었다. 누구라도 아는 사람을 만날 것 같았다. 우리들 옆으로 한 쌍의 남녀가 다가왔다. 내게 고개를 까딱 하며 딸아이에게 빙긋 미소짓고는 이내 멀어져 갔다. 아이는 낯선 이들이 남긴 인사에 나를 살며시 올려다보았다.

우리는 줄곧 걸어서 저만치 공원 안으로 들어갔다. 작은 보득솔들이 짙어 보이는 상록수 숲 사이로 오솔길이 빤히 보였다. 아이와 나는 그리로 들어가려다 그만두었다. 안으로 갈수록 쭉쭉 뻗어 있는 어둑한 수림 사잇길이 무섬증이 돌 만큼 호젓하고 어둑했다. 숲 속에 목마들이 쉬고 있었다. 우리는 그리로 다가가 목마를 한 마리씩 일으켰다. 천천히 발을 움직이기 시작하자 문득 생명이 있는 동물같이 느껴졌다. 말들이 조금씩 속도를 내어 달렸다. 처음에 내가 아이를 안고 타다가 다음엔 따로따로 탔다. 아이의 목마가 위로 오르면 내가 탄 목마는 아래로 가고 나의 목마가 위로 오르면 아이의 큰 목마는 아래로 가고 또 반대가 되고……. 한 마리는 아직 세상 어려움 모르는 아주 귀여운 소녀를 태우고 달렸고 한 마리는 허무를 휘감은 여인을 태우고 달렸다. 빈 목마들도 함께 내달렸다. 목마들의 표정이 진지했다.

그 사이로 우리 둘은 몇 바퀴고 몇 바퀴고 달렸다. 목마들은 조금도 피로하지 않은 듯 같은 속도를 유지했다. 달리는 목마들은 다 알 것 같았다. 우리 삶의 시간은 누구에게나 똑같은 속도인데 조금 앞에서 달리거나 저만치 뒤에서 달리고 있는 출발 시간의 차이가 있을 뿐이라고, 단지 그 흐름이 생각보다는 훨씬 더 빠르리라고.

목마를 시구에 등장시킨 유명한 시인은 시대를 고뇌했고 가엾은 민족의 통곡을 시로 풀어냈다. 지금은 시대가 바뀌어 후세 사람들은 목마를 통해 그토록 슬프게 노래한 시인을 기억도 하지 않은 채 겨우 얼마간의 즐거움을 위해 목마를 탈 것이다.

문득 우리 인생이 온갖 부대낌을 헤쳐내지 못하고 절망만 한다면 그야말로 깨인 선인들의 희생이 무슨 의미가 있을까. 못 견딜 모멸을 참아내고 지난한 고통을 극복해내는 그 인내에 이렇다할 역사적인 사건과 연관 맺지 못했다 할지라도 조금의 의미가 있으리라. 해서 한 바퀴 돌아와서는 아직은 달관이라 할 수는 없지만 그저 담담하고 당당해져 가는 그런 삶의 자세를 지녀야지 싶다.

목마가 느릿느릿해졌다. 수십 바퀴나 돌았으니 이제 목마를 쉬게 해야겠다. 가을 내내 나를 지배했던 허무의 감정들을 놓으려고 망토를 벗어 던지니 저 멀리로 훨훨 날아갔다. 딸아이와 내가 공원을 나설 때쯤 가을은 깊이 가라앉고 있었다. 찬바람이 간간이 불어오는데 목마는 초연한 눈으로 또 한해의 작별을 받아들이는 듯했다. 나는 이제 더 이상 쓸쓸해지지 않게 딸아이의 손을 꼭 잡고 공원 입구를 향해 걸음을 내딛었다.

(1986)

어떤 자연인

봄이 되면 우리나라는 황사 현상이 잦고 그 기간도 길다. 중국 대륙에서 한번 휙 부는 모래 바람에 한쪽 귀퉁이에 있는 작은 나라는 영문도 모르고 바람에 시달려야 한다. 그런 바람이 부는 날이면 공기가 부옇다. 송홧가루까지 겹쳐 누런 가루들이 창문 틈새까지 비집고 들어와 쌓인다. 공기 이야기를 하니 떠오르는 분이 있다. 항상 잘 웃는 그 사람은 이 사회에선 보기 드물게 세속적 이익을 떠나 자연을 닮아버린 것 같아 나는 '자연인'이라는 이름을 지어 보았다. 설령 이름이 마음에 안 들어도 화를 낼 분이 아니다.

오래 전, 친교를 목적으로 한 사람들의 모임에서 그분을 만났다. 그 모임의 구성원들은 대부분 훌륭한 사회적 지위력을 갖고 있었다. 거기서 사회적 지위력이 없는 이는 자연인 그분과 나밖에 없었다. 그런 공통점으로 해서 아마도 그 사람에게 더 마음이 쓰였는지 모른다.

한번은 그분에게서 전화가 왔다. 간단한 인사가 끝나자 다짜고짜

"그건 그렇고 그쪽 공기가 어떻습니까?"

라고 하셨다. 나는 순간적으로 '환경에 관심이 많으신가, 느닷없이 웬 공기 이야기를?' 싶어 조금 의아했다.

공기가 오염된 것은 이미 산업화 이래로 누차 지적되어온 상황이다. 갈수록 공기가 혼탁해져서 지구 온난화 현상이 나타나고 그로

인해 바다의 면적이 넓어져 가고 있다 한다. 사계절이 뚜렷하던 우리나라에 언제부턴가 여름 개월이 다섯 달로 늘어났다지 않은가. 나는 머리에 스프레이(이미 선진국에선 폐기처분한 것)를 뿌리지 않는다. 조금 덜 예쁘더라도 공기를 더디게 오염시킨다면 어찌 마다하겠는가. 그런 공기 오염 아니면 황사 현상 말일까.

알고 보니 그분이 말한 공기는 우리가 호흡하는 대기의 공기는 아니었다. 그 무렵 우리 모임 회원 중에 한 분이 어떤 예술 분야의 협회에 회장으로 출마하는데 그 후보의 지지도에 관한 반응 이야기였다. 그리고는 당선될 수 있도록 밀어야 하지 않겠느냐 하셨다. 아무도 그런 일로 내게 전화하는 사람이 없는데 그분은 내가 그런 일을 얼마나 못하는지 모르는 것 같았다.

선거가 끝난 후 그분의 전화를 다시 받은 건 꽤 오랜 시일이 지나서였다. 우리 모임 회원 중에 한 분이 어떤 관직에 출마한다는 내용이었다. 그리고는 꼭 당선돼야 하는데 공기가 어떤지 물어왔다. 저렇게 애쓰시는 걸 그 출마하는 분이 알까, 하는 생각을 해 보았다. 누군가 알아달라고 그런 일을 하지는 않겠지만 말이다. 그분의 간곡한 부탁을 받고 한두 사람에게 전화를 하니 사람들은 이미 내가 말하려던 후보를 지목하고 있다 했다.

다음 번 그분의 전화를 받은 건 그로부터 또 얼마간 시일이 흐른 후였다. 우리 회원 중의 한 분이 모 단체의 최고 책임자에 출마하는데 꼭 당선돼야 한다는 우려의 전화였다. 그때의 공기는 내가 알 수 있는 범위가 아니었고 내 손길이 미칠 수 있는 경로도 없었으므로 나는 잠시 초조한 마음을 가질 수밖에 없었다. 출마하는 이도 그렇지마는 자연인을 도와드리지 못해서 씁쓸한 마음이 들었다.

한참이 지난 어느 날, 소식 없는 자연인을 두고 회원들은

"우리 모임에서 영 마음이 떠난 게 아닌가, 그 사람 참 소식도

주지 않네.”
라고 했다. 우리는 모두 관심을 갖고 있는데 통 소식 없는 그분은 자기 자신도 모르게 무심한 사람이 되어 있었다. 아예 속세를 버리고 어디 깊은 산 속으로 들어가셨을까.

그분으로부터 다시 전화가 걸려 온 것은 그로부터 수개월이 지나서였다. 한 회원의 모친 사망 소식을 전해왔다. 도시에 사는 내가 도시를 떠난 자연인으로부터 도시의 소식을 전해 들었다. 그래서 나도 거기 다녀오긴 했는데 공기 맑은 데서 사니 귀가 밝으신 게로구나 싶으면서도 한편 고마운 분이라는 생각이 들었다. 그런 전화는 당사자가 직접 하기가 쉽지 않으므로 그분이 일일이 회원들에게 소식을 전한 것이다.

그 후로 그분을 거의 잊고 있던 어느 날 다시 전화가 왔다. 안부인사를 하는 도중 나는 전화의 내용을 추측해 보았다. 이번에도 틀림없이 누가 어디에 출마하게 됐을 테니 내가 먼저 의중을 알아맞혀 보기로 했다.

“공기가 어떤가 물으려고 하셨지요?”
했더니 내 말이 끝나자마자 그분은 막 웃으셨다.

“그런데 이번엔 누굽니까?”
라고 말했더니 더 크게 웃으셨다.

잠시 후에 이야기를 듣고 본 즉, 역시 모임 회원 중의 한 분이 어떤 단체의 회장으로 출마하는데 도와야 되지 않겠느냐는 내용이었다. 고백하건대 나는 그런 일은 정말 못한다. 할 수 있으면 나도 얼마나 좋을까마는. 그런데도 그분에게 실망 드리고 싶지 않아서, 우리 모두 최선을 다해야지요, 라고 할 수밖에 없었다.

그분은 며칠 후 술이 거나한 음성으로 선거의 결과를 알리기 위해 전화를 걸어와서는

"정말로 기쁘지요?"
라고 하셨다. 기쁨의 정도가 하도 큰 모양이어서 나는 내 감정을 미처 생각할 겨를도 없이 그저,

"네, 네."
라고 할 수밖에 없었다. 그분이 하는 일이 세속적 이익의 찌꺼기가 조금이라도 묻어 있었다면 나는 긍정적인 시선으로 보진 않았을 게다. 출마하는 이가 누구든 간에 내겐 별 관심이 없지만 다만 전화를 걸어오는 그분의 순수함이 좋아 보일 따름이었다.

그 이후로 아직껏 자연인의 소식을 모른다. 도리 없이 우리 모임 회원 중에 한 분이 정계에, 혹은 어떤 협회 회장으로 출마할 때까지 기다리는 수밖에 없다. 당분간 공기에 관한 이야기는 못 나눌 것 같다. 그분이라면 적어도 환경으로서의 공기가 아닌 공기 이야기라도 괜찮다. 다만 그분이 공기를 염려하면서 밀어준 사람들이 공기를 오염시키지 않기를 바랄 따름이다.

간 봄 유난히 잦던 황사 현상은 이제 생각하기도 싫다. 거기다 송홧가루가 날려서 공기는 휘저어 논 부유물같이 보였다. 앞으로도 해마다 봄이 되면 그러한 현상이 나타날지 모른다. 거대한 나라에서 센 모래 바람이 휙 불어올 때 작은 나라에 사는 사람들은 영문도 잘 모르고 이리저리 휩쓸리거나 고생하는 일은 없었으면 싶다.

(1997)

봄의 서곡

긴 겨울 동안 도시를 잠시 떠나본다. 차를 타고 계속 가다보면, 들판 곳곳에서 신음 소리가 들리는 것 같다. 저만치 마른 풀들이 불에 탄 둔덕이며 트고 마른 대지가 마치 출산을 앞둔 임산부의 까칠한 모습 같다. 건조한 땅 속엔 실로 무한한 가능성(절로 떨어져 잉태된 들꽃이며 온갖 풀씨들의 태동)이 있을 것이다. 계획한 것을 이루기 위해 고통을 견디고 있을 대지가 더없이 미더워 보인다.

키 작은 잎들이 담상담상 올라와 있는 보리밭이 띄엄띄엄 나타난다. 바랜 회갈색 천지에 진파랑 빛이라니……. 나도 모르게 작은 탄성이 나왔다. 그 어린 생명들은 시린 냉기와 세찬 북풍의 위력에도 굴하지 않는다. 더 강한 견딜성을 기르기 위해서 보리밟기의 아픔쯤이야 거뜬히 참아낸다. 가늘고 보드라운 잎의 어디에 그런 오기가 있을까.

한때 보리는 춘궁기를 넘겨준 귀한 식량이었다. 어느 때부턴가 사람들은 더 이상 그것을 거들떠보려 하지 않았다. 더구나 비닐하우스 속의 각종 과채며 화훼들에게 한평 두평 설 자리를 내어주고 말았다. 아마도 얼마 안 가, 추위를 야무지게 견뎌내던 파란 이랑을 영영 볼 수 없게 될지도 모른다. 아쉬움을 안은 채 나는 그곳을 지나갔다.

사방을 둘러보아도 텅 빈 들판이다. 거기 혼자 있다는 게 그지없이 편하게 느껴진다. 대도시에서는 도저히 느낄 수 없는 조용함 속에서 뒤돌아보니, 저 먼 도시 어딘가에 사람들은 여전히 좁은 명예(?)의 미로를 찾아다니고 있을 거라는 생각에 몸이 움칠해졌다. 인연의 끈을 여러 갈래 매어놓기 위해 떠들썩한 잔치에 주저 없이 참석한다. 자주 만나며 유쾌하게 살자, 요즘 세상엔 적당히 즐기며 사는 게 최고야, 라며 그러한 것이 마치 능력 있는 사람의 처세술인 양 홍떠 있기도 하다.

그 이상스런 능력을 가진 이들은 간혹 부드러운 음성으로 다른 이에게 속삭이곤 한다. 좀더 타협하고 살아야지 너만 도도하게 있어봐 외로워질걸, 곧이곧대로 사는 사람은 소외되기만 할걸, 한다. 다 그렇고 그렇지, 라고도 덧붙인다.

실상 오래 전의 나는 그다지 관대하진 않았었다. 적어도 청년시절다운 정의감(자기 성취를 향한 고뇌, 불의에 동조한 측근에 대한 분노 등)을 지닌 채 오만해 있기까지 했다.

그러나 언제부턴가 그것들을 슬그머니 놓아 버렸다. 좋은 게 좋다는 편리한 사고에 시나브로 젖어 들었다. 어떤 이의 강한 이론(분명 약한 이론을 강하게 만들긴 했지만 소크라테스와 같은 정직성은 결단코 갖지 못한)이 옳지 않은데 그것을 따질 사람이 사라진 것처럼 나도 많은 문제들을 상황에 따라 적절히 해결하는 눈으로 세상 보기에 익숙해져 갔다. 분명 저 방법은 옳지 않은데, 저 사람은 객관적으로 정직하게 일 처리를 하지 않는구나, 내가 가만있지 않아야 하는데……, 따위의 생각들은 또바기 별난 사람 되기 알맞았다.

설령 무수히 많은 계란을 갖고 저쪽 바위를 친다 해보자. 이미 턱하니 한 자리를 차지한 괴팍하게 생겨먹은 바위가 꿈쩍하겠는가. 그래서 바위는 일시적이나마 노랗게 물들지 않고 계란은 깨어지지 않으며 던져지지도 않는 것이다.

나는 점차 매사에 감동이 무디어지고 시비도 줄었다. 세상 보는 눈이 넓어져서일까. 보이는 것이 너무 많아 외면할 것도 더러 생겼다. 사람들은 사물을 바라보는 자세가 다소 초연해졌거나 너그러워졌다고 말해주었다. 마침내 최소한의 양심 때문에 괴로워하던 일도 없어져 갔다. 그건 안타까운 일이었다. 사람들은 어떻게 살아내는가 어째서 진정한 자기 내면을 어느 통탄의 날에 술안주로나 언뜻언뜻 불러와 넋두리하는가. 그리고는 별 생각 없는 사람처럼 살고 있을까. 할 것 다해보았으나 특별날 게 없다고 말하고 싶은가. 그들 중에는 참을 위해 오래 괴로워한 이도 몇몇쯤은 있으리라.

그런 과정 동안 세상 속으로 돌아와 그저 평범하게 살아가는 거라고 다짐해 본다. 겨우내 생몸살에 시달리다가 이제 다시는 입바른 소리 해놓고 외로워지지 않기를 기대한다. 작은 소리가 멀리서부터 점점 가깝게 들려온다. 그래도 정당한 고집을 버려선 안 돼! 라고 외치는 같다. 자세히 들어보니 막 눈석이가 된 작은 도랑물소리였다. 늦겨울 들판에 들려오는 봄의 서곡에 이어 봄 길이 느릿느릿 윤곽을 드러내고 있었다. 무던한 대자연의 어김없음에 절로 미소가 나왔다.

(1991)

무도회의 꿈

어제 눈이 올 듯하더니 오늘도 그러하다. 며칠 전부터 독감에 걸려 가만있어도 어지러워 약을 지어먹었다. 약을 싫어하지만 목이 따가워 도리가 없었다. 약에 취해 몽롱해지더니 자꾸 잠이 왔다.

그다지 넓지 않은 어떤 실내에서 나는 여남은 명의 사람들과 어울려 있었다. 내가 아는 사람도 몇 명 보였다. 음악이 흐르자 마치 외국 영화에서 보듯 남자들이 여자들에게 춤 신청을 했고 사람들이 빙글빙글 돌며 춤을 추기 시작했다. 그때 들려온 음악이 요한스트라우스의 왈츠 곡이지 싶다. 나는 음악을 들으며 춤추는 사람들을 보고 있었다.

바로 그때 한 신사가 나에게 춤 신청을 해왔다. 무척이나 정중해 보였다. 예의 바르고 조용하며 거기다 내면까지 진실한 남자를 나는 조금 높이 보는 편이다. 그렇게 보여서 아마 그 사람과 춤을 추기로 작정한 것 같다. 이런 춤추는 문화는 좀더 밝게 노출되어 대중화되어야 한다고 생각하며 스텝을 밟았다. 환하게 웃고 있는 상대방은 안면 있는 사람 같았다. 그는 내게 누구의 음악을 좋아하느냐고 물었다.

나는 쇼팽의 「마주르카」를 자주 듣는 편이다. 춤곡이긴 하지만 쇼팽 특유의 기교로 담담한 비감을 담고 있다고 할까. 오래 전 쇼팽의 「마주르카」를 피아노로 연주하다가 뒷부분이 잘 쳐지지 않아 그만둔 적이 있었다. 곡을 버려 놓을 게 뻔해서 더 이상 연습하지 않고 듣기만 해 왔다. 완전한 작품을 만들지 못할 바엔 차라리 손을 대지 않는 게 옳지 않겠는가.

멜로디가 투명하고도 애절하게 들리는 까닭은 아마도 작곡자가 폴란드 민족의 아픔을 간직하고 있기 때문이 아니었을까. 예술가는 그 시대의 아픔을 반영하거나 오로지 예술만을 중시할 수 있다. 둘 다를 할 수 없을 경우엔 둘 중 하나를 택한다. 실은 하나라도 철저히 하기가 얼마만큼의 고뇌 후에 가능한가. 한데 쇼팽은 둘 다 해냈던 것이다.

그의 물음에 나는 그만 '요한 스트라우스'라고 말했다. 물론 요한 스트라우스의 경쾌한 선율을 즐겨 듣는다. 멜로디끼리 아기자기하게 연결되어 생동감을 주는데 봄에 들으면 그야말로 우리 마음은 밝은 상상의 세계로 이끌려 나오고 만다.

그는 다음으로 쇼팽의 「즉흥환상곡」을 즐겨 듣지 않느냐고 물었다. 실은 그 음악도 내가 무척 즐겨 듣는 음악인데 웬일인지 나는 고개를 끄덕여주지 않았다. 그는 내 대답을 기다리고 있었지만 내가 왜 그렇게 무성의하게 대했는지 모르겠다. 한참 있던 그는 그만 우울해져서 저만치 멀어져 갔다. 우울해질 일도 아닌데 꿈속에서는 그랬던 것 같다.

우리 삶에는 이처럼 조그만 것들이 곧잘 어긋나기 일쑤다. 실수한 그 무엇을 번복해서 정정하지 않았는데 세월은 쉼 없이 흘러간다. 엇갈린 오해를 풀지 못한 채 세월 따라 하릴없이 걸어가야만 한다. 바삐 걷다가 길에서 우연히 아는 사람이 지나가는데, 퍽 지쳐 보이는구나 하고 생각할 때가 있다. 허나 잠시 후 어느 가게의 거울에 비친 내 모습을 보고는 도리어 놀라 고개 돌린다. 지쳐 있는 건 저쪽이 아니라 나였구나 싶어서다. 정말이지 세월은 어쩌면 이다지도 풀 것도 정리할 것도 남아 있는데 서둘러만 갈까. 꿈을 꾸는 동안이나마 행여 세월의 흐름을 막을 수 있을까.

실제라면 나는 아마도 잠시 춤추기를 멈추고는 내가 한번도 말하지 않은 쇼팽을 알아맞힌 그에게 물어보았을 게다. 너붓이 웃으며 그는, 오직 관심이 있다면 그런 것쯤은 얼마든지 알 수 있지요, 라고 말할지 모를 일이다. 아니 실제라면 그렇게 춤을 추지는 못했을 것이다. 우리 나라는 춤추는 문화가 형성돼 있지 않다. 과거 우리 민족은 부여 '영고'라든가 고구려 '동맹'같이 온 마을 남녀노소가 음주가무를 즐기는 놀이가 있었다고 한다. 그것이 우리 방식 무도회로서 누구나 한데 어울려 춤을 추는 문화였을 게다. 헌데 여럿이 공유하는 춤 문화로 확대되지 못하고 오히려 폐쇄적이 돼버렸다.

춤을 추는 동안, 나는 춤을 잘 추지 못합니다, 라고 고백했다. 그가 고개를 가로 저으며 예의바른 손놀림으로 나를 이끌어 주었다. 나는 편안하게 그 손을 잡고 이리저리 발을 옮겼다. 파트너를 바꾸어 몇 바퀴 빙빙 돌다가 다시 그와 함께 춤을 추게 되었다. 사람들이 마지막까지 남아 있었는지 잘 기억이 나지 않는다.

한바탕 무도회 꿈이었다. 아침이 되면 기억나지 않을 것 같아 잠결에 불을 켜고 대강 기록해 두었다. 어제 어둑한 하늘이 흐릿해지기에 눈이 흐드러지게 내리는 하얀 도시를 상상해 보았다. 메마른 가로수들에 하얀 눈꽃이 핀다면 소녀처럼 마음이 즐거워질 것이다. 눈은 내리지 않았으나 한숨 자고 나니 정신도 들고 감기도 나은 듯했다. 아마도 안정제가 약 속에 있어 거기 취했던 모양이다. 나도 어언간 약을 먹지 않고 감기를 견디지 못하는 나이가 돼버린 것 같다.

(1990)

남이 된 부부

결혼 몇 년쯤 지나면서 하나둘 드러나는 상대방의 결점 때문에 여간 고통스럽지 않다. 그럴 때 부부들은 이렇게 말한다.

"당신이 남이라면 아무 소리 안 할거요!"

라고. 하긴 이 세상 누가 자기와 상관없는 남의 습관을 고치기 위해 간섭할까.

헌데 부부는 남이 아니므로 서로의 이상한 습관들로 인해 이웃들처럼 무심히 보아 넘기지 못한다. 일테면 운전 도중 끼어 드는 상대를 못 봐 넘기거나 실내에서 담배를 피우거나 식후 즉시 양치질을 하지 않는 일 등의 사소한 습관에서부터 술을 많이 마시거나 노름에 손을 대거나 컴퓨터 채팅과 게임에 빠지는 일 등의 비교적 무게 있는 습관에 이르기까지 아주 다양한 일들로 다투게 된다.

이런 다툼의 발단은 아내 편에서 시작하는 경우가 좀더 흔하다. 대부분의 아내들은 자신이 완벽하다고 생각하며 상대의 결점을 어머니나 선배처럼 조언하고 싶어한다. 더러는 남편과의 의견 차에 대한 불만을 친구한테 토로한다. 불만을 주거니받거니 하기 때문에 맞장구치는 동안 친구와 가까워지는 이점도 있고 그 후련함이 적지 않다.

용케 아내의 요구대로 결점을 고친 남편이 있다면 그는 잔소리를 들어 넘기거나 자기의 개성을 일찌감치 버린 이라 할 수 있다. 이

둘 중 어느 쪽을 택했다 할지라도 결점 줄어든 상대를 예전보다 더 사랑하기를 기대하지 말아야 한다. 왜냐면 또 다른 결점을 찾아내고는, 남 같으면 절대로 그러하지 않는다는 전제하에 상대방 습관의 모가지를 자기 방향으로 돌려놓으려 할 테니까.

잔소리나 바가지의 내용은 사랑, 매너, 명예, 돈에 대한 온갖 결핍감일 수 있다. 바가지가 차 있다면 바가지를 긁을 수 없다. '바가지 긁는다'라는 말은 욕망이 덜 채워진 상태이다. 이런 욕망은 점차 본래 목적은 뒤로 처지고 부부간에 헤게모니 쟁탈전처럼 돼버린다.

결혼 후 나는 남편의 몇 가지 습관을 고치려 무던히 노력했다. 내게 있어선 헤게모니 쟁탈이라기보다는 매너 좋은 인격자가 되기를 바라는 순수한 관심에서였다. 과음, 젓가락질할 때의 손 모양 등 아주 사소한 것들이었다. 몇 번을 부탁해도 그 순간뿐 어느새 다시 원상태로 돌아가 버렸다. 차츰 내 인내는 한계에 다다라 우리 사이엔 다툼이 잦아졌고 그의 일거수일투족은 내겐 불만거리였다. 저 사람이 남이라면 아무런 간섭을 안 하겠는데, 하는 생각을 곧잘 했다.

헌데 남이 되는 그것이 바로 답이었다. 나는 찾아낸 답을 우리 부부에게 실험해 보기로 했다. 요사인 황혼 이혼이 늘어난다는데 더 늙어지기 전 지금이 적절한 시기 같았다. 가정의 테두리를 중요시하는 나는 이혼 단계까지 가진 못하고 남편을 남(남이기 때문에 내가 스트레스 받지 않으므로)처럼 생각하기로 했다.

하루는 귀가하는 남편에게 약간 비아냥거리며, 어서 오십시오, 라고 했다. 남편도 내 눈치를 보며, 어 참 반갑습니다, 라며 좀 어색한 말투로 받아주었다. 식사를 했다기에 차와 과일을 내와서 들라고 권했더니 어떤 낌새를 눈치챘는지, 차가 맛있군요. 이런 맛있는 차와 과일을 주어서 정말 감사합니다, 라며 슬쩍 칭찬 말을 건네왔다. 나는 좀 머쓱해져서, 아닙니다. 저의 집을 방문해 주셔서 정말 감사합니다. 차 맛까지 칭찬해 주시니 더욱 감사합니다, 라며 정중하게 말했다.

실은 빈정대기 위해 한 말이었는데 남편이 익살로 받아들여 이 방법은 성공한 셈이다. 내 집에 놀러온 이웃의 나쁜 버릇을 흠잡는 일은 매너 있는(?) 나로서는 절대 할 일이 아닌 것이다. 상황들이 조금씩 다르게 해석되었다. 내게 이상하게 보인 남편의 습관이 다른 이들에겐 오히려 좋게 보인다는 말도 들려왔다.

어떤 부부가 이웃들이 괴로울 걸 염려하여(약간 이상한 습관을 서로 고치게 하려고)다툰다 하자. 그때, 댁들의 약간 이상한 습관 때문에 우린 전혀 괴롭지 않았어요. 실은 댁들 때문에 더 즐거웠다고 할까요. 정말 미안해요. 남의 괴로움을 즐겨서……, 라며 고백하러 오는 이웃이 있을까. 그처럼 정직하고 용기 있는 이웃이 한 사람이라도 있다면 다투는 부부는 없을 게다.

남이 싫어할까 봐 다투던 나는 어느 날부터 남편의 결점을 이웃 사람의 결점 보듯 대하기로 했다. 아직 그 사실을 모르는 성급하고도 호기심 많은 이웃은, 웬일이지? 라며 언쟁이 사라진 우리 집의 고요함을 참지 못하고 그만 그들 자신의 결점을 들추어내며 다투게 될지도 모른다. 만약 그런 부부가 있다면 그들도 우리와 같은 방법을 쓰면 어떨까 싶다.

우리 부부는 서로의 습관 바라보는 측면에서 남이 되었다. 마음의 평온함을 염원하는 나로서는 오죽한 방법이나마 해결의 실마리를 찾게 되어 다행이었다.

(1999)

순수한 영혼의 사람들

1

버스로 몇 정류장 거리에 있는 새벽시장에 가려고 이른 새벽 시장가방을 들고 집을 나섰다. 운동도 할 겸 보폭을 크게 하며 골목을 걸어가고 있었다. 조용하고 맑은 새벽 기류에 어떤 승리감 같은 기운도 느껴졌다. 골목엔 오토바이를 탄 신문 배달원 외엔 사람들이 거의 보이지 않았다. 간간이 씩씩하고 빠른 걸음으로 두어 사람이 힘차게 새벽을 열며 내 곁을 지나쳐갔다.

'진짜 한우 팝니다'라는 글이 크게 씌어진 정육점, '자장면이 있는 동네'라는 간판을 내건 중국식당, '조은 약국'('좋은'을 '조은'으로 변형시킨)간판 등이 서로 마주보고 있는 골목 사거리가 보였다.

'자장면이 있는 동네' 앞 모퉁이에 이르자 어린 소년 하나가 막 걸어나오고 있었다. 초등학교 일 학년쯤 되었을까. 눈에는 아직 졸음이 남아 있었지만 세수를 한 흔적만은 역력했다. 팔로 책 두어 권을 꼭 껴안고 걷고 있었다. 나는 소년에게서 눈을 뗄 수 없었다. 하얀 보송한 다리와 작은 발에 신겨진 앙증스런 샌들, 소년이 입은 감색 작은 반바지와 하얀 민소매 티셔츠 등. 내 마음엔 말할 수 없는 기쁨이 가득해지고 있었다. 그 나이 정도의 아이는 가만 자고 있어도 그저 사랑스러운데, 아직 다른 아이들이 자고 있을 그 이른 시각에 책을 꼭 안고(가까이 보니 성경책이었는데 아마 여름 성경학교에 가는 듯했다)혼자 가고 있는 모습이 어떠했겠는가.

나는 일이 십 분 전으로 시간을 거슬러 올라가 보기로 했다. 아이는 곤한 꿈에 취해 있었을 게다. 느닷없이 깨우는 어머니에게 얼굴을 씻기거나 아니면 제 스스로 고양이 세수를 하고는 간잔지런한 졸음을 귀여운 손으로 털어내며 어머니가 챙겨주는 성경책을 들고 집을 나섰으리라.

막 방학이 시작되었으니 그간의 피로를 풀기 위해 며칠쯤 푹 쉬고 싶지 않았을까. 또 좀더 자라고 토닥여주고 싶을 어린것을 깨워 새벽 기도에 보내는 아이 어머니도 하루쯤인데 빠지면 뭐 어떨까 싶지 않았을까. 저토록 성실하고 사랑스런 아이에게 그 누가 행운을 주려 하지 않겠는가. 하물며 자기를 찾아왔다는데 복을 관장한다는 조물주께서야 아이가 저쪽 모퉁이로 돌아가서 보이지 않는데도 나는 미소를 짓고는 시장을 향해 걸어갔다.

2

며칠 후 이른 새벽 나는 책을 챙겨 한동안 가지 못했던 교회로 향했다. 교회 안에는 이른 시간인지라 사람들이 많지는 않았는데 저 앞에 앉은 한 사람이 눈에 선명하게 들어왔다. 팔을 들고 찬송할 때 그 사람의 팔놀림이 어줍었고 몸이 한쪽으로 조금 기울어 있었다. 스포츠형으로 짧게 이발한 머리 두어 군데에는 머리카락이 없어 살색 원이 그려져 있었다.

두 손을 모은 채 허리를 굽혀 고개 숙이는 순서가 되자 그는 다른 사람들보다 훨씬 더 깊이 허리를 굽히고 더 늦게 일어났다. 사람들이 다 앞으로 나가는 순서 때도 그는 절름거리며 느리게 일어나 걸어갔다.

그 사람의 뒷모습을 보고 있노라니 가슴이 찡해왔다. 신은 저 사람을 흠 없는 이로 택했을 게고(장애인을 위한 기도 시간에 종종 그런 말을 들었으므로)따라서 그는 축복받은 영혼의 소유자일 게다. 그는 결코 교만하지 않으리라. 외모가 정상적인 사람은 자신만만함이 지나쳐 교만하게 행동할 수 있는데 저기 앞자리에 있는 저이는 겸허하게 세상을 바라보아 온전한 영혼의 소유자가 되었으리라.

나는 그 전날, 교회에 나가지 않은 것 등 어지간히 게을렀던 점들을 고백했으므로 특별히 뉘우칠 게 없다 생각하며 교회에 갔다. 헌데 그 사람을 보고 있노라니 나의 모든 상황이 너무나 풍요롭고 사치스럽다는 생각이 들어 차츰 부끄러워졌다. 하나도 불만할 게 아닌데 너무 자주 불평하며 지내왔음을 뉘우치기 시작했다.

3

하루는 운전을 하는데 십이 차선 횡단보도 앞에 멈추었다. 횡단보도가 아주 길다고 생각하고 있는데 다른 사람이 다 건너간 뒤 한 숙녀가 저만치 처져 걸어오고 있었다. 출발은 같이 했으나 걸음이 느려서 처진 것이다. 그 사람은 다리를 절며 걸어왔다. 가까이 왔을 때 보니 20대 초반쯤 돼 보이는 순하게 생긴 아가씨였다. 그 순간 나는 횡단보도의 거리가 짧아지거나 신호 시간이 길어지면 좋겠다는 생각을 하고 있었다.

성급한 사람들은 정지선 앞에 멈춰 있다가 지나가는 사람이 보이지 않으면 아직 파란불이 깜박이고 있음에도 차를 슬몃슬몃 앞으로 당기기 시작한다. 나도 두어 번 그런 적이 있었다. 헌데 그날은 어느 운전자도 차를 조금씩 당겨서 정지선을 넘어 가는 이가 없었다. 신호는 이미 바뀌어 운전자들이 이제 가도 되건마는 그녀가 다 지나가도록 어느 차도 꼼짝하지 않았다. 뿐 아니라 그 아가씨가 지나간 뒤에도 또 신호가 바뀌었는데도 다른 차선에 서 있던 차들마저 즉시 앞으로 나가지 않고 천천히 차를 움직이려 하고 있었다.

그날 횡단보도의 정지선에 멈춰 있던 운전자들은 육신의 결함으로 인해 결코 죄 짓지 않고 살아왔을 순수한 영혼을 보았으리라. 최선을 다해 운전자들에게 피해를 주지 않으려고 애쓰다보니 긴 길을 더 절며 걸어가던 그 아가씨가 우리를 욕심에서 풀어놓았다. 정지 시간을 연장한 운전자들은 자신이 그간 달려온 속도를 생각하며 이렇게 되뇌고 있었으리라. 많은 것을 가졌으면서 더 가지려고 그렇게 빨리 달려오다니, 하고. 그리고는 아직도 그녀가 남긴 어떤 메시지가 횡단보도에 남아 있기라도 한 듯 무척이나 느린 속도로 출발하기 시작했다.

(2000)

세 그림자

어렸을 적에 나와 동생은 방학을 늘 기다리곤 했다. 삼랑진에 있는 외가에 갈 수 있었기 때문이었다. 지금도 나는 외가 동네 이름만 들어도 무한한 그리움에 젖는다. 사람들은 삼랑진을 '삼낭진'보다는 '삼당진'으로 더 많이 발음했다. 역 주변엔 사과, 배, 감, 삶은 계란을 긴 그물 주머니에 넣어 팔았다. 웬 상인들이 그렇게 많았을까.

역 앞 아름드리 숱 많은 히말라야시타가 짙은 그늘을 펼쳐 많은 상인들이 그 아래 앉아서 과일들을 팔았다. 광장 주변에는 약국, 옷, 찐빵 가게 간판들이 낮은 건물에 달려 있어 당시로서는 꽤 번화한 거리였다. 거기 옷가게에서 어머니는 나와 동생에게 원피스를 사 입힌 뒤 우리 손을 잡고 외가로 향하셨다.

역 오른편 신작로를 따라 한참 가면 왼편에 통나무를 알맞게 잘라 만든, 늘 열려 있는 대문 안으로 나무들이 잘 보였다. 측백, 소철, 모과, 홍단풍 등 다 기억도 못할 수목들이 저마다 이름표를 달고 서 있었다. 가위로 다복다복 다듬어진 사철나무들은 그 정갈함 때문에 곧잘 시선을 끌었다.

정원 둘레에는 세로로 가른 대나무를 반원형으로 휘게 꽂아 갈무리해 놓았고 왼편 '무릉도원'이라고 쓴 푯말 뒤의 작은 연못에는 벨기에의 오줌싸게 동상을 본떠 만든 꼬마 석상이 온종일 서서 오줌을 싸댔다. 토목학을 전공한 외사촌 오빠가 대학시절에 만든 거라

했다.

정원 가운데 Y자 형의, 잘 닳은 자갈들을 모자이크처럼 박아놓은 좁은 길이 부엌과 외숙부의 서재로 이어져 있었다. 그 길을 부엌 쪽으로 따라가면 긴 주전자를 거꾸로 세워놓은 것 같은 수동식 펌프가 있고, 손잡이에 온 몸을 대고 힘껏 누르는 일을 반복하면 아주 차가운 물을 퍼 올릴 수 있었다.

외숙부는 늘 서재에 계셨다. 책상 앞 낡은 회전의자에 앉아 오수를 즐기시거나 붓글을 쓰셨다. 서재 옆 땅광 입구를 지나 집 뒤의 복숭아밭 여기저기로 키를 낮추어 가면 바랜 신문 봉지 속의 수밀도를 조심스레 따내고 있던 외숙모를 만날 수 있었다. 외숙모는 상아빛 복숭아를 먹으라고 주셨다. 헌데 먹기가 여간 버겁지 않았다. 크기도 하려니와 부들부들한 껍질을 벗기고 나면 말캉말캉 미끈거리는 복숭아를 잡을 수가 없어 떨어뜨릴 뻔했기 때문이었다.

복숭아를 웬만큼 먹고는 좁은 도랑 길을 따라 포도밭으로 갔다. 넓은 잎들 아래로 햇빛을 받은 자색 포도가 알알이 달려 있었다. 김씨 아저씨가 따주는 대로 대충 닦아서 먹다가 한참 후에 일어서서야 후회했다. 너무 많이 먹었던 게다.

외가에서의 괴로운 일은 잠잘 때였다. 수분마다 덜커덩 덜커더덩 울려대는 기적소리가 어찌나 크게 들리던지 고역이었다. 어찌어찌 잠이 들 만하면 깨우곤 해서 잠을 잘 수가 없었다. 한데도 외가 식구들 누구도 그 소리 때문에 잠 못 이루는 사람이 없었다.

이런저런 생각을 하며 아이들 손을 잡고 역을 나오다가 문득 '삼낭진'과 '삼당진' 둘 다를 되뇌니 어느 것이나 다 그리워졌다. 역 앞에 있던 키 큰 히말라야시타가 잔가지를 쳐서인지 굵은 몸체만 덩그랬고, 공사를 새로 하는지 그 아래 돌과 모랫더미, 나무 기둥 같은 것들이 널브러져 있었다. 온통 개발붐이 일었으니 그곳이라고 다를 리 없었다. 무얼 팔려는 사람은 고사하고 그늘을 찾는 노인들의 모습도 보이지 않았다. 도로변에 손님을 기다리는 영업용 택시들만이 일렬로 서 있었다.

너무 더워 택시를 탈까 하다가 걸어가기로 했다. 어머니와 걷던 옛길을 더듬어보기 위해서였다. 길 도중에, 어떤 가게에 노파 두 분이 보이기에 연세를 물었더니 한 분은 예순이요, 한 분은 예순 여덟이라 했다. 우리 어머니보다 연하이니 우리 어머니를 모르시겠다 싶어 별다른 이야기를 하지 않고 나왔다.

외가는 예상보다 훨씬 더 달라져 있었다. 수목에 가리어져 한 귀퉁이도 보이지 않던 안채 지붕이 훤히 보였다. 보기 좋게 무성하던 나무는 필요한 이들이 한 그루 두 그루 뽑아가고, 퇴색해 버린 '무릉도원'에 오줌싸개 꼬마가 오줌을 싸지 않아 못 물이 마른 지 오래였다. 수도가 들어와도 부엌 앞 장독대에 있던 펌프만은 그대로 있기를 바랐으나 낮은 수도꼭지 하나가 덜렁하니 서 있었다. 아이들에게 나무들이 있던 자리 곳곳을 이야기해주며 상상을 하게 했다. 내 얘기 따라 외가의 모든 것들이 갑자기 생기 있게 움직이기 시작했다. 아이들도 고개를 끄덕이며 이해하는 듯 신기해했다.

그러나 정작 나를 실색하게 만든 것은 복숭아밭에 떡하니 버틴 아파트였다. 자식들이 다 떠난 집에 큰 과수원은 골칫덩이였을지 모른다. 외숙부 내외분은 이미 팔순이 넘어 기력이 쇠잔한데다 아파트를 지어야겠다는 읍장 혹은 밀양시장의 권유도 적잖이 작용했을 게다.

아득한 옛날, 외할머니는 많은 복사꽃이 피기를 바랐을 게다. 그 아파트 아래 과수원집 처녀였던 내 어머니의 남매들이 꿈을 따듯 복숭아를 따냈을 추억들이 얼마나 많이 잠들어 있을까. 또한 태평양 전장에 간 막내 동생이 끝내 돌아오지 않았던 내력을 아파트 입주민들은 전혀 모르리라.

아이들은 아래채 뒤편 대나무 사이로, 뒤란 대추나무 아래로 좋아라 돌아다녔다. 도시에서 자란 내 아이들이 먼 훗날 진외가에서 단 한번이라도 뛰놀았던 일을 아련한 추억으로 기억해주기를 나는 바라고 있었다. 나중에 아이들과 외가에 대한 얘기를 나누어도 함께 공감하는 추억이 약간은 있게 될 테니까.

대청 마루에 외숙모와 앉아 어머니에 대한 이야기를 나누었다. 초점 없는 흐릿한 외숙모의 눈에 어느새 눈물이 고였다.

"느그 어매 불쌍하지, 마음 고생한 거 느그는 모른다."

독서를 하시던 외숙부는 자꾸만 헛기침을 하셨다. 외숙부는 많은 동생들 중에 유달리 어머니를 사랑했다고 들었다. 순탄하지 못한 젊은 날의, 그저 어질기만 했던 동생이 가시처럼 목에 걸려 있었던 게다. 어머니 장례 때 외숙부는 모든 것을 한꺼번에 잊으려는 듯 크게 한번 우셨다. 잠시 후 우체부가 외숙부의 시조 당선 소식을 전해 주어 우리 모두는 기분이 전환되었다.

그럭저럭 석양이 되어서야 우리는 일어섰다. 대문까지 따라나오신 외숙부를 뒤로한 채 한참 걸어나오다 꺾어진 길모퉁이에서 돌아보니 등 굽은 두 노인이 그냥 그대로 서 계셨다. 손을 흔들다가 나도 모르게 고개를 저었다. 언제 또 오게 될까. 어머니 따라 여러 번 오고 또 왔던 외가 길. 그 길 위에 동으로 길게 난 우리 그림자가 내 아련한 어린 날의 세 그림자와 퍽 닮아 있었다.

(1990)

어깨동무하던 시절

아버지는 농사를 지으면서도 가끔 먼 곳으로 가방을 들고 왕진을 가셨다. 그날도 읍내까지 자전거를 타고 환자 보러 가셨는데 오실 때쯤 해서 동생과 나는 삽짝 밖에서 놀았다. 한참만에 따르릉 자전거 소리를 내며 저만치 아버지가 돌아오셨다.

"아버지, 다녀오셨습니꺼예?"

하고 우리 자매가 인사를 드리면 예순 넘으신 아버지는 예닐곱 살쯤 된 어린 두 딸의 마중을 몹시도 기뻐하셨다. 우린 우리의 마중을 받아주시는 아버지의 환한 표정이 좋아서 늘 그렇게 인사했다. 안 마당으로 아버지 자전거를 뒤따라 들어오다가 아버지의 가방을 받아 사랑에 갖다 놓는데 그 동안 아버지는 모퉁이로 가서 엄마가 해드리는 등물로 땀을 씻은 뒤 위채 마루로 올라오셨다.

그때부터는 우리 자매와 아버지의 다정한 시간이 시작되었다. 예쁜 배우가 활짝 웃는 부채를 들고 내가 쉰 번을 아버지께 먼저 부쳐드리고 나면 다음에 동생이 쉰 번을, 또 내가 백 번을 부쳐드리면 동생도 백 번을 부쳐드렸다. 우리는 번갈아가며 게임 하듯이 같은 횟수로 신바람이 나서 아버지의 남은 더위를 마저 식혀드렸다.

아버지가

"느거 팔 아프제? 인제 그만 됐다."

라고 하시면 사실 우리는 팔이 아프면서도

"팔 안 아픕니더예. 더 부쳐드리끼예."
하고는 한참 더 쌕쌕거리며 부채질을 해드렸다. 얼마쯤 후에 아버지가 사랑채로 내려가시면 그때서야 부채질 게임은 끝이 났다.

저녁에는 늘 모깃불을 피웠는데 그 연기가 마루로 못 오게끔 일꾼들은 부채로 부쳐댔다. 마루 위 모기장 속에 누운 우리 두 자매는 밤하늘을 보며 맑은 하늘에 총총 떠 있는 크디큰 별들을 세었다. 한번은 가만히 보고 있노라니 별똥별이 휘익~ 선을 긋고 어디론가 떨어졌다.

"아, 별똥별이다!"
하고 내가 고함을 지르니 엄마는 내일 아침밥 첫 술 뜨기 전에
"별똥별 봤다."
라고 말하면 액땜이 되고 좋은 일도 생긴다고 하셨다. 내일 꼭 말해야지 생각하고는 엄마가 부쳐주시는 시원한 부채바람에 우리 자매는 잠이 들었다. 이튿날 아침에 어젯밤 일을 내내 기억하고 있다가 밥 먹는 순간에 별똥별 이야기를 잊어버려서 나와 동생은 마냥 아쉬워했다.

아버지는 일꾼들이 타작할 때 덕석 밖으로 튀어나간 콩이나 팥을 우리 자매에게 줍게 하셨다. 나는 아버지 보실 때 조금 줍는 체하며 환자나 바둑 손님이 와서 아버지가 사랑방으로 가시기만을 기다렸다. 그 바람은 얼마나 간절했던지 지금도 또렷이 기억난다. 과연 얼마 후 누군가가 와서 아버지가 사랑채로 가시면 나는 살금살금 밖에 나가 친구들과 깡통 차기 숨바꼭질이나 만화를 보거나 하며 놀았다.

날이 거스름해지면 눈치를 살피며 집 안으로 들어갔는데, 그 시각까지 마당에 앉아 노을에 물든 콩을 낱낱이 줍고 있던 어린 동생을 발견하고는 나는 미안해졌다. 같이 주웠더라면 반나절만 하면

되었을 일을……. 동생은 그 일이 재미있어서 계속 주웠다며 방그레 웃어주었다. 아버지가 오후 내내 한번도 마당에 안 나와보셨을까. 동생 때문에 꾸중을 면했음에 틀림없다.

동생은 밥이나 무얼 먹는 걸 싫어하여 빼빼 말라 있었다. 엄마가 우리 둘에게 먹을 것을 나누어주면 동생은 먹지 않고 서랍 속에 넣어두었다. 나는 맛있어서 얼른 먹고 밖에 나가 놀았다. 한참 놀다 내가 들어오는 게 보이면 동생은 아까 남겨둔 것을 꺼내와 절반 이상을 내게 나눠주었다. 게다가 내 말을 거역하지 않아 자고 난 이불을 개라고 하면 당연한 듯 다 갰고, 내 책상을 정리하라 하면 그것도 다 했다.

그런 동생에게도 고집이 있었다. 잘 울지 않았지만 한번 울었다 하면 그칠 줄을 몰라 우리는 아예 두손들었다. 아무리 달래도 듣지 않았고 어떤 불이익 되는 말을 해도 아랑곳하지 않아서 제풀에 그칠 때까지 기다려야 했다. 한번은 어둑한 겨울밤이었다. 동생이 예의 그 울음을 내놓아서 우리는 달래려고 절절 매고 있었다. 엄마와 나는 눈을 마주치고 한 가지 방법을 무언으로 찾아내었다. 엄마가, 이렇게 우는 너를 더 이상 키울 수가 없어서 집을 떠나겠다, 하셨다. 왜냐면 동생은 늘 엄마 치맛자락을 잡고 있었으므로 단지 겁을 좀 주려는 의도에서였다. 허나 그런 말로서는 통하지 않아 엄마가 어떤 계획을 실행에 옮기려고 정말 방문을 열고 나갔다. 그러자 동생은 더 크게 울기만 할 뿐 소용없었다. 한편 나는 엄마가 걱정되어 살짝 나가보니 축담 밖 모서리에 서 계셨다. 한참 후에 동생도 지쳤던지 잠이 들면서 울음이 그쳐졌다.

내가 초등학교 4학년, 동생이 2학년 겨울 방학 때였는데 날이 몹시 추웠다. 엄마는 틀 바느질을 하고 계셨고 동생은 감기로 콜록거리며 내의만 입은 채 이불을 덮고 아랫목에 누워 있었다. 나는 동생 옆에 엎드려 동생이 그려달라던 만화를 그리거나 방학 숙제를 했던 듯 평화로운 저녁 무렵을 보내고 있었다. 그 행복한 정경은, 호기심 많던 내가 방문에 붙은 조그만 쪽 유리로 밖을 내다보는 순간(갑자기 소란스런 싸움 소리가 바깥마당에서 들려왔으므로)사라지고 말았다. 아래채 부엌에서 솟아오르는 불길이 보였기 때문이다.

엄마와 나는 놀라 불길을 잡으려고 일꾼들이 길어다 놓은 물을 갖다 부으며 옆집 사람들에게 큰 목소리로 알렸다. 동생이 마루에 나와 눈을 멀뚱거리며 그 광경을 보고 있었다. 나는 동생에게 다그치듯(감기가 더해질까 봐)방에 들어가라고 했다. 언니가 좀 용감해 보였던지 고개를 끄덕이며 동생은 도로 방으로 들어갔다. 내가 엄마와 함께 불을 끄다가 몇 명만 더 있으면 되겠다 싶어 사람을 부르러 밖으로 나갔는데 나는 집에 영영 들어갈 수 없었다.

밖에 모여든 어른들을 붙잡고(평소 우리 집에 와서 자주 밥을 먹고 가던 사람들인지라 내 말을 들어줄 거라 믿고)내 동생이 방안에 있다고 애절하게 호소했다. 사람들은 대답 대신 솟아오르는 불길을 원망했다. 멀리 읍에서 소방차가 왔는데 강이 얼어있기도 했지만 소방차의 호스가 짧아 강에 닿지도 않았다. 나는 한참만에 누군가를 따라 큰샘 집으로 갔다. 그 집 안방 아랫목에 내 자매가 누워서 내게 손짓을 했다. 엄마가 더 이상 안 되겠다 싶어 뒷집 담으로 동생을 냅다 던지고 엄마도 근근히 나왔다고 했다.

위채 아래채, 창고로 쓰이는 헛간과 마당 가운데 그해 추수한 벼를 넣어둔 집채만한 뒤주 두 채를 불이 삼키고 있었다. 쇠죽 끓이던 일꾼이 술 취한 엿장수와 실랑이하는 도중 불이 난 것이라 했다.

왕진 갔다오신 아버지는 감춰뒀을 돈 뭉치에 대해서는 묻지도 않고 사람만 괜찮으면 된다 하셨다. 엄마는 아버지의 그런 마음을 오래도록 좋게 회자하셨다. 불 끄느라 잃어버린 줄도 몰랐던 엄마의 금비녀를 마을 사람들이 주워서 돌려준 것도 그러셨다.

우리는 사흘이 넘도록 솟고 있는 연기를 멀리서 바라보았다. 일주일쯤 지난 뒤 내 자매와 나는(엄마는 우리 마음 아플까봐 그 집 근처에 못 가게 했는데)엄마 몰래 옛집 터에 갔다. 거기 가자마자 누가 먼저랄 것도 없이 우리 자매는 옷소매로 눈물을 닦았다. 큰 개 누렁이와 손때 묻은 소지품들과 익숙한 모든 것들을 찾을 길 없었다. 그 날 동생은 지난날처럼 고집스레 울지 않고 보통 아이들처럼 들먹였다.

그 후 규모가 작은 집으로 옮긴 뒤 우리 자매는 더욱 친해져 어디나 함께 어깨동무하고 다녔다. 엄마는 그날 덴가슴으로 심장병과 편두통이 생겼다. 두통이 심할 때는 한약보다 약효가 빨라 뇌선 약을 드셨다. 우리 자매는 조금 떨어진 약국까지 뇌선을 사러 갔는데 동생의 키가 나보다 작아 어깨동무하고 가기에 마침맞았다. 나는 팔을 동생 어깨에 얹고 동생은 팔을 내 허리에 두르고는 무슨 얘기를 소곤거리거나 노래를 부르며 다녀왔다. 들에 심부름 갈 때도 어깨동무하고 가면 아주 좁은 두렁도 지나갈 수 있었다.

헌데 어느 날부터 어깨동무하기가 그만 불편해졌다. 아마 내가 중학교 상급생 정도였을 게다. 둘 다 키가 비슷해져서 누가 팔을 위로 얹어야 될지 알 수 없었다. 착한 동생은 내가 언니니까 내 팔을 위로 올리도록 양보했지만 그게 영 불편했다. 어깨동무를 하면 내 몸이 한쪽으로 기우듬해지는 것이었다. 동생도 마찬가지였을 게다. 해서 우리 자매는 점점 어깨동무를 못하게 되어 갔다.

내 자매는 워낙 늦둥이라서 다섯 살이 넘도록 엄마에게 업혀 다니며 지극한 사랑을 받았는데 그 받은 사랑을 잊지 않았다. 동생만큼 여물고 미더운 마음을 가진 제부와 함께 엄마가 운명하시는 최후의 순간까지 자식으로서의 정성을 다 바쳐 모셨다. 이즈음도 날 믿어주고 인정해주는 어진 동생이건마는 엄마에게 최선을 다하지 못한 나는 동생의 어깨 위에 함부로 팔을 얹지 않는다. 내 신실한 자매 앞에 마음으로 고개 숙이고 있어서이다.

이제 우리 아이들도 어깨동무하기엔 늦을 만큼 세월이 흘렀다. 날 따라 쌕쌕거리며 아버지께 부채질해드리던 앙증맞고 귀엽던 자매, 해가 지도록 홀로 콩을 줍던 자매, 엄마 뇌선 약을 사려고 어깨동무하고 걸었던 그 자매와의 시절이 무한히 그리워진다. 세월 더 흘러 황혼길 내려갈 즈음, 그때는 어진 동생과 함께 누구 팔이 위에 가든 옛이야기 나누며 다시 어깨동무하고 걸어가리라.

(2001)

덕이

덕이라는 이름은 내가 지어준 어떤 사람의 가명이다. 그 옛날에 마구 불러대던 덕의 본 이름을 말하면 못내 눈물이 날 것 같아 다른 이름을 지었다. 세련되진 않지만 어질고 순한 덕에게 잘 어울리는 이름 같다. 이름만 불러도 눈물이 난다면 그 이름의 주인공은 헌신적인 인물임에 틀림없다.

영화 '금지된 장난'의 주인공 소녀 포네트는 전쟁으로 부모를 다 잃고 어떤 집에 잠시 살게 되면서 그 집 막내아들 미셸과 친해진다. 미셸은 아버지에게 혼날 줄 알면서도 소녀를 기쁘게 해주려고 무덤의 십자가들을 빼와서 소녀에게 십자가 동산을 만들어 주었다. 얼마 후 소녀는 고아원으로 가게 되는데 사람들이 북적대는 그곳에서 누군가가

"미셸!"

하고 부르는 소리를 듣는다. 조용한 소리로, 미셸, 미셸……, 하고 몇 번 되뇌던 소녀가 그만 눈물이 글썽해져서는 큰소리로

"미셸! 미셸!"

하며 뛰어나간다. 어디선가 들려온 미셸 소리는 한 할머니가 자기 남편 이름을 부르는 소리였다.

우리 집에서 청소년기를 보낸 덕은 내가 자랄 때 많은 도움을 주었다. 당시 시골에선 그런 용어가 없었지만 어린 나의 보디가드라

할 정도였다. 덕은 정말이지 남 눈에 잘 띄는 사람이 아니다. 인물이 잘나지도 않았고 말을 잘하지도 않았다. 바삐 걷거나 행동이 민첩하지도 않았다. 그저 내가 가는 곳이면 어디든 데려다주고 데리러 오곤 했다.

덕의 어진 모습은 여름밤 하늘의 총총한 별에도 있고 둥실 떠가는 구름 속에도 있는 것 같다. 덕의 선한 눈이 웃을 때는 훈훈한 바람이 내 마음에 불어온다. 시골 정경이 담긴 사진이나 수채화를 감상할 때도 덕의 모습이 보일 듯하고, 대도시 생활이 힘들 때도 '그래, 덕이 있지' 라고 생각하면 내 마음이 평온해진다.

덕은 말수는 적어도 노래를 썩 잘 불렀다. '비오는 날이면 공치는 날이요……색시가 따라주는 막걸리가 최고지'라는 구절의 노래를 부르곤 했다. 비오는 날 새끼 꼬면서 덕이 그 노래를 불렀던 이유는 함께 일하던 어른 일꾼들이 자꾸 시켰기 때문이다. '그리워라 어머님이여 꿈에 젖은 내 사랑이여~'라는 노래를 느린 저음으로 부를 때는 좀 슬프긴 해도 어머니가 안 계신 덕에게 어울리는 노래라 생각했다. 덕이는 우리 어머니를 '할매'라고 불렀는데 다른 아이들이 그렇게 부르는 건 싫었지만 덕이 그렇게 부를 때는 마치 '어머이예' 하는 소리 같아서 싫지 않았다.

간혹 온 식구가 마루에 앉아 볶은 콩을 먹으며 휴식을 즐기는데 덕은 간혹 나를 놀렸다.

"저어기 좀 봐라. 고양이 지나간다."

나보다 좀 큰 사람들 장난에 휘말려들지 않으려고 내 딴에는 노력했는데도 번번이 고양이쪽으로 고개를 돌렸다. 그 사이 덕은 내 그릇 속의 콩을 덜어가 자기 그릇에 담고는 안 그런 체하고 있었다. 가족들이 모두 덕이 편에 서서 모른체하며 나를 보고 있었다. 내가 그걸 알고 투정부리면 덕은 웃으며 가져갔던 콩을 도로 담아주었다.

덕이 딱 한번 화를 냈다. 아버지의 한약 제조기술을 배우려고 우리 집에 와 있던 친척 오빠(그 오빠도 자전거로 나를 데리러 온 적이 많았다)와 다툰 것이다. 그때 덕은 두어 마디 하노라고 눈썹이 올라가고 얼굴빛이 약간 붉어졌는데 잠시 후엔 그만 입을 꾹 다물어 버렸고 다툼은 곧 끝이 났다. 덕은 누구에게 이기려고 하지 않았고 힘들어도 불평하지 않았다. 그저 욕심 없이 느리기만 했다.

내 자매와 나는 차를 마시며 가끔

"덕이처럼 선량한 사람이 또 있을까."

하고 말하고는 함께 옛 생각에 잠긴다. 다른 사람들도, 우리와 같은 추억이야 없겠지만 덕을 보기만 해도 알 수 있을 것이다. 얼마나 순하고 어진지를. 내가 덕을 만나본 지 벌써 십 년이 넘었다. 그 십 년도 잠시 얼굴만 보고 헤어졌으니 삼십여 년이 되었다. 덕은 그 사이 몇 살이나 되었을까. 쉰 여섯 아니면 쉰 일곱일 게다. 아무리 나이 들어가도 덕은 내 그리움이 달려가 멎는 지점에 그 옛날의 모습으로 서 있다. 내 어린 시간 곳곳에서 날 묵묵히 바라보고 있다.

어느 날부터 덕이 내 눈물을 대신 흘린 나의 지난 세월이었음을 알게 되었다. 전쟁 이후의 어두운 역사 속을 걷느라 그 세월을 닮아버린 쓸쓸한 덕을 내 어린 기억 속에서 떼어낼 수 없다. 덕이 살아낸 인고의 날들 속에서 난 풍요로운 시절을 보냈으니 덕은 나의 지난 세월이 돼 버린 게다. 세월이 되어버린 덕의 본 이름을 소리 내어 부르지 못한다. 높은 산에서 건너편 산이 울리도록 목청껏 불러 덕의 세월이 보상된다면 외쳐 부르리라. 소리는 잠시 되돌아왔다가 허공 멀리 사라질 게고 내 그리운 세월만 잃을 게다. 옛날에 마구 불러 젖혔던 덕의 본 이름을 조용조용 되뇌니 방금도 콧등이 찐해온다. (2000)

다롱이

다롱이가 예뻐서 외출도 못할 지경이라는 친구가, 다롱이가 열이 나고 축 처져 아스피린을 조금 먹였는데 나을지 모르겠다며 상심에 젖어 있었다. 친구는 오래도록 우울증에 시달려 왔던 터라 그녀의 다롱이를 보러 가는 것이 나로서는 최대한의 성의 표시였다.

내가 그 집 현관문을 열었을 때 다롱이는 한켠에서 낯선 방문객을 빤히 보며 피하지 않았다. 인사를 청했지만 눈만 되록거릴 뿐, 다롱이는 듣던 대로 얌전한가 보았다.

"다롱아, 인사해. 아줌마가 널 보러 오셨어. 이제 아프지 않아요, 해야지."

말귀를 알아듣는 아기 대하듯 친구는 다정하게 말했다. 하여튼 다롱이가 나았다니 다행이었다.

긴 우울증에 시달리던 친구가 오랜만에 환한 목소리로 식구가 불었다며 전화를 걸어온 게 보름 전이었다. 그 이후로 우리의 전화 속 주인공은 늘 다롱이였다. 어제 전화에는 다롱이가 아파 속상해 죽겠다더니 오늘은 다롱이가 좋아져서인지 친구의 표정이 밝아 보였다.

"지금 다롱이가 베란다에 나가 엄마를 기다리고 있어. 하루에 한두 번 정도 왔다가 가버리니 내가 뒤치다꺼릴 다 해야 돼. 처음엔 귀찮았지만 키우다보니 어찌나 착한지. 자식들은 안 한다는 말부터 배우지만 다롱이는 내 말을 아주 잘 들어주거든. 한 마디 핀잔이나 거절도 없이 말이야. 좀더 커서 어디론가 가 버리면 어떻게 하지. 다신 볼 수 없게 될 거야. 하지만 거기 연연하진 않겠어."

비가 오거나 해가 거스름해지면 다롱이 엄마가 속히 돌아오기를 기도한다는 친구. 그녀는 유치원 선생이 꿈이었다. 우리들의 앞날이 반드시 영롱하거나 순탄하리라 믿진 않았었다. 그러나 바람은 때때로 그러하듯 예상외로 세게 불기도 하지 않는가.

몇 번이나 갈라설 뻔한 부부 사이, 고부간이나 시누이들과의 갈등, 경제적 곤란 등등 몇 굽이를 넘겨오며 겪은 부지기수의 실망들. 그런 것들로 인해 신으로부터 받은 처음의 무조건적인 놀라운 기쁨들은 스러지고 신앙생활은 건조하고 미지근했다. 허나 인생이란 어디 그리 단순하게 말할 것이던가. 신은 조용히 우리들이 내뱉는 듯한 하소연이나 푸념 같은 기도라도 챙겨 들으시는가 보다.

어느 날 우연히 친구에게 다롱이가 찾아오고 친구의 남편이 다롱이에게 관심을 가지고 나서부터 그들에게 어떤 공감대가 형성되어 갔다.

"오늘 다롱이 어땠어?"

"이 반찬 맛있는데."

"저 프로그램 같이 볼래?"

단절된 상태에서 일어난 이런 대화들은 다소 어색해도 굉장한 성과다. 다롱이로 인해 차츰 대화의 문이 열리는 것에 섣불리 기대하진 않았으나 최대한 노력을 쏟기로 했나보다. 그 즈음 나 역시 한창 힘든 무렵이어서 우리는 누구보다 서로를 잘 이해하고 있었다.

다롱이는 친구가 움직이는 쪽으로만 쳐다보기도 하고 비틀거리며 따라다니다 넘어지기도 여러 번이었단다. 깔아논 조그만 이불 위에

똥을 누어 한번은 되게 야단을 쳤지만 아양이나 변명을 몰라서 더욱 사랑스럽다고 했다. 확실히 미소는 친구의 눈빛에서 잔잔한 파문을 일으키며 온 얼굴에 자리잡았던 어감 나쁜 단어들을 하나 둘 몰아내기 시작했다. 친구는 다롱이를 살며시 껴안았다. 아마도 포근히 품에 안겨오는 평화, 그것을 우리는 갈구했으리라. 잠시도 우리를 쉬게 두지 않는 꼬리에 꼬리를 문 사건들, 거리를 메운 거짓말들, 잘난 체하는 먼저 이룬 사람들……. 얽히고 설킨 질긴 실매듭이 어느 바람 고요한 날에 풀어질까.

보드라운 빵가루를 목을 볼록볼록해가며 먹어대던 다롱이. 물 한 모금 먹고는 사르르 눈꺼풀이 처져 내렸다. 친구는 다롱이를 재우려고 음악을 틀었다. 피식 웃는 내게, 사랑을 쏟는다는 게 얼마나 소중한 일인지 몰라, 하며 '여호와는 나의 목자이시니'라는 성가를 조용히 틀었다. 신은 그러한 친구의 모습을 보고 계셨으리라.

내 마음이 가벼워진 듯했다. 창 없는 친구의 베란다가 고향인, 노란 털이 조금씩 짙어지기 시작한 새끼 비둘기 한 마리 삐삐거리다 이제 막 라면 상자 속에 잠들었을 뿐인데.

(1989)

오해

전에 살던 우리 집 앞에 슈퍼마켓 두 개가 마주 보고 있었다. 두 집 다 이웃인지라 소비자로서 여간 곤란한 일이 아니었다. 자세히 살펴보니 각자 다른 회사의 물건들을 취급하고 있기에 두 집 물건을 다 사줄 수 있었다. 한집엔 쌀이 있고 다른 집엔 부식이 있는 차이 등이었다.

헌데 노부부가 주인인 집은 친절했고 30대의 젊은 부부가 주인인 집은 덜 친절했다. 젊은 주인은 소비자들에게 필요한 것 판매하는데 오히려 자기들에게 감사해야 하지 않느냐며 거만한 자세라는 것이었다. 같은 값을 지불하고도 손님 대접을 받을 것인가, 무엇 얻으러 간 듯한 나그네 대접을 받을 것인가 하는 건 소비자의 선택문제였다. 그러니 친절한 노인 부부가 운영하는 가게에 사람들이 몰렸고 나도 자연 그 집으로 가게 되었다.

어느 날 대형 마트가 들어섰고 거기엔 없는 게 없었다. 물건값도 좀 싼데다 보너스카드라는 걸 만들어서 누적 점수에 대한 보답도 잊지 않았다. 그러다 보니 얼마간 차를 타고 가는 불편을 감수하면서 곧잘 대형 마트로 향하게 되었다. 한때 회사 자체에서 운행하는 버스가 생겨 많은 사람들이 그리로 갔다.

대형 마트라는 데가 총판이나 도매업자, 소매업자의 중간 유통단계를 줄이고 제조공장에서 바로 물건을 갖고 와 판매하며 유통 단계를 줄인 이익금의 일부를 소비자에게 돌려주는 곳이다. 자연 소규모 가게들은 타격을 입게 되어 새로운 상술을 찾아내야 할 지경이었다. 우리 집 근처의 두 가게도 그 대형 마트로 인해 매상이 감소되었을 건 뻔했다. 그래도 나는 되도록 대형 마트보다 동네의 친절한 가게에 가려고 노력했다.

헌데 어느 날부턴가 늘 반갑게 인사해주던 친절한 가게 주인 아저씨의 얼굴이 무표정하게 변해 있었다. 때로는 몹시 화가 나 있기까지 했다. 얼마간은 그런 일을 생각할 겨를이 없어 지나쳤지만 왠지 그 집에 선뜻 들어가고 싶은 생각이 들지 않았다. 한두 번 대형 마트에 가서 물건을 사다보니 전처럼 노부부의 가게에 들르는 일도 줄었다.

간혹 그 가게에 들를라치면(대형 마트에 가지 않고 자기 가게에 와준 데 대해)무척 고마워하는 아주머니의 표정은 예전 그대로여서 괜찮았지만 아저씨가 보이면 영 떨떠름했다. 화난 얼굴로 물건 팔 생각을 하는 건 옳지 않다며 아저씨에게 따질 수도 없었다. 기회가 되면 사정을 알아보리라 생각하면서도 바쁜 일상에 머슬머슬한 사이로 지나친 게 제법 한참이었다.

이사 오기 얼마 전 아주머니가 보이기에 그 가게에 들렀다. 말할까 말까 망설이다가 저간에 궁금했던 아저씨 표정에 대해서 아주머니에게 조심스레 물었다. 아주머니는 무슨 긴한 말을 하려는 듯 아저씨에게 들리지 않을 만치 목소리를 낮추더니, 아저씨가 지난 해 뇌졸중을 앓았다며 그 바람에 이웃들이 모두 오해한다고 했다. 그제야 나도 오해가 풀렸다. 하지만 그처럼 반갑게 인사하던 아저씨가 손님만 보면 화를 내게 되다니 아주머니의 답답함이 어떠했을까 싶다.

그 뒤로 나는 아저씨가 어떤 표정을 짓고 있어도 개의치 않고 인사했다. 혹 아주머니와 내가 눈이 마주치기라도 하면 아저씨를 이해하고 있다는 공감대의 의미로 눈웃음을 나누곤 했다. 그 가게를 나와 잠시 후에 뒤돌아보니 아주머니가 여전히 웃고 서 있어 나도 다시 웃어주었다. 헌데 내가 골목을 돌아와서 내 모습이 안 보이게 되고 아직 다른 손님도 오지 않을 즈음 아주머니의 가슴속엔(주위에 아무도 없다는 생각에)어떤 설움이 되살아나지 않았을까.

(2001)

실수에 대한 미덕

어느 깊은 산골에 사는 한 사나이가 늘 모자를 쓰고 다녔다. 자신은 잘못이 많아서 하늘 보기를 피하며 살아간다 했다. 이십 년대 우리나라의 한 소설(염상섭의 「표본실의 청개구리」)속의 인물이 아니라 실제 이 시대에 그런 사람이 있다는 건 놀라운 일이다. 세상에 실수하지 않은 사람은 없을 것이다. 종류와 방법이 상황마다 다르므로 같은 실수를 반복하지 않는다 해도 실수는 쌓이게 된다. 헌데 그 사나이는 자기의 실수를 투명하게 비춰보며 날마다 뉘우치는 모양이었다.

사람들은 실수 때문에 웃기도 하고 화내기도 한다. 웃는 경우는 아무런 문제가 안 되지만 화가 날 때가 문제다. 남에게 피해를 주진 않지만 자기 행위가 마음에 들지 않기 때문이다. 조금 전에 어떤 사람과 만난 후 집에 와서 곰곰 생각해 보니 이 말도 실수한 것 같고 저 말도 실수한 것 같다. 상대가 나를 어떻게 생각했을까. 옹졸하거나 무지하다 하진 않았을까. 그런 생각들에 빠져 있는 동안 공연히 혼자 부끄러워지거나 덫에 걸린 것처럼 불쾌해져서 개운한 마음으로 다른 일을 진행시킬 수 없다.

얼마간 지난 후 지난번 그 상대를 만나

"그때 이러한 말을 한 건 제 실수였어요. 사실을 말하자면……."
이라고 밝히려 하는데

"뭘 말씀인가요?"
라고 상대가 반문한다면 혼자 후회했던 시간 때문에 다소 억울해지지만 한편 안도하기도 한다. 상대가 깊이 생각하지 않고 있었구나 싶어서이다. 알고 보면 내가 붙잡고 있은 건 아까의 만남이 아니라 만남이 끝난 직후 내 가슴에 내가 판단하여 그려놓은 모습들일 뿐이다. 아까의 부끄럼이나 불쾌감은 지금의 나와는 아무 상관없고 내일의 나와도 상관이 없다. 고백하려는 상대는 기억조차 못하니 더더욱 그러하다. 이런 정도의 실수는 일부 정직한 사람들에게서 나타나는 현상이다.

산에서 움막을 짓고 살아가는 그 사나이는 남이 기억하든 하지 않든 자기 스스로 자신을 용납할 수 있을 때까지 기다리는 건 아닐까. 그가 무슨 잘못을 했는지 나는 궁금하지 않다. 다만 그가 자기의 잘못을 인식하고 얼마간이라도 그렇게 살아낸다는 것이 특이할 따름이다.

잘못을 인정하지도 않으면서 반복하는 사람은 고의성이 있으므로 실수한 게 아니다. 너무 크게 자란, 「어린왕자」의 바오밥 나무가 그 별을 송두리째 파괴하듯이 버려둔 작은 실수가 막을 수 없는 지경에까지 이르게 될 것이다. 평생을 검소하게 수도한 성철 스님도 사람을 속여 지은 죄가 많아 무간지옥에 떨어질 거라며 자신의 잘못을 깊이 뉘우치는 것으로 인생을 정리하고 세상을 떠났다.

경전에는 뉘우치는 순간 새사람이 된다고 가르치고 있다. 그런 점에서 신께 직접 드리는 기도나 카톨릭의 고백성사 의식은 의미가 있다. 자백하는 죄인과 잡히는 죄인의 죄과는 아주 다르다. 끝까지 뉘우치지 않고 부정직한 사람의 대열에 서 있는 이가 혹 있다면 그 스스로 잘 알 테니 모든 직책을 사양하고 부디 내려오기를 당부한다.

실수를 인정하는 일은 정직하고 용기 있는 자만이 할 수 있다. 인정했는가, 되풀이하지 않는가를 늘 고뇌하는 사람들이다. 만일 한 사람이 자기 실수를 인정했다면 그 정직함을 보아서라도 사람들은 그 문제를 다시 언급하지 말아야 한다. 독일인은 사죄하는 마음으로 유태인 학살 사건을 교과서에 실었고, 유태인들은 그 사건을 두 번 다시 입에 올리지 않았다 한다. 그런 점에서 우리 민족에게 잘못을 저지른 나라가 지금이라도 과오를 인정하고 보상 문제를 해결한다면 우리도 더는 입에 올리지 않을 정도의 미덕을 갖추고 있다. 국가간 역사에도 용서 못 받을 일이 없는데 하물며 사소한 문제들이야. 남이 알아주든 몰라주든 실수를 반복하지 않기로 다짐한 자신을 믿고 묵묵히 살아가는 이를 위해 주변 사람들은 다시는 거론하지 말고 침묵해줘야 한다. 이 성숙한 침묵은 자기 실수를 뉘우치는 행위만큼 고귀한 것이다. 아무리 조용조용한 목소리로 은밀히 말해도 누구를 뒷공론하는 일은 그 표정에서 벌써 나타나게 되어 있다. 여인을 업고 강을 건네준 큰스님을 비뚜로 곱새기던 사미승의 소심함으로서야 어느 한 영혼을 강 건네주랴.

"나는 벌써 내려놓았는데 너는 아직도 업고 있느냐?"

라고 한 큰스님의 경지를 알 리가 없다.

하늘 보기를 피하는 그 사나이는 무슨 개인적인 실수를 스스로 용납하지 못하고 있는 걸까. 혹여 권력이나 부의 욕망으로 혼탁해진 사회를 그대로 둘 수밖에 없는 자신이 미운 걸까. 그 사나이가 어떠한 잘못을 했는지는 중요하지 않다. 그 무슨 잘못이든지 간에 온갖 가공적인 혜택을 버리고 홀로 움막을 짓고 하늘 보기를 두려워하며 홀로 살아가는 한 사나이의 모습이 더없이 아름답게 느껴질 따름이다.

(2001)

너그러운 명령

우주를 다스리는 왕과 술꾼, 가로등 켜는 사람 등을 별들에 이주시켜 우주를 동화의 나라로 만든 생떽쥐베리 선생을 만난 건 행복한 일이다. 외로워질 때나 내 마음에 바오밥 나무가 자랄 것 같을 때나, 누군가 사귀게 될 때도(하루 이틀 길들여지는 의미를 알게 해준)그를 생각한다. 헌데 인간은 사회적 동물이라 더불어 살아야 되는데 나는 사람들로부터 나를 소외시켜온 까닭에 그만 외로워졌다. 그러다 어린 왕자가 만난 어떤 왕에게서 친구들을 사귀는 방법을 찾게 되었다.

우주를 다스린다고 믿는 이 왕은 어린 왕자가 이것저것 간청하면 하나도 거절하지 않고 왕자가 할 수 있도록 명령을 내린다. 어린 왕자는 왕에게, 해가 지는 광경을 보고 싶으니 해에게 어서 넘어가라고 명령 좀 해달라고 간청한다. 그러나 왕은, 저녁 7시 40분에(해가 넘어갈 마침맞은 시각에) 명령을 내려 주겠다고 한다. 이게 내가 찾아낸 해답이다. 왕은 상대가 할 수 있는 명령만 내려서 모두 그에게 복종하게 만들었으므로.

순수한 성정을 잃어버리고 권력에 눈먼, 지배하려는 어른들을 꼬집기도 하지만 내가 보는 왕의 태도는 그게 아니다. 우선 하는 일이 잘 안 되어 거의 절망 상태에 이르렀을 때 각자 자신에게, 조금 더 기다리기를 명령하노라, 라고 해보는 것이다. 왕처럼 상대의 기준에 맞추어 기대하면 어떨까. 가끔 남편이나 아이들에게 그들 능력에 버거운 기대(명령)를 하다가도 그것이 이루어지지 않으면 공연히 마음을 상한다. 헌데 이 방법을 쓴다면 거의 해결될 것 같다.

남편의 귀가가 늦어질 경우, 아내들은 남편에게 기품 있게 명령을 내리는 것이다. 물론 이것은 남편이 눈치채지 못하게 해야 한다. 남편이 초인종을 누를 때, 그대의 늦은 귀가를 허락하오, 라고 속으로 먼저 명령한 다음 문을 열어주는 것이다. 가뜩이나 늦어서 미안해 있던 남편은 아내가 웃고 있으니 무슨 좋은 일이 있는가 싶어 의아해질 것이다.

아이들 행동에도 일일이 간섭할 까닭이 없다. 아침에 일어나는 소리가 들리면 속으로, 나는 네가 지금 일어나는 것을 명령하노라, 라고 하는 것이다. 시험 때가 다 됐는데도 그다지 열심히 공부하지 않는다면, 잠시 휴식할 것을 명령하노라, 라고 해보는 것이다. 아이들이 우리의 명령을 고분고분 수행하는 것을 보면 역시 즐거울 것이다.

몇 년 이래로 주택가 골목에 야채 장수나 생선 장수가 자주 큰 소리를 외치며 지나다닌다. 조용히 독서한다거나 무언가 생각하고 있을 때 그 소리가 방해가 되었지만 그들을 어떻게 원망하겠는가. 이제 명령을 내려본다. 그대들이 골목을 지나가면서 물건 판매할 것을 허락하오, 라고.

명령을 내리는 사람은 엄격하면서도 포용력 있는 사람이어야 한다. 군대나 무슨 단체에서 내리는 명령은 단호하고 엄할 것이나 그런 데라도 역시 부하나 아랫사람이 할 수 있는 명령을 내린다면 능력 있는 상관이 될 것이다. 휴머니스트이기를 원하는 나로서는 명령하는 사람은 명령받는 사람이 지킬 수 있도록 적시에 명령을 내리기를 부탁한다.

만일 이처럼 너그럽게 매사를 처리한다면 서로 불만에 쌓일 까닭이 없을 것 같다. 개인마다 능력이 다르고 나름대로 삶의 방식이 다르다. 그런 사람들에게 그들이 할 수 없는 명령을 내린다면 십중팔구는 거기에 따르지 못해서 함께 괴로워질 것이다.

그 동안 나는 여러 사람들과 교제했으나 시나브로 멀어진 사람들이 있다. 이름을 일일이 다 밝힐 수 없을 정도로 많다. 생각해보니 내가 그들에게 불가능한 기대를 하지 않았나 싶다. 겉으로 전혀 드러나진 않았겠지만 아마도 예민한 감정이 서로에게 있었음에 틀림없다. 다소 소극적인 방법이긴 하지만 그들에게 부탁(사실은 이 글에서의 내가 말하는 명령은 모두 부탁이다)할 단계에 이르렀다.

멀어져간 친구들이여. 그대들이 내게 화해를 청하고 싶으면 당장 오시오. 단, 오고 싶지 않으면 오고 싶을 때 오시오! 라고. 만약 저들이 안 올 경우엔 나 자신에게 서운해하지 말기를 명령할 수 밖에 없다.

(2000)

4

가버린 세월

세상에 태어나 부모 얼굴을 모르는 것처럼 안타까운 일이 있을까. 모든 자식들은 부모의 손을 잡아보고 사랑 그득한 눈길을 받으며 자라야 한다. 유복자로 태어난 김만중 선생은 아버지 얼굴을 모르는 게 평생 가장 슬픈 일이라 했다. 그는 홀로 계시는 모친을 위해 '구운몽'을 지어 바쳤다. 자기의 슬픈 감정에만 머무르지 않고 어머니의 슬픔까지 배려한 선생의 깊은 마음이 전해 오는 것 같다.

내 오빠는 일곱 살 때 나의 엄마를 만났다. 미운 일곱 살이었지만 엄마는 오빠를 업고 재우기도 하고 놀다가 꾀죄죄해서 들어오면 손발을 씻어주기도 했을 게다. 몸이 아파 열이 나면 머리에 물수건을 적셔 얹어주기도 했고, 늦잠 잔 날 아침엔 대야에 물을 떠와 목에 수건을 둘리고는 얼른 씻겨 학교에 보내기도 했으리라.

한번은 오빠가 큰애들과 다투었을 때 엄마가 가서 그 애들을 조금 혼내주고(왜냐면 엄마는 누구를 심하게 야단치는 일을 하지 못했으므로)오빠를 업고 왔다 하셨다. 날마다 사소한 일들이 엄마와 오빠에게 일어났으며 미운 정 고운 정이 쌓여갔다.

오빠는 엄마의 친정에 따라 가는 걸 좋아했다. 거기엔 나무가 아주 많았고 복숭아와 포도 과수원이 있어서 과일을 실컷 먹을 수 있었다. 그보다는 또래의 외사촌들이 많아서 함께 어울려 놀기에 더 즐거웠고 너그러우신 외숙부 내외가 오빠에게 잘 대해주신 점도 흡

족했으리라.

헌데 오빠가 5학년 학기 중에 부산으로 전학을 했다. 그래서 엄마와 자주 만나지 못하는 날들이 그만 서먹서먹하게 흘러가 버렸다. 오빠는 도시에서 사춘기를 맞았고 어쩌다 자신의 환경을 알고 조금씩 우울해져 갔을 게다. 요즘같이 열린 세상에서는 터놓고 서로 고마워했겠지만, 사회 풍토가 아직 닫혀있던 그 시대에 오빠는 그지없이 우울한 상황으로 받아들였을 게다.

교복을 입은 잘생긴 오빠가 주말에 고향에 오면 우리는 참 든든하고 흐뭇했다. 오빠는 낚싯대를 메고 곧잘 집 뒤 낙동강에 갔는데 울림이 있는 근사한 목소리로 명곡 같은 걸 불렀다. 그 즈음 초등학생인 우리는 하얀 바닥에 빨간 글씨로 '애림녹화'라든가 '방공방첩' 같은 글귀가 씌어진 작은 기를 늘 명찰 아래 붙여 다녔다. 라디오에서 자주 들은 노래 '낙동강 굽이치는 태백산줄기……혁명으로 뭉쳐보세'를 내가 부르면 오빠는 그저 싱긋이 웃었다. 시간이 나면 오빠는 간혹 소를 몰고 둑으로 가며 「낙동강」 노래를 부르곤 했는데 그 정겨운 모습이 내 기억에 아슴푸레 남아 있다.

오빠가 다시 버스를 타고 도시로 갈라치면 엄마는 늘 아버지 눈치를 보며(용돈을 넉넉히 주실 리 없는 아버지께)오빠 용돈을 좀더 주시라고 간청하셨다. 아버지는 마지못해 얼마를 더 주셨는데 용돈 문제에서 항상 오빠를 생각해주는 엄마가 내 맘에 들었다.

나는 오빠가 여덟 살 때 오빠의 동생으로 왔다. 두 해 뒤에 내 자매가 오빠와 나의 동생으로 왔다. 오빠는 우리 자매를 싫어하지 않았다. 어쩌면 새로 만난 동생들이 좀 서먹서먹할 수도 있었으리라. 정지용 시인은 자기의 누이동생을 '전설 바다에 춤추는 밤 물결 같은 검은 귀밑머리 날리는 어린 누이'로 표현했다. 그 누이는, 짚베개를 돌아 고이시는 늙은 아버지의 어린 딸로서 시인의 이복 누이였다. 시인은 그 어린 누이를 무척 사랑했다고 한다.

내가 아주 어릴 적에 함께 놀던 친구들이 내게 와서

"도시에 사는 너의 오빠 친오빠 맞나?"

하고 물어왔다. 나는 몇 번이나 고개를 갸웃거리다가 그 질문이 엄마를 얼마나 쓸쓸하게 해드릴지 생각지도 않고 엄마에게 물어보았다. 엄마는

"맞다."

라고 하셨다. 다음에 그 친구를 만나 자신 있게 그 말을 했더니 친구는 내 말을 믿어주었다. 나는 사춘기에 이를 때까지 간간이 그 친구의 질문을 생각하곤 했다.

오빠가 집안에 대해 눈치챘을 때가 사춘기 무렵이듯이 나 역시 그 무렵에 우리 집안 상황을 짐작했다. 엄마의 웃는 얼굴을 좋아했던 나는 어린 마음에도, 엄마의 마음에 상처가 있겠구나 생각했고, 엄마가 저렇게 멋진 오빠를 길러만 주는 사이라는 게 우울했다. 난 부모님 얼굴을 다 아니까 오빠보다 나았다. 오빠가 인식한 상실감이 누가 잘 대해주는 것으로 메울 수는 없었겠지만 오빠에게 잘 대해주고 싶었다. 오빠 역시 조용한 미소로 우리 자매를 바라보았다. 자기의 외로움만 아니라 어린 누이의 사랑을 헤아렸던 시인과 같이, 젊은 날의 우리 오빠도 철없는 누이들의 외로움을 조용히 헤아렸을 것이다.

공부 잘해준 오빠를 자랑스러워하시며 누가 서운한 말을 해도 그럴 아들이 아니라는 믿음을 엄마는 오래오래 간직하셨다. 돌아가신지 한참 됐건만 그 믿음의 끈이 우리 남매를 묶어준다.

몇 년 전 오빠는 외삼촌 기제사에 참석하여 외사촌 남매들과 만났다. 세월은 가버리고 없지만 그리운 날의 추억들이 머리가 희끗희끗한 오빠의 발길을 왠지 그리로 이끌지 않았겠으랴. 고백하건대

어린 내 마음에도 남몰래 쓸쓸한 골 하나 패여 있었다. 이제 그 골을 편편히 메우고자 한다.

(2001)

가끔은 엉뚱한 방향으로 가는 역사

상해로 가는 중국 민항기가 점점 빠른 속도를 내더니 아주 부드럽고 가뿐한 느낌으로 공중에 떴다. 구름 층이 마치 눈밭처럼 하얗게 깔려 있었다. 가도가도 눈밭이었다. 나는 뒷좌석 29번 자리에 앉았는데 엔진 소리가 무척 요란했다. 그 소리를 좀 덜 느끼려고 밖을 내다보니 생떽쥐베리 선생이 비행했을 장면이 떠올랐다. 지구 외에도 수없이 많은 별들이 그에 의해 역동적인 움직임을 얻게 되지 않았는가. 저 넓은 우주로 나간다면 어린 왕자가 만난 사람들이 사는 별들에 닿을 것 같았다. 마지막으로 지구별을 내려다보자 지구에서 일어나는 일들이 사소하게 여겨지기 시작했고 동시에 내가 너그러운 사람이 된 것 같았다. 나중에 땅에 내려와서도 그 마음을 실천하리라 다짐하는 사이에 구름밭이 사라지고 집들이 점점 크게 보이기 시작했다.

우리가 상해 홍교(홍차오) 공항에 도착했을 때 조선족 안씨라는 사람이 나와서 우리를 포동(푸동)에 있는 통무(통마오) 호텔까지 데려다주었다. 거기 짐을 푼 뒤, 우리는 그와 동행하여 시내로 나갔다. 먼저 옛 임시정부로 가려 하다가 지리적인 조건 때문에 루신 공원(옛 홍구 공원)으로 갔다. 우리 나라를 위해 희생한 윤봉길 의사의 비를 찾아보기 위해서였다. 몇몇 중국 사람들이 윤 의사의 비 앞에 서서 무언가 밝은 표정으로 이야기하고 있었다. 내가 그들에게 다가가 간단한 중국어로 한국인이라 말하고는 윤 의사의 비를 가리켰다. 그러자 그들은 윤 의사에 대해 익히 알고 있는 듯(남의 나라에 있는 자기 조국의 애국자에게 경건함을 가질 수 있도록)얼른 자리를 비켜주었다. 나는 가까이 다가가 비석을 만져보았다.

테러가 정당한가, 테러의 범위는 어디까지인가, 하는 문제가 21세기 하반기 이래로 최대 관심사일진대 남의 나라를 빼앗은 일본의 과거사는 어디에 포함시켜 해석해야 하는가. 나라 찾기 위한 우리의 젊은 의사들은 정당했다, 라는 생각을 해보았다. 당시 이십대 초반의 청년이었던 윤봉길 의사의 민족애에 콧등이 찡해왔다.

윤 의사의 비를 지나 공원 안으로 들어가는데 많은 사람들이 중국의 태극권을 하거나 춤을 추었다. 한 노인이 대야에 물을 담아 붓으로 찍어 콘크리트 바닥에 글자를 쓰기에 뭘 쓰냐고 물으니 중국인의 성을 생각나는 대로 써본다고 했다. 춤을 추거나 글을 쓰거나 누구 하나 이상한 시선으로 흘깃거리며 지나가는 이가 없었다. 비록 공산사회라 하나 넓은 땅에 사는 사람의 넉넉한 품성이 아닌가 싶었다. 땅이 좁아서인지 남을 지나치게 의식하는 우리의 체면문화는(전적으로 부정적인 건 아니지만)여가를 자유분방하게 즐기는 중국인들에 반해 다소 부질없는 정서 같기도 했다.

안으로 들어가니 루신 동상이 있었다. 중국 근대사에서 참으로 의로운 인물 중에 한 사람이 노신(루쉰) 선생이다. 한 손에 펜을, 한 손에 무기를 들고 조국을 위해 최후까지 투쟁함으로써 근대 중국에서 가장 존경받는 인물이 되었다. 우리 나라에도 어쩌면 노신 선생보다 더 위대한 작가요 애국자인 사람들이 나올 수 있었는데, 하는 생각이 들었다. 우리는 자주 어떤 인물들을 단죄하려 하지만 과연 그들을 평가할 만큼 지금 우리가 정직하고 투명하게 살고 있는지 먼저 짚어볼 일이다.

그날 저녁 우리를 초청한 남편의 친구가 호텔로 찾아와서 시내 큰 식당에 우리를 데려갔다. 음식들 가짓수가 많아 나는 그것들을 감당해낼 수가 없었다. 아직 다 먹지도 않았는데 들고 가버리고 또 다음 게 나왔다. 좀더 먹으려 하면 더 맛있는 게 나오니 맛만 보라며 먹기를 말렸다. 바닷가재는 몸이 쟁반 위에 칼질되어 나와 있는데도 다리를 움지럭거렸다. 잘려진 다리 하나마다 꿈틀거리는 생낙지 종류를 먹지 못하는 나는 가재 살에 선뜻 손이 가지 않았다. 신선해서 그렇다며 하도 먹어보라기에 내키진 않았지만 한 점 집어 입에 넣었으나, 자기 속이 없어진 것도 모르고 꿈틀대는 생명체가 이해되지 않아 영 넘어가지 않았다. 생존을 위한 원시적 생명에의 집착이라 상상하며 그 순간을 넘기려 해보아도 역시 잘 되지 않았다. 가재 살이 아주 부드러웠다는 기억만 있다.

식사비가 얼마나 될지 걱정이 되어 이제 그만 주문하라고 했으나 초청자는 계속 무언가를 주문했다. 고백하건대 남편이나 나는 미식가도 아니고 맛있는 음식을 찾아 이름난 곳으로 다니지도 않는다. 아주 소박한 식사 습관을 갖고 있기에 그것 하나만은 축복 받았다고 생각해왔다. 그러니 식사를 대접해준 이에게 정말 고맙다는 생각보다 낭비하게 한 것 같아 미안한 마음만 들었다. 그건 대접하는 사람의 정성을 음식으로 측량하지 못하는 내 순박한 입맛 탓이었다.

그날 우리가 미안해하며 뭘 좀 지불하려 하자 남편 친구가 초대한 의미가 없어진다며 극구 말렸다. 우리를 초대한 그 사람은 한때 문학청년이었으나 한 가정의 가장으로서 삶에 부닥치다보니 문학의 꿈을 펼칠 수 없었다 했다. 그러던 차에 내가 소설에 당선된 게 너무 기뻐서 초청했다는 것이다. 그는 오래 전 내가 수필에 당선되었을 때도 진심으로 축하해주며 소설을 써 보라고 격려해주었다. 나는 지금도 많이 쓰지는 못하나 이 요란한(?) 작업의 고됨을 알아주는 이도 있구나 싶어 고마운 생각이 들었다.

다음날 옛 임시정부청사로 갔다. 『일제시대』에서 읽었던 내용들이 떠올랐다. 전면후면에서 알게 모르게 독립운동을 했던 사람들이 있어 우리나라는 살아 남았다. 임시정부 바깥 청사는 약간 낯이 익었다. 영화 장면에서 더러 보아오던 바로 그 목조건물이었다. 우리나라의 애국 청년들이 경찰들의 감시를 피해 골목에서 눈을 번뜩이며 숨어 다녔을 모습을 상상하니 그 주변 길들이 낯설지 않게 느껴졌다.

엄숙한 마음으로 옛 임시정부청사 내부로 들어갔다. 국가의 업무를 총괄했을 집무실 내부가 실로 초라했다. 우리 뜻과는 상관없이 흘러간 엉뚱한 역사가 좁은 주방의 밥솥과 책상, 온 벽들에 잠들어 있는 듯했다. 그처럼 열악한 실내 환경에서 정부라는 이름을 걸고 일을 했다니 더욱 숙연해졌다. 정부 차원에서 관리하고 민간 차원에서 후원하여 좀더 깨끗이 보존해야 될 것 같았다. 기념품 파는 데서 붓 몇 자루를 사고 남편 이름으로 적으나마 약간의 기부를 했다

거기서 나와 근처에 있는 옥불사에 갔다. 옥으로 정교하게 만든 큰 불상이 어찌나 화려한지 쳐다보는 것만으로도 눈이 부셨다. 얼마나 정성 깊은 불심이 들어있을까. 부처의 자비를 기다려서인지 옥불사 앞에는 걸인들이 많았다. 그 엄청난 땅을 갖고 있으면서도 중국 인민들이 굶주리는 이유는 무엇인가. 이발사들이 거리 곳곳에 있었건마는 일부 중국 사람들의 두발은 덩덕새머리였고 옷차림도 깨끗하지 않았다. 거리마저 띄엄띄엄한 불빛만 희미하여 어쩐지 어둑한 분위기였다. 헌데 특이하게도 몇몇 고층 빌딩에는 밤새도록 휘황한 불빛이 반짝였다. 자유 경제 체제로 가고 있는 중이라고 안내자가 말했다.

저녁에 조선족이 운영하는 식당에 갔는데 그들이 남편 친구를

귀빈으로 대접하는 바람에 우리까지 그런 대접을 받았다. 남편 친구는 거기 모인 사람들에게 나를 근사하게 소개해서 조금 겸연쩍었다. 양고기 꼬지 구이에다가 술을 곁들여 모두들 맛있게 먹었다. 사람들이 양고기를 계속 구워 남편과 내게 권해주었는데 양고기는 다른 고기와 달리 특유의 맛이 있었다.

조선족들은 한국 사람을 아주 반가워했다. 마치 한국에서 온 사람들과 사귀기만 해도 그들에게 더 나은 일이 일어날 줄로 기대하는 모양이었다. 실제 남편 친구는 그의 사업체에 조선족들을 많이 채용하고 있었다. 그들이 받는 월급은 중국에선 괜찮은 편인데 대부분의 조선족들은 힘들게 산다고 했다.

저들의 조상들은 조국을 버린 게 아니었다. 먹고살려고, 또 일제 탄압을 피해 잠시 조국을 떠났던 게다. 고향을 그리워하며 얼마나 서럽게 살다 갔을까. 그들의 후예들이 어른이 되도록 조국이 둘로 나뉘어져 있으니 바른 방향인지도 모른 채 세월은 흘러만 간다. 아무런 도움도 주지 못하는 자기 조국 사람을 성의껏 대하게 된 오늘날의 조선족 모습이 안타까웠다.

다음날은 명나라 관리의 정원인 '예원'을 찾았다. 근 사백오십여 년 역사를 가진 정원으로서 어머니에게 효도하기 위하여 지었다 한다. 연못의 돌과 창문 살이 섬세했고, 손님을 위하여 경연을 했다는 무대도 꽤 넓었다. 개인 정원이라기보다 마치 궁전의 한 뜰 같이 아름답게 꾸며져 있었다. 파란 눈을 한 서양인들이 곳곳에서 사진을 찍고 있었다.

거기서 나와 상해 시내로 흐르는 황포강으로 갔다. 중국으로서야 자랑스럽지 않은 역사이겠지만 유서 깊은 옛 유럽식 건물들이 강변에 즐비해 있어 퍽 운치가 있었다. 강가에 많은 외국인들이 서서 사진을 찍고 있었다. 강을 건너 아시아에서 세 번째 높다는 동방명

주에 갔다. 전파 탑인데 그 내부 전망대에 올라가니 상해 시내가 한눈에 내려다보였다. 우리나라의 63빌딩처럼 많은 사람들이 전망대를 찾는다 했다.

다음 날은 안내자 없이 좀 편하게 다니기로 했다. 우리는 걸어서 상해 시내의 남편의 다른 친구가 근무하는 사무실에 갔다. 그 사람은 건축 자재에 필요한 우리나라 물건들을 갖고 와 중국인들에게 판매했다. 아직은 힘들겠지만 잘 될 것 같아 보였다. 그 사람과 함께 점심 식사를 했는데 웨이터가 꼭지 긴 주전자를 들고 와서 계속 차를 부어주었다. 그처럼 긴 주전자 꼭지로 물을 붓기가 얼마나 불편할까 싶었는데 물 한 방울 쏟지 않고 작은 잔에 잘 부었다.

오후에 백화점에 갔다. 우리나라 제품들이 백화점 내부 진열대를 턱하니 차지한 걸로 보아 꽤 인기를 끄는 모양이었다. 우리나라처럼 세련되게 진열되진 않았지만 그래도 자본주의 문화가 이처럼 빨리 들어오다니 싶어 놀라웠다. 백화점 근처 한 가게에 들어가 중국제 긴 머플러를 샀는데 상인들은 한국인의 에누리 문화를 알고 있는 듯 처음엔 아주 비싸게 부르는 것 같았다. 값을 조금 깎으려하니 손해라며 엄살을 부리다 못이기는 척 팔았다. 돈을 지불할 때 자기들은 일본인 관광객보다는 한국인을 더 반갑게 대한다며 묻지도 않은 말을 했다. 하긴 그들로서도 그런 감정은 당연한 것이리라. 물건을 판 데 대한 달뜬 기분 탓이기도 했을 테고.

거리로 나오니 번화한 도로 한복판인데도 도로의 교통질서가 어수선했다. 사람들이 아예 차를 보지 않고 길을 건너기 때문에 택시들이 알아서 피해 다녔다. 차들이 속력 내는 일은 상상할 수 없고 '만만디'라는 말이 실감날 만치 천천히 운전해 다녔다.

다음날엔 남편 친구가 장강 구경을 가보라며 조선족 안씨 편에 택시를 대절해 보냈다. 운전기사가 바로 저기라고 해서 가보니 택시로 세 시간 반을 달렸다. 가도가도 비슷한 가로수와 집들이 있는 넓은 평야뿐이었다. 펄벅 여사의 눈에 비친 대지는 얼마나 넓었던가. 그녀는 가뭄 들어 대책 없었을 평야를 보았던 게다. 정말 가뭄이라도 든다면 너무 넓은 들판에 손을 쓸 수 없으리라. 어디에도 산이 보이지 않았다. 꼬불꼬불 산길 많은 우리나라에서는 도무지 볼 수 없는 광활한 들판이었다.

지루한 들판을 지나 장강 근처 어떤 조선족 식당에 내려 우선 점심을 먹기로 했다. 헌데 식당 화장실이 특이했다. 돌아앉아 있기는 했으나 문도 없고 발 받침대로 나뭇가지 두 개만 얹어놓았다. 내가 어렸을 적 시골 고향에서조차 본 적 없는 화장실이었다. 중국의 시골에는 그런 광경이 예사라 했다.

네 명이 앉아 식사를 주문해놓고 잠시 기다리고 있는데 운전기사가 원탁 맞은편에 앉아 있는 남편 앞으로 또 안내자 안씨 앞으로(딴은 외국인을 대접하려는 친절한 의도에서)담배 한 개비씩을 휙 던졌다. 놀라는 나를 보고 안내자가 중국에서는 어떤 윗사람에게라도 담배만큼은 휙 던진다고 말해 주었다. 아주 공손한 자세로 허리까지 약간 굽혀서, 어찌 보면 조금 아첨하는 것 같이 담배를 권하거나 불까지 붙여주는 우리나라의 담배 문화와는 사뭇 달랐다. 한 개비를 더 꺼내 내게도 던지려고 하기에 내가 손을 내저었더니 의외라는 듯한 표정을 지었다.

식사를 마치고 우리는 강으로 갔다. 그곳에 마침 한국 기업이 진출해 있어 강이 내다보이는 사무실에 들어갔다. 거기서 차 대접을 받고 함께 강으로 갔다. 강은 아주 길고 폭도 넓었다. 강의 물빛이 점점 짙어오고 있었는데 어둑한 구름 그림자였다. 아마 비가 내릴 모양이었다. 강바람이 세어 오래 있지 못하고 그곳을 나왔다.

돌아오는 길이 차츰 어둑어둑해졌다. 길가 집들에 낮은 촉수의 전등불빛이 새어나왔다. 음습하고 어둑한 실내에는 무뚝뚝한 중국인들이 있을 것만 같았다. 전족을 하여 발이 작을 중국 여인이 입을 꾹 다문 남편에게 저녁 식사 후 과일 하나를 내와서는 역시 입을 꼭 다물고 깎고 있을까. 아니면 묵묵히 바느질 같은 걸 할까. 겨울 밤길은 심심하고 지루했다. 주유소도 축제장같이 환한 우리와는 달리 불빛만 희미했다. 남편 친구는 우리가 돌아올 때까지 저녁 식사도 하지 않고 중국인 식당에서 기다리고 있었다. 그는 운전기사한테도 식사를 대접해 보냈다.

다음날부터는 비가 와서 우리는 다른 곳을 여행하지 못했다. 저녁엔 작별의 식사 시간을 가졌다. 남편 친구는 중국이 아직 산업화하지 않아 그다지 오염되지 않았으나 경제가 성장의 급류를 탈 거라고 점쳤다. 다음 날 공항에 따라 나온 남편 친구는 내게 좋은 글을 쓰기 바란다고 했다. 덕분에 여행하게 되어 감사하다고 답례하고 우리는 돌아왔다.

돌아오는 길에 그 여행에서 오래 기억에 남을 장소를 하나 짚어보기로 했다. 나는 약간 애국심이 있는 사람이니까, 역시 애국지사들의 정신이 깃들여 있던 옛 임시정부로 결정했다. 한때 엉뚱하게 흘러가 버린 역사의 임시정부청사를 우리나라로 옮겨온다면 역사를 되찾아오는 듯 상징적일 것 같다. 행여 애국심 깊은 어느 재산가가 그 일을 해준다면 정말 감사할 일이다. 어쩌면 모두가 잊어버리고 싶은 역사일지도 모르는데 싶어서 두어 번 고개를 저었다. 비행기는 그 사이 구름밭 아래로 내려오고 있었다.

(2001)

비교하는 괴로움

사람들은 곧잘 어떤 저울이나 잣대를 들고 자신의 우월감을 재거나 달아보려 한다. 남과의 비교에서 얻은 우월감으로 우리는 얼마만큼 지속적인 기쁨을 느낄까.

사람들은 비교당해서 우울하기도 하지만 자신 역시 저울이나 잣대를 주변 어디에나 갖다 대어보고는 기분이 좋다 나쁘다를 진단하기도 한다. 자기보다 못한 사람과, 혹은 자기보다 나은 사람과 비교할 때 그 감정의 차이는 실로 크다. 그러한 느낌은 상대에 따라 시시각각 다르게 나타나서 도무지 신뢰할 수가 없다. 그럼에도 비교하는 일은 바쁜 일상 중 하나다.

차를 운전하고 가다 보면 길가에 멈춘 승용차 운전자가 경찰에게 면허증을 내미는 광경을 볼 수 있다. 운전자가 무슨 위반을 했나본데 초보자일까, 몇만 원을 지출하겠군, 이라고 생각하고는 아무 상관도 없는 우리 자신과 비교하며 괜스레 기분이 좋아지곤 한다. 경찰에게 잡히지 않은 운전자들은 계산상으로 몇 만원을 번 셈이다. 게다가 마치 노련한 운전자가 된 것 같아서 남의 안 좋은 사건을 통해 일시적인 기쁨을 얻기도 할 것이다.

헌데 잠시 후에 문득 반드시 그런 것만은 아니라는 생각이 든다. 경찰에게 잡힌 차는 한 대 뿐이고 대부분의 차들은 도로 위를 아무 일없이 달리고 있지 않은가. 잡힌 한 사람을 제외하고는 모두 노련한 운전자들이다. 한 사람이 특별한 경우이지 대다수가 느끼고 있는 일상은 보편적인 허상의 기쁨일 따름이다. 혼자 좋아할 일이 아님에 조금 전의 기쁜 감정이 원상태로 되돌아가고 만다.

옛 현자들은 자기보다 못한 사람과 비교하라고 설파했다. 자기보다 못한 사람이라 할지라도 비교를 통한 방법은 최선책은 아닐 것 같다. 나보다 못한 사람들로 인해 한때 위로는 되겠지만 나보다 나은 사람을 만나게 되면 그 방법을 통한 기쁨은 순식간에 사라져버린다. 사람들이 시련을 겪는 동안 하게 되는 상대적 비교에서의 체감 불행 지수는 결코 적지 않다. 그러니 위로만 보지 말고 눈을 낮추라는 말에서 행복을 찾는 것도 옳기만 한 건 아니다. 비교를 하지 않고 기쁨을 느낄 순 없을까.

많은 사람들이 세상 이치를, 또는 자기의 존재를 깨달으려 산으로 들어가곤 했지만 그게 아무에게나 해당할까. 산으로 들어가지 않고도 우선 비교에서 벗어나 보고 싶었다. 사람들은 종교나 예술, 또는 운동 등을 통해서 건강한 몸과 정신 상태를 유지한다. 나 역시 나름대로 여러 가지 방안을 강구했다. 종교서적을 읽는다거나 성현들의 가르침이 담긴 책을 보면서 나를 다스리려고 노력했다. 체념과 달관, 무감각으로 넘기기도 하고 공허한 웃음을 지어보기도 했다.

마흔 넘어 살아오는 동안 다른 사람들처럼 애탄가탄 노력도 했으나 엉뚱한 사건으로 나는 경제적 시련을 겪었다. 당시엔 억울하다는 생각이 들었다. 이룬 것도 없는데 있던 것마저 앗겼고, 모두들 빨리도 걸어가는데 나만 처져버린 셈이었다. 돌아보면 아무도 쫓아오지 않는데 자꾸 초조해지는 혼란이 한동안 반복되었다. 문득 오래 전에 본 적 있는 자유로움을 다시 찾는다면 초조에서 벗어날 것 같았다.

근 십 년 전 우연히 돎의 증세를 겪게 되었다. 나는 가만있는데 천지가 빙빙 돌아갔다. 방이며 창문이며 베란다며 모든 게 급히 회전하고 있었다. 나는 물체들과 반대방향으로 돌면서 온통 뒤흔들렸고, 그 빠른 회전을 미처 인식하지 못해 구토증세를 느꼈다. 꼼짝하지 않고 숨만 겨우 쉬며, 사랑한 모든 것들에서 떠나야 할지 모른다는 생각으로 병원에 갔다. 차례를 기다리는 동안 복도에 오가는 사람들이 그지없이 행복해 보였다. 바로 설 수만 있어도 행복인 것을 모르고 살아왔구나, 싶었다. 의사는, 세반고리관 염증이니 보름간 입원치료 하시오, 라고 말했다. 그 순간 한 줄기 빛이 스치는 걸 보았다. 일주일쯤 지나자 모든 회전추가 멎고 물체들이 균형 있게 서게 되어 나는 알 수 없는 자유를 느꼈다. 헌데 얼마간 지난 후 그 감정을 서서히 잃어버렸다.

지난날의 그 자유를 되살려낸 나는 억울함이나 분노에서 가끔씩 벗어나기도 하고 간간이 느긋함을 갖기도 했다. 바로 서기만 해도 될 존재에 무슨 사치한 것이 필요하랴. 어느 정도 시련을 겪은 이들이라면 이런 자유를 경험했으리라. 그것은 물질이나 명예 같은 게 아니라 우리 내면 깊은 곳에 감춰져 있으므로 찾기가 쉽지 않다 한다. 허나 꾸준히 찾으려 노력하면 평온함을 얻는 데까지 이를 것 같다.

자신이 깨달은 경지에 후세 사람들이 좀더 쉽게 도달하도록 지침을 세워준 성현들은 얼마나 평온했을까. 그리스도 예수는 마음이 가난한 자가 복이 있다 했다. 마음이 가득 차 있다는 것은 무거운 상태다. 이 가르침은 인간의 마음이 미움·질투·분노·교만 등 이루 헤아릴 수 없이 많은 마음들로 가득 차 있는데 그것을 다 비우라 한다. 마음이 가난하다는 건 마음들을 다 버려 비어 있는 상태이다. 비어 있음은 무게가 느껴지지 않는 자연과 일치 상태이다. 우리 몸도 어디 아픈 데가 있으면 그 아픈 데를 '있다'고 무게를 느끼지 않는가. 아프지 않다면 몸조차 있는지 없는지 존재를 느끼지 못한다. 빈 마음은(마음이 가난한 자는) 다시 평화로움으로 가득 차게 되는(복이 있나니) 게 아닐까.

사람에게는 고요한 본성이 있는데 누구나 본성을 볼 수 있다고 강조한 사상을 내가 접하게 된 건(물론 엄청난 이론을 펼친 성현들이 많이 있지만)라즈니쉬 선생에서였다. 구름 같기도, 바람 같기도, 또 지

푸라기 같기도 한 마음의 장난질을 걷어내면 본성의 실체가 나타나고 그 상태는 너무나 고요하다는 게다. 이것은 다이아몬드처럼 투명하고 견고하여 그 어떠한 상처도 나지 않으므로 누구나 이것을 발견하기만 하면 흔들림 없이 바로 설 수 있다 한다. 이 고요의 상태는 상대적인 잣대로서는 결코 알 수 없고 오직 절대적인 무이며 유의 상태로 도달해야 한다. 곽암 선사는 그것을 '소'에 비유했는데 본래 근본은 석가모니의 정석 가르침에 기인할 것이다. 마음을 장난질에 비유한 라즈니쉬 성자의 방법은 퍽 이해하기 쉬운 해석이다. 나는 아직 본성을 제대로 발견하진 못했지만 언뜻언뜻 엿보이는 고요한 어떤 것이 본성이 아닐까 싶다. 그건 한 마디로 뭐라 말할 수 없다. 절대적 위력으로 내면에 자리해 있고 너무도 느릿느릿 움직여서 동작이 보이지 않는다. 희미하게나마 엿본 이 고요를 시끌벅적한 대도시 한가운데 있을지라도 지속적으로 느낀다면 일체의 흔들림 없이 살아갈 수 있을 게다.

비교를 통한 괴로움 따위는 감히 근접할 수 없고 자신만의 절대적인 시각으로서 내면의 고요를 찾으려 하자, 그간 간단없이 비교해보았던 일들이 심히 멋쩍어졌다. 내가 벗어나려고 노력하지 않아도 비교를 하지 않게 된 이즈음 나는 적이 평온해지고 있다.

(1999)

무인도 여행

나의 선친은 철저한 근검절약으로 재산을 모으셨다. 내 동생이 아버지의 절약 정신을 좀 이어받았으나 허영심이 약간 있던 나는 가책을 느끼면서도 살림을 방만하게 운용해 왔다.

근 십 년 전 남편의 사업 부도와 빚 보증의 이중고가 닥쳤을 때, 나는 어떤 의문에서 놓여나지 못했다. 난 왜 절약하지 못하는가, 과연 그럴 수 없는 사람인가, 하는. 그건 나 자신이 얼마나 당당한 사람이며 미더운 사람인가 하는 문제와 관련되어 있어서 얼마 전 그 문제로 나를 시험해 보기로 했다. 만약 이 실험(절약하는 일)에 성공하지 못한다면 나는 허영을 못 버린 겁쟁이요 인내심마저 부족한 사람이라는 결론을 미리 내려놓았다.

실험 방법으로 무인도 여행을 계획했다. 이 여행은 대단한 재산가들에게는 해당되지 않는 일이다. 재산가들은 소비를 해서 사회 경제를 활성화해야 하므로 그들이 나의 무인도에 오는 것을 나는 진심으로 바라지 않는다. 또 근사한 배를 섬 주변에 대어놓고 잠시 쉬다가 그곳의 무공해 열매 따위를 따 갖고 갈 사람들이 와서도 안 되는 곳이다. 이 섬에 오려는 재산가는 그의 근사한 배를 아주 돌려보내든지 파손이 되어 정말 표류해 온 경우라야 한다. 그래야 무인도의 자유를 제대로 맛볼 수 있기 때문이다.

실제 지도상에 무인도를 찾기란 쉽지 않으며 갔다가 돌아오는 일은 거의 불가능하다. 로빈슨크루소처럼 타고 출발할 기회가 있어야 표류할 기회도 있지만 난 그런 기회를 갖지 못한다. 물에 대한 두려움이 있는 나로서는 배가 있다 해도 결코 타지 않을 테니까. 그러니 나는 무인도에 가본 적이 없다. 가보지 않았으니 오히려 상상하는 일이 용이하다. 지금부터 나를 실험하기 위해 무인도로 들어가 보기로 한다.

나의 무인도는 현인들이 추구했던, 플라톤 선생의 공화국이나 토마스모어 선생이 말한 유토피아, 허균 선생이 말한 율도국 같은 이상 사회는 아니다. 따라서 그곳들과 내 섬의 생태는 퍽 다르다. 그건 오직 나의 개인의 섬이다. 개인 섬이기 때문에 누구나 갈 수 있는 각자의 섬이기도 하다. 섬 이름은 무인도(無人島) 인데 달리 생각나는 이름도 없고 상상력을 주는 것 같은 이름이라서 그대로 사용한다. 여기서 '인'이란 반드시 사람을 가리키는 게 아니라 인위적이고 가공적인, 즉 사람이 만든 제도나 물건들이 죄다 포함되며 사람이 만든 법률도 여기에 들어간다. 그러니 법률로써 평등을 원하는 사람은 나의 섬에 오지 말기를 바란다. 법률이 고루 적용되는 평등 세상이 아니어서가 아니라 법률 같은 건 발 닿지 않은 곳이다. 법이란 아무리 근사해도 사람이 만든 것이고 그걸 만든 이들이 또한 차등 적용해 왔기 때문에 나의 섬에 법률이 들어오는 것을 사양한다. 자연 이곳에서 평등은 의미 없는 개념이 된다.

그곳엔 숲이 우거져 있고 사람이 살았던 흔적이 없는 자연 그대로의 공간이다. 거기서는 식사를 잘 하려 해도 대도시에서처럼 맛있는 음식이 없으니 생으로 먹어야 한다. 잘 입으려 해도 옷을 파는 곳이 없고 미장원도 없다. 좋은 집이나 가구도, 고급 차도 파는 데가 없다. 휴대폰을 갖고 있어도 육지와는 교신이 되지 않는 곳이다. 불편하다고 발버둥쳐도 소용없고 무슨 대책을 세울 수 없는 곳이다.

이 섬에서는 이미 가진 것으로 하루하루 살아가야 한다. 하늘의 해와 달과 별, 구름과 바람, 나무 따위를 벗삼아 살아가야 한다. 그 가운데서 어떤 이치를 변화시키는 방법을 사용한다. 이 변화는 상대적인 개념이 아닌 절대적 개념으로 풀어야 한다. 조촐한 약간의 먹을 것과 한 벌 입을 옷과 소박한 처소들이 선택의 대상이 아니라 절대적인 대상으로 변하기 때문이다. 여태까지 하찮던 것들이 갑자기 근사하게 변한다. 바로 그 순간 현실의 나의 소유를 거기다 대입해야 한다. 좀 낭만적인 방법이긴 하지만 실험과정에 포함되어 있어서 어쩔 수 없다. 나는 볼펜과 수성 펜, 종이와 책 따위를 꽤 많이 갖고 있다. 옷 가짓수는 아주 많고 소박한 집도 소형차도 컴퓨터도 좋은 것들이라서 내가 다 갖기엔 버거워진다. 나의 섬엔 나의 것들이 지나치게 많이 있어져버렸다. 자기 소유나 자기를 절대적으로 인지할 수 있는 이 시점에서 모두가 평등해진다.

실제 무인도에서 사는 것처럼 살다간 현자들은 많았다. 고대 그리스의 철학자 디오게네스 선생은 발달한 도시 한구석의 원통 속에 들어가 빈둥거리며 낮잠을 즐긴다. 그는 무엇하나 부러울 게 없다. 거리의 사람들은 사치스럽게 해 다닐지라도 그는 아무 것도 원하는 바가 없었다. 오직 햇빛만 가려지지 않는다면 부족할 게 없었으므로. 비움과 채움을 동시에 실현하여 자연과 가장 가까워진 절대적 존재 상태에 항시 도달해 있지 않았겠는가.

성철 스님 역시 무엇이나 가득 차 있는 현대의 풍요를 버리고 마치 아무 것도 없는 곳에 사는 것처럼 비움으로써 일의일반(一衣一飯)을 실천했다. 주위에 늘려 있는 근사한 것들을 차지하는 게 아니라 갖고 있는 것들마저 훌훌 내던져버리고 우주 순리의 충만 속에 살다 갔다. 좋은 것들에서 멀어짐으로써 좋은 것과 안 좋은 것이

하나로 보이게 되고 마침내 그 자신마저 자연의 일부가 되어버린 사람들의 경이로움을 우리가 어찌 알까. 그분들의 종교와 철학은 우리 생각의 범위 바깥에 있을 것이다. 그 외에도 각 종교마다 버림으로 채움을 실현한 이들의 삶을 되새겨 봄직하다.

나는 그저 기본 생활은 해야겠기에 소유한 것들을 죄다 버릴 수는 없어서 상상으로나마 그런 세계로 다가가는 것이다. 한번은 늦깎이 공부를 한답시고 또 글을 쓴답시고 아이들에게 소홀하게 음식을 만들어준 적이 있었다. 식탁을 내려다보는 아이들 표정이 약간 만족스럽지 못한 걸 보고

"얘들아, 무인도라고 생각해봐라. 이런 반찬이라면 마치 잔칫날 같지 않겠니."

라고 했다. 아이들이 웃으며 고개를 끄덕여 그날은 잘 넘겼다. 헌데 그 뒤에도 몇 번 그 방식을 사용하자 아이들이

"엄마, 우리는 자주 무인도에 오네요."

라고 말하는 게 아닌가. 좀 머쓱해지긴 했으나 아이들에게 인내심을 길러주기엔 손색없는 방법이라고 생각한다.

헌데 나의 무인도 여행에 누군가 반대 이론을 들고나올 수도 있다. 인간은 사회적 동물이라 상대적 개념을 버리긴 불가능하며 사람을 사귀면서 그 속에서 행복을 찾아야지, 라고 할지 모른다. 각계각층의 사람을 사귀어 놓으면 다 쓰일 데가 있다, 라고 말하는 사람들 말이다. 이런 일은 이 사람에게, 저런 일은 저 사람에게 도움을 청하면 문제를 수월히 처리할 수 있다는 게다.

하긴 어떤 모임에 가보면 알고 있는 사람들이 많아서 일일이 찾아다니며 인사를 건네는 데 꽤 시간을 보내는 사람들이 있다. 마치 정치인이라도 된 듯 한 사람도 빠뜨리지 않고 골고루 관심을 가져주겠다는 표정을 지으며 사람들 곁을 옮겨다닌다. 나로서는 그들을

가만히 보기만 해도 재미있다. 저 사람은 무슨 단체의 장에 출마하거나 정치판에 뛰어들 속셈이 있을지도 모르니까 봐주자, 라고 되뇌는 것이다. 인간의 사회성 면에서 많은 사람을 사귀는 건 옳은 일이다. 해서 사람들을 봐주긴 하지만 겸손을 가장한 그 스타 같은 표정 연출이 별로 부럽지는 않다. 나는 그 순간 무인도에 가 있기 때문이다.

실은 나는 많은 사람을 사귀지 않고도 그다지 허전함을 느끼지 못하고 있다. 종종 무인도에 있다 보니 한 사람을 만나도 얼마나 반가운지 그 기쁨은 이루 다 말할 수 없다. 한 친구를 소중히 여기면서 크게 생각하는 반면 비록 나와 연관 없는 사람일지라도 그들이 매우 소중하다는 생각엔 변함이 없다. 다만 상상력이 좀 있는 나로서는 조용한 가운데 있어도 상상하느라 아주 바빠서 이 방식을 유지할 따름이다.

무인도 여행으로 나를 실험한 결과, 어느 정도 인내하며 절약할 줄 알게 되어 허영에서 조금씩 벗어나고 있다. 실험은 성공적이었고 나는 이제 좋은 옷을 입지 않아도 부끄럽지 않고 소박한 음식을 먹어도 서운하지 않으며 그 외 어떤 화려한 것을 갖지 못해 괴롭지도 않다. 오히려 나 스스로 나를 아주 많이 소유한 사람, 최상의 것을 가진 사람으로 인식하게 되기 때문에 나의 무인도 여행은 곧잘 즐겁게 이루어진다. 허나 그것마저 욕심일지 모르니 이젠 나의 섬에 가서 현실을 대입하는 작업을 하지 않아도 절로 무인도 여행의 기쁨을 느끼도록

(2001)

언덕을 찾아

내가 도시를 처음 본 건 초등학교 5학년 겨울 방학 때였다. 방학을 맞아 동생의 담임 선생님(우리 고향 학교로 첫 발령을 받아 우리 집에서 오래 생활했다)댁이 있는 부산에 생전 처음 놀러오게 됐다. 종점으로 막 들어서는 밤 기차 안에서 잠 깨우는 소리에 눈을 뜬 나는 깜짝 놀랐다. 오색찬란한 별들이 땅에 떨어져 있었기 때문이었다. 전깃불이 들어오지 않아 깜깜하기만 했던 시골에서는 도저히 상상조차 할 수 없는 밤 풍경이었다. 얼른 내려 가까이 가보고 싶은 생각에 잠을 털고 창 밖을 내다보았다. 그 사이 별들은 다양한 글자들로 변해 빛을 내고 있었다. 그제야 나는 그것들이 땅에 떨어진 별들이 아니라 사회 시간에 배운 네온사인이라는 것을 알았다.

그로부터 내가 부산에 머문 열흘 동안에 본 도시는 요술나라 같았다. 선생님 집이 산 위쪽이어서 저녁만 되면 저 아래로 영롱한 글자들과 가로등 불들이 하늘의 별만큼이나 아름답게 내 눈에 담겨졌다. 영어를 미리 배우기도 하며 민애니, 권영섭 선생이 지은 순정만화나 명랑 만화를 실컷 빌려보거나 「홍길동」 같은 총천연색 만화영화를 보았는데 나중에 만화가나 영화관 주인이 되면 참 근사할 거라는 생각도 했다.

내가 중학교 진학을 하게 되어 부산으로 떠나올 때 고향 어른들이 내게 해준 말은

"훌륭한 사람 돼서 돌아오너라."

라는 한 마디였다. 그들 말대로 나는 도시에서 성공하여 근사한 월계관을 쓰고 보란 듯이(그들 기대를 이룬 자랑스런 사람이 되어)돌아가리라 다짐했다.

도시에서 어느 정도 시일이 흐르자 전에 왔을 때 느낀 온갖 호기심 거리들이 조금씩 시들해져 가기 시작했다. 높은 빌딩들이나 잽싸게 달리는 많은 차들이 전처럼 신기하지 않았다. 하루하루가 조금씩 답답하게 느껴졌다. 사방 어디를 둘러보아도 건물들이며 아스팔트길에 모르는 사람들만 걸어가고 있었다.

은빛으로 눈부시던 초가지붕과 물동이를 인 낮익은 동네 아낙들이 오가는 풋풋한 풀꽃 내와 흙내가 간간이 바람결에 스쳐가던 고향의 봄 풍경이 그리워졌다. 새로이 돋아난 식물들로 다소 부산해진 작은 동산 언덕엔 온갖 풀들이 자라고 있을 것이었다. 호주나 뉴질랜드의 광활한 초원지대처럼 넓고 고른 잔디밭이 아니요, 골프장의 그것들처럼 인공으로 깎고 다듬은 곳은 더더욱 아니었다. 봄이면 쑥이며 삐삐, 오랑캐꽃 따위들이 각자의 키대로 옹기종기 의초로웠고, 초여름이면 내 또래들이 오동통한 토끼풀꽃들을 한 옴큼씩 따서 꽃 목 줄기를 비벼 시계와 반지를 만들거나 머리띠를 엮었다. 가을이 되면 그토록 짙던 풀과 나뭇잎들에 잎파랑이가 조금씩 빠져나갔다. 한낮의 매미소리와 밤늦도록 땀을 식히는 마을 사람들로 인해 다소 분주했던 여름날의 피로에도 아랑곳없이 언덕엔 연보랏빛 들국화가 한들거렸다. 풀들은 가슬가슬 건조해져 갔고 세게 불어오려던 소슬바람은 동산 자락으로 슬며시 에돌아가며 우리를 너그럽게 감싸안았다. 우리는 소녀다운 수줍음을 마다하고 키 큰 도래솔 가지 밑 두 무덤 주위에서 용용 술래잡기로 신바람이 났다.

도시에는 고향 언덕에서와 같이 신바람나는 언덕을 만날 수 없었다. 차들이나 높다란 굴뚝에서 뿜어내는 매연이 가풀막진 오르막길에 자욱했다. 힘없는 사람들은 눈이 매워 오르막길 입구에 지쳐 서 있기 일쑤였다. 명예의 오르막을 오르는 이들은 그것을 위해 발바투 뛰어야 하고, 맹신적인 재산가는 들피지고 야윈 이웃에게보다는 기왕이면 복을 관장하리라 믿는 종교 기관에 헌금했다. 무얼 하고 살아도 다 버거운 서민들은 무거운 발걸음으로 사회를, 더러는 자신을 향해 원망과 체념을 되풀이하며 각다분하게 너덜경을 올라갈 따름이었다.

나는 대도시에서 수많은 어려움을 겪은 뒤에야 삶이 얼마나 진지해야 하는 것인가를 조금이나마 알았다. 번쩍번쩍 빛나는 그 무엇 하나를 잡으려고 애면글면하던 사람들, 누군가가 자기를 딛고 오를까봐 경계심으로 노심초사하며 초라해진 친구를 위로하고는 돌아서서 몰래 웃던 사람들의 굴절된 경쟁 행위들이 실로 덧없음을 조금씩 엿보기 시작했다. 고귀하고 성스럽기조차 한 삶의 터이련만 비교나 질시 등 질편한 경쟁판으로 만들어버렸다고, 인생의 끝점에 가서야 도리질하고 싶지 않았다.

고향 언덕은 얼마나 너그러운 품성을 지녔던가. 자신이 옳고 상대방을 그르다 하지 않았다. 다 알고 있으면서도 타인의 결점을 슬며시 누설하지 않았다. 약속대로 온갖 식물들을 키워내며 햇살바지로 바람막이로 여린 것을 감싸안던 곳이 아니었던가.

나는 어언 세월에 그 언덕이 다시 그리워지기 시작했다. 고향 사람들이 내게

"훌륭한 사람 돼서 돌아오너라."

라고 하던 말이 문득문득 떠올랐다. 당시의 어른들은 다들 자연으로 돌아갔지만 그들의 믿음은 남아 있겠기에 선뜻 되돌아갈 용기가 나지 않았다. 월계관의 각오는 기억조차 희미한데 나는 벌써 지쳤

으니 누가 날 반겨줄까.

망설이고 있는 동안 고향 언덕으로 가는 길은 나타나지 않았다. 서글퍼졌지만 다시 한번 그곳에 가는 길을 찾아보고 싶었다. '정 길을 못 찾으면 차라리 내가 저 무던한 고향 언덕을 조금이라도 닮아볼밖에…….'라고 그저 약간 체념하는 심정으로 다짐했다. 헌데 바로 그 순간, 놀랍게도 저만치 안개가 걷히고 신기루가 아른아른하더니 역이 나타났다. 고향으로 가는 차도 없고 차표 파는 데도 없는데 제법 오랫동안 신기루 역은 사라지지 않고 있었다.

잠시 후 신기루 신호등이 내게 메시지와 출발 신호를 보내왔다. 내 모습이 어떠할지라도 성공 여부에 관해 한마디 묻지 않을 거라고 씌어 있었다. 나도 모르게 미소지으며 어떤 평온함에 빠져들었다. 설령 누가 물어온다 해도 담담히 말할 수 있을 것 같았다. 성공이란 그런 게 아니었노라고. 나는 이제 어디에 있을지라도 고향 언덕에 가는 이정표를 찾을 수 있게 되었다.

(1996)

마음에 흐르는 강

서끝은 우리 고향 마을 서쪽에 위치한 외딴 강촌이다. 고향 들판이 노을에 은은해질 무렵이면 서끝 뒤로 흐르는 맑은 낙동강은 지친 태양을 잠시 강물 속에 담가 열기를 식혀주곤 했다.

마을 사람들은 빨래를 하거나 여름날 들녘에서 후줄근해진 몸을 씻기 위해 둑 넘어 밀과 옥수수 밭둑을 지나 강으로 갔다. 거기엔 반질반질 닳은 크고 작은 너럭바위들이 층층이 있었다. 어른들을 따라 강에 간 개구쟁이들이 덩달아 목욕을 하며 물장구를 쳐댔다.

강에 잉어와 장어들이 많아서 강 상류의 덤불진 풀숲 가에는 낚시하는 사람들이 있었다. 그 중에 한 사람은 결핵을 앓고 있는 동생에게 장어를 잡아 곰국을 해준다 했다. 좀더 많이 잡기 위해 낚싯대를 잡은 손은 미동도 없었을 게다. 그 형의 정성으로 잡아온 장어 곰을 먹은 동생은 수년 뒤 거뜬히 나았다 했다.

도시에서 공부하는 고등학생 오빠는 간혹 주말이면 고향에 올라와 낚싯대를 메고 강에 갔다. 동네에서 놀다 온 나와 동생이 오빠를 뒤쫓아가 둑에 다다르면 저만치 밀밭 사이로 긴 낚싯대를 어깨에 걸치고 강으로 가는 오빠의 모습이 보였다. 나와 동생은 좁은 밭길을 달려가 오빠를 따라잡았다. 오빠는 강가 층 바위에 앉아 긴 낚싯줄을 물에 던졌다. 오빠가 물고기를 얼마만큼 낚았는지에 대한 기억은 없다. 그저 도시인이 된 오빠를 우리 자매는 일종 존경심 어린 눈으로 보고 있었다. 간혹 오빠는 우리를 보며 조용히 미소지어 주었는데 우리는 작은 손으로 얼굴을 가린 채 괜스레 소리를 죽여 쿡쿡 웃었다. 그때 저 멀리 명례리에서 두어 사람을 태운 거룻배가 돌아오고 있었다. 집으로 돌아올 때 오빠는 '아아 나악동강……' 하고 느리게 노래 불렀다.

어느 해 여름 무리 지은 구름들이 서서히 북으로 몰려갔다. 어른들은 구름이 북으로 몰려가면 장마가 진다 했는데, 어린 날 나는 곧잘 구름의 흐름을 보며 장마를 점쳐보곤 했다. 그날은 아침나절 끄느름하더니 오후가 되자 엄청난 구름 더미가 북으로 몰려갔다. 갑자기 번개가 번쩍이고 우레 소리가 나더니 정말 장대비가 쏟아지기 시작했다. 강가 층 바위들이 물에 잠기고 낮은 밭들이 순식간에 침수되었다. 물이 계속 불어나자 서끝 마을은 곧 가라앉을 것 같았다.

불어난 물위로 저 위에서 온갖 것이 떠내려왔다. 부러진 잡목 가지들과 과일, 닭, 심지어 통나무를 끌어안은 사람도 떠내려왔다. 어른들은 우선 사람부터 구해낸 뒤 다른 것들을 건져냈다. 어떤 이는 건진 능금이 한 자루나 되었다. 꾀죄죄한 꼬마들이 자루 주위에 얼쩡거리다 얻어먹기라도 하면 정말 신이 났다. 워낙 풋사과라 신맛뿐이긴 했어도.

잇단 비에 도롱이를 둘러쓰거나 비닐 우산을 든 농부들은 혹 강둑이 터지지나 않을까 해서 밤새도록 교대로 지켰는데 그런 일은 일어나지 않았다. 농부들은 둑 위를 서성이며 잠겨 버린 농작물에 대한 미련보다 튼튼한 둑의 미더움으로 인해 한철 망친 농사를 절망하지 않았다.

며칠 후 비가 그치자 하늘빛이 파래졌고 태양 아래 머쓱해진 물은 들판에서 슬그머니 빠져나가 강으로 돌아갔다. 농부들은 새 힘을 얻어, 질고 구릉진 땅에서 서로들 위로하느라 음성이 고조되었다. 거무칙칙하던 강이 명경같이 맑아지더니 건너 마을 명례리와 수산교가 그림처럼 그 속에 담겨 있었다. 태양이 종일 걷노라 지친 발을 강에서 식히는 동안 작은 거룻배 하나가 저 건너 마을로 느리게 가는 게 보였다.

우리 고향 초가 위로 새마을 운동 바람이 불어갈 때 낡은 잿빛 초가지붕들이 요술처럼 슬레이트로 바뀌었다. 시대 따라 슬레이트 집들은 다시 양옥으로 하나둘 탈바꿈했다. 덜 지저분해 보이는 집과 일부 편리한 전자 제품들을 보고 사람들은 세상 참 살기 좋아졌다고들 말했다. 공장은 강촌이나 어촌이나 가리지 않고 군데군데 지어졌다. 비누 공장 물류 센터가 마을에 들어서고 고시원, 학원들도 찾아들었다. 횟집이니 무슨 가든이니 하는 식당들이 강가와 도로변에 생겨났다. 잉어나 장어들은 장사꾼들에 의해 농촌 구석구석 들어선 음식점으로 썩 많이 잡혀갔다.

정화 시설 없는 공장의 오폐수나 생활오수가 밤이면 소리 없이 강에 흘러 들어갔다. 강물은 더 이상 유유히 흐르지 않았고 세월 따라 차츰차츰 뿌옇거나 검푸르죽죽하게 변해갔다. 강물에 잠길 듯한 밭둑이나 산 기스락 잡풀 사이사이에 비닐이나 죽은 물고기 같은 것들이 잠뿍 덮여 있는 광경은 어디서나 쉬 볼 수 있었다. 가뭄이라도 들면 얕아진 강바닥이 찌끼들로 얼룩덜룩하게 드러났다. 가뭄이 들지 않아도 강물은 해마다 줄어갔다.

언젠가 저녁 무렵 나는 그리운 옛 강을 보려고 둑으로 갔다. 둑에서 본 서끝 마을은 노을 가운데 사방 마침맞게 둘러싸여 있었다. 헌데 그 뒤로 길게 놓여 있던 강이 없어졌다. 몇 년 전부터 시나브로 물이 줄어 장어는커녕 피라미 한 마리 놀 수 없는 강터엔 밭풀이 무성하거나 농작물들이 자라고 있을 뿐 지친 태양만이 외로이 등성이를 넘고 있었다. 그리운 강을 잃어버린 나는 말없이 발길을 돌렸다.

저만치 마른 강바닥 쪽에서 잘 모를 아이들 서넛의 두런거리는 말소리가 들리더니 이어 웃음소리가 들려왔다. 아스라이 가버린 우리들의 어린 날을 생각하며 나는 오빠가 즐겨 부르던 노래를 되뇌기 시작했다.

아아 나악동강, 아아 나악동강 …….

(1998)

문제인식을 위한 한 序說(서설)

— 김지윤의 수필을 읽고 —

<하나의 가설(假說)>

유병근

1

수필을 두고 말하는 평자는 나름대로의 잣대를 가지고 있다. 그것이 어떤 것이든 평자의 몫에 지나지 않는다. 그러나 글이 발표되었을 때는 그 글에 대한 응분의 책임감 같은 것이 따른다. 그것은 글을 보는 평자의 눈이랄 수도 있고 그 눈이 반사하는 거울이랄 수도 있다.

문학 가운데서도 수필은 인생의 농축기에 접어든 시기를 말하는 장르라고 흔히 말한다. 이를 두고 서른 몇 살을 넘긴 문학이니 지성의 문학이니 감성의 문학이니 하고 나름대로 수필에 대한 갖가지 소견을 편다. 그런 면에서 수필은 삶의 깊이와 알맞게 곰삭은 문학이라고 하는 것은 누구나 공감하는 일이겠다.

그렇게 본다면 수필은 담담한 삶의 향기며 슬기라는 묘미로 직조된 문학이라고 보는 것이 타당할 것 같다. 여기서 할 것 같다고 여운을 두는 것은 향기와 묘미만이 모두가 아니라는 뜻이다.

그런 의미로 보아 수필가 김지윤의 수필에서 읽을 수 있는 수필의 몫은 대체로 삶의 향기를 바탕에 깔고 있는 차근차근한 담론의 수필이라고 보는 것이 좋을 듯하다.

1992년 세계일보 신춘문예에 수필「굴절된 세월」로 등단한 김지윤은 그 이후, 국제신문 신춘문예에서「절뚝거리는 세월」이라는 단편으로 문학의 기반을 보다 굳건하게 닦는다. 1999년의 일이다.

수필과 소설의 제목에서 '세월'이라는 말을 되풀이하는 언어사용에 눈이 간다. 왜 그럴까. 그만치 김지윤은 세월에 많은 관심을 두고 있었다고 보는 것이 타당할 것이다. 세월이란 무엇인가. 이 물음은 김지윤에 있어서 결코 우연이라고만 할 수 없는 일종의 담론으로 등장했을 것이다. 그것을 수필의 내용에서 찾아보는 일도 수필 읽기의 가닥이라고 본다. 또 한 수필가의 문학인생의 첫 출발신호가 세월에 있었다면 세월은 그만큼 특별한 의미로 다가왔을 것이다.

2

세월은 사람을 기다리지 않는다는 도연명의 어록은 세월에 대해서 다시 한번 생각하게 하는 엄숙미가 있다. 세월이란 얻기는 어려우나 잃기는 쉽다고 사기(史記) 또한 말한다.

> 나는 편도선염으로 자주 열이 나고 아팠다. 사탕이라도 먹고 싶어 칭얼거리면 언니는 몸이 섦은 나를 폭 덮어씌워 업고 집을 나섰다. 그날은 눈이 많이 와서 나는 한쪽 귀퉁이를 들고 눈송이들을 보았다. 언니는 눈 위에 발자국을 남기며 갔을 테고 언니의 작은 발 모양을 닮은 발자국은 펑펑 쏟아지는 눈 속에 덮여버렸을 게다. 가게에는 눈깔사탕이며 건빵, 또 고소한 네모 비스킷이 있었다. 나는 이것저것 집어들고서야 언니를 보았다. 언니의 머리는 할머니처럼 하얗게 변했고 사슴같이 빨개진 코끝에 맑은 콧물이 방금 흐를 듯했다.
>
> ―「굴절된 세월」부분

제2차 세계 대전에 남편을 잃은 올케인 언니는

"내가 태어났을 때 이미 홀로 되어 있었다." 그런 언니와 "이복 시누이로 태어난 내게" 베풀어주던 언니의 자상한 마음은 아픈 드라마를 보는 듯 슬프고 아름답다. 이렇게 수필의 화자와 언니와의 관계는 시작된다.

"어느 날 느닷없는 남편의 전사통지서는 기다려야할 언니의 세계를 남김없이 앗아가"버리고 만다. 일제는 언니의 가슴에도 지울 수 없는 상처를 남긴다. 그 언니와의 세월이 눈오는 날의 정경과 함께 펼쳐진다. 순백의 눈 위에 찍히는 언니의 발자국과 거기 찍히는 말없는 언니의 방촌은 헤아릴 수 없는 아픔으로 가득 차 있었을 것이다. 그것을 화자는 "언니의 머리는 할머니처럼 하얗게 변했고 사슴같이 빨개진 코끝에 맑은 콧물이 방금 흐를 듯했다"고 회상한다.

그 언니는 어느 날 친정으로 돌아간다. "언니가 간 길은 결코 돌아올 수 없는 길인 줄 몇 해나 더 지나고서야 알았다."고 술회하는 화자는 겨울이면 눈이 오기를 기다렸고, 그 눈길 저쪽에서 언니가 돌아올 것이라고 믿었다. 그만큼 언니에 대한 생각은 절절하다.

이렇듯이 김지윤의 수필은 세월과의 아픈 대결이며 그 해답이다.

> 도시의 중학생이 된 나는 조금씩 달라졌다. 조금은 의젓해졌다고 할까. 주말이면 고향집에 자주 갔다. 달라진 내게 덕은 쑥스러운 듯 전처럼 대하지 않는 것 같았다. 빙그레 웃던 얼굴에는 약간의 우울함이 깔려 있는 듯했다.
>
> —「지게와 세월」 부분

“우리 집 행랑채에 살고 있었다”는 덕은 중부지방의 말씨를 하는 그의 아버지인 ‘윤 노인’과 함께 살며 “우리 집의 자잘한 일을 맡아서”한 식구와 별다름 없이 지낸 사이이다.

상기 인용문에서 세월의 흐름을 현장감 있게 읽을 수 있다. 그것은 신분의 차이에서 오는 덕의 갈등을 말해주기도 한다. 세월이란 변하지 않는 듯하면서 변하는 빛깔을 띈다. 그 변하는 물결 속에 「지게와 세월」 속의 덕, 순녀라는 인물들이 명멸한다. 덧없는 세월이라고 하지 않는가. 그렇다. 세월 속에는 사람을 아프게 찌르는 가시가 있고, 슬프게 하는 묘한 바람이 있다. 세월 속에는 헤어짐과 만남이라는 곡선이 있다.

3

이미 밝힌 바 있지만 김지윤은 소설가로서도 그 몫을 훌륭하게 감당하고 있다. 그런 흔적이 수필에서도 뚜렷하게 나타난다. 수필은 쓰기에 따라 소설적인 기법, 시적인 기법, 희곡적인 기법 등 여러 갈래로 분류해 볼 수 있다. 굳이 그런 가닥을 찾아 수필을 감상하지 않아도 김지윤 수필을 일별하면서 소설가로서의 수필이란 점만은 간과할 수 없다는 생각이다.

소설적인 기법이란 그 서술방식에 이야기가 끼여들어야 한다는 점을 지적하지 않을 수 없다. 서사적인 수필이 김지윤 수필의 특징이라면 이야기가 수필의 중심이 되는 건 어쩔 수 없는 일이지 싶다. 말할 나위도 없이 이야기 수필은 독자를 이야기에 귀를 기울이게 한다. 이야기의 재미, 이야기의 내용에 끌려 새로운 이야기의 세계와 만나게 된다. 이야기는 이야기의 소재에도 있겠지만 이야기를 끌어가는 입담이 상당한 역할을 한다고 본다. 어눌한 화술로는 청자의 귀를 끌지 못한다. 아무 것도 아닌 소재를 가지고도 청자를 바짝 다가오게 하는 화술이 있을 때 그 이야기는 빛이 난다.

김지윤의 경우 그런 화술을 엿볼 수 있다. 이것은 단순한 문장솜씨만으로 되는 것은 아니다. 꾸며대는 줄거리로 되는 것도 물론 아니다. 수필은 꾸밀 때 어긋난다는 것은 누구나 다 아는 사실이다. 하기에 자연스런 유로라는 말을 흔히 들을 수 있다.

> (1)아마도 그때 구씨의 오토바이 뒤에 얹힌 통은 판도라의 상자만한 크기였을까. 구씨는 하자를 보수해 주러 갈 때마다 그 통 속에 자신의 희망을 한 장씩 접어두었을 게다. 조금 큰 전셋집으로 옮겨 시골의 노모를 모셔오는 게 소원이라던 구씨. 그가 지난날 우리 아파트 단지의 그 많은 열쇠들을 그리도 잘 구별할 수 있었던 건 어떤 이유에서였을까. 단지 프로 경비원이었기 때문일까.

—「구씨 목소리」 부분.

> (2)짐짓 베란다의 반대쪽 부엌으로 가서 나는 공연히 찬장 문을 닦는다거나 찌개 얹힌 가스레인지 불을 조절하거나 했다. 불과 수분만 서성이고 있으면 될 것이었다. 그런 경우, 무언가에 열중해 있는 것처럼 행동하는 것이다. 어려움에 처한 많은 이들이 어디론가 가버리고 보이지 않을 때까지. 그때서야 우리는 우리 자신에게 '아니, 그새 지나가 버리다니, 우리가 조금이나마 도와줄 약간의 시간도 주지 않고'라며 가버린 상대에게 못 도와 준 이유를 붙인다.

—「빗속의 침묵소리」 부분

(3)하루는 낮에 어떤 모임에 갔는데 장소는 고급 레스토랑이었다. 회원 중에 한 사람이 경사가 있어 식사를 대접하기로 되어 있었다. 회원 다섯 명 중 네 명은 중형차를 몰고 왔고 나 혼자 소형차를 타고 왔다. 입구에서 봐도 나무들 사이 주차장에 하나같이 큰 차들만 점잖게 주차돼 있었다. 이 작은 차도 출입이 되느냐고 호텔 직원에게 물었더니 웃으며 된다고 했다. 우리 회원들의 아파트 평수는 쉰 평 이상인데 그 중 한 사람은 쉰 두 평이고 또 한 사람은 쉰 여덟 평, 또 한 사람은 예순 다섯 평이다. 나머지 한 사람은 넓은 주택에 살았다.

—「너무 큰 차를 타고」 부분

이상 인용이 다소 길었지만 어느 인용문을 뜯어봐도 소설의 단락 하나를 끊어온 듯한 인상을 받는다. 그렇다고 이것이 수필의 한 단락이 아니란 말은 아니다. 그렇다면 소설도 그것이 허구가 아닌 경우 수필이 될 수 있다는 이야기가 된다. 실제로 사소설은 소설이 아닌 수필로 분류하는 것이 좋지 않을까 싶기도 하다. 소설이라고 못을 박기 때문에 소설이지 실제로는 수필인 셈이다.

(1)은 아파트 경비원으로 일을 하던 구씨는 누구보다 성실하게 일을 한 결과 아파트 하자보수를 하는 일을 하게 된다. 성실한 근무자세가 결국 인생의 성공을 가져온다는 바지런한 모습을 담은 내용이다.

(2)하루는 베란다에서 비를 맞고 가는 학생을 내려다보고 안쓰러워 한다. 그런 뒤 그날 저녁 차를 몰고 학교 구내를 가다가 비에 젖은 채 걸어가는 한 학생을 본다. 그 학생을 차에 태워 버스 정류소까지 데리고 가기까지의 심리의 움직임을 잘 나타낸 작품이다.

(3)은 분수를 알고 살자는 내용을 담은 글이다. 고급승용차와 고급 아파트에 사는 '어떤 여성 모임'에 참여한 내용에 곁들여 티코를 운전하는 화자의 차에 대한 이야기가 나온다. 어느 날 학교수업을 마치고 귀가하는 교내에서 중형택시와 충돌하는 일이 생긴다. 마침 찰과상 정도만 있었을 뿐, 큰 사고는 없었다. 이때 화자는 "조그만 차가 자기를 들이받는 큰 차를 용감하게 막아내지 않았는가"라며 작은 차에게 고마워한다. 분수를 알고 살자는 교훈적인 암시를 주는 글이다.

글을 평하는 사람은 평자의 잣대만으로 글을 볼 수는 없다. 평자의 구미에 맞는다고 무턱대고 추키거나, 그러지 않다고 깎아 내린다면 이는 평자의 잘못된 욕심이다. 어디까지나 글 그 자체로 재단해야 한다. 가령 시적인 수필에 호감을 갖는 평자는 그 나름대로 그 방면의 수필에 후한 점수를 줄 것이다. 하지만 그것은 객관성을 띄지 못한다. 일차적으로는 수필로서의 작품이냐 아니냐에 있지 어느 기법이냐가 중요한 문제는 아니다.

글을 유도하는 방법에서도 수필가의 상상력에 맡겨야 한다. 상상력을 방해해서도 무리가 따른다. 상상력을 평자 나름으로 끌고 간다면 그것은 평자의 글이지 수필가 자신의 글은 아니다. 어디까지나 상상력의 길을 틔워주는 평이라야 하지 않을까.

수필가 김지윤의 수필은 김지윤 수필가의 몫이다.

작가의 말

1. 주관의 객관화

수필은 자기가 자기의 체험담을 쓰는 일인칭 시점의 글이다. 일기문 형식에서 편지문, 기행문 형식에 이르기까지 그 어떠한 형식이든 내용은 자기의 체험을 자유롭게 쓰면 되는 것이다. 세상을 바라보는 수필가의 자유로운 관점을 바탕으로 씌어지므로 주관의 문학이라 할 수 있으며 작가가 이 주관적 시각을 벗어나 온전히 객관적 시각을 지니기가 쉽지 않다. 사르트르 선생은 작품이 언젠가는 작가에게 있어서도 객관성의 모습을 보인다고 했는데 그것은 세월이 지나 작가가 그 작품을 잊어버리고, 더 이상 작품 속에 들어갈 수 없을 뿐만 아니라 이미 그것을 쓸 수조차 없게 되었을 때라야 가능하다는 것이다. 그 외에는 사제지간의 두 화가의 대화를 부정적으로 보는 데서도 알 수 있듯이 도달하기가 매우 힘들다고 하고 있다.[1] 늙어서 다시는 그 작품에 손을 대지 못하게 되었을 때라야

---

1) 김붕구 역, 사르트르, 『문학이란 무엇인가』 문예출판사, 1996. p.p.48~84참조

위의 책 「2. 어째서 쓰는가?」에서 제자 화공이 스승에게 "언

비로소 객관성을 얻을 수 있다고 한 건 납득이 가는 이론이지만, 본 글에서 살펴보고자 하는 점은 주관의 문학이라 알려진 수필에서 아직 고비 늙기 전일지라도 그런 객관성을 지닐 수 없을까 하는 점이다. 따라서 수필이 객관성을 가져야 하는 이유와 그것을 극복하기 위한 방법을 찾아보는 것이 이 글의 요지이다. 수필이 자신의 이야기를 일인칭으로 쓰는 글이긴 하지만 글쓴이와 작품 속에 표현되는 '나'가 반드시 일치한다고 볼 수 없다는 점은 매우 중요하다. 어떤 사건을 겪은 실제의 내 생각은 감정이 몹시 격해 있지만 수필 작품 속의 '나'는 격한 감정을 그대로 드러내어서는 안 되기 때문이다. 이 감정 조절이 가능하다면 주관에 머무르지 않고 한 단계 뛰어넘은 주관성을 획득하게 되어 작품은 객관성을 얻게 될 것이다. 수필이 중년 이후의 글이라 해도 객관화가 안 되어 작품성을 획득하지 못하는 경우를 종종 볼 때 수필을 반드시 나이가 든 중년 이후의 글이라고 단정지을 수도 없다. 현대의 글쓰는 이들은 영특해서 비록 젊다 할지라도 그것마저도 어느 정도 뛰어넘을 수 있으리라고 본다. 이즈음엔 교육받은 인구의 확대와 수준의 상승으로 문학에서의 문학성이 더욱 요구되는 시대이며 이러한 상황은 앞으로 더욱 심화추세에 있다. 수필이 나이 들어서 쓰는 글이라 하여 젊은

제 내 그림이 끝났다고 생각해야겠느냐"고 묻는데 스승이, 자네가 놀라서 그 그림을 바라보고 '이런 그림을 내가 그렸다니'라고 말할 수 있는 때라고 한 것과, 자기 구절이 자기 눈에 '사물'로 비칠 리는 없다는 것 등에서 결코 자기 글에서 객관적이 될 수 없음을 의미한다. 다만 작품을 쓴다는 것은 언어라는 수단을 통해 자기가 계획한 '발견'을 객관적인 존재로 만들어 주도록 독자에게 '호소'하는 것이라고 한다. 허나 본 필자가 의도하는 바는 이러한 차원이 아니라 스스로 객관성(절대적 객관성)을 결코 획득할 수 없는가 하는 점을 조심스레 실험해보고 싶은 것이다.

이의 글이 많이 씌어지지 않고 있는데 젊은이의 문화나 정보화시대에 맞는 내용들도 다양하게 나와야 한다. 젊은이들이 글을 쓸 때 화자인 나를 주관에서 한 단계 뛰어넘기가 매우 어려울 것이므로 특히 객관화에 유의하기만 하면 좋은 수필을 쓰기가 가능할 것이다. 이런 점에서 수필이 지녀야할 특성이나 요건이 엄격하게 요구될 수도 있는데 주관의 객관화를 위한 기법을 찾아보자.

2. 객관화하는 기법

첫째 거리 조절을 들 수 있다. 작품의 초고를 끝낸 뒤에 수필가는 작품 바깥으로 나와서 글 속의 화자를 여러 차례 다방면에서 거리를 두고 바라보아야 한다. 초고는 생 감정이 그대로 살아있지만 이제부터는 이성적으로 엄격한 관리가 필요한 단계이다. 시의 특성상 시는 시인이 시 바깥에 멀리 떨어져 있으면 오히려 감동이 덜하다. 소설은 인물이나 시점이 작품에 어떻게 나타나더라도 작가의 얼굴이 직접적으로 관여하지 않는다. 수필은 화자이면서 작가인 '나'와, 인물이면서 화자인 '나'와의 두 형태의 공간적 거리가 객관성의 관건이다. 한 작가가 화자 내지는 인물로까지 확대되므로 쓰는 나는 쓰여지는 나를 실제의 나로 바라볼 것이 아니라 적당한 거리에서 객관적으로 볼 수 있도록 멀찍이 서 있어야 한다. 수필을 쓸 때 화자인 '나'가 머무르는 공간이란, 뜨거운 자외선 아래가 아니라 유리문을 통해 들어오는 적외선 같은 은은한 빛 속이라야 한다. 격렬한 시위대가 아니라 조용히 열을 서서 걸어가는 도보시위자들 속에 있어야 한다. 이것은 작가로서의 '나'도 그러하고 묘사되는 인물로서도 역시 그러하다. 최태호 선생은 문학자가 수필을 쓰는 경우에조차 문학을 너무 문학자적인 면에서 다루어도 수필의 본령으로서는 상도(常度)가 아니며 요는 사물과 현상을 관조하는 각도가 필요한 것(「수필문학」 1991, 1월호)이라고 강조했으나, '너무 문학자적'이라는 표현에서 나는 견해를 조금 달리하는데 그 까닭은 수필 장르에서는 '사물과 현상을 관조하는' 그 '관조'가 바로 수필가가 조절해야 되는 거리이며 문학자인 수필가로서의 문학적인 자세이기 때문이다. 자기의 체험을 관조할 만큼 떨어져야 객관의 주관으로서 거리가 유지될 것이다.

둘째, 감정 조절이다. 우선 하나의 경험을 제재로 마음먹었다면 처음 감정을 메모나 초고로 간단히 작성해 놓는다. 아직 덜 여문 감정 상태의 편견일지도 모를 목소리이기 때문에 시간이 지나 이 목소리가 다소 누그러질 때까지, 말하자면 연소시키든 녹이든 간에 담담한 소리가 날 때까지 일정 시간을 기다리는 일이 중요하다. 이 기다림의 기간에 단순히 기다리는 게 아니라 주관과의 치열한 투쟁을 거쳐야 한다. 그 투쟁이란 수필가에 있어서는 담담한 목소리를 내기 위한 자기 감정 절제의 단련 작업이다. 실제의 우리 자신은 억울해서 죽을 것 같은 일을 겪었지만 수필가의 숙명은 그 상황에서조차 담담해지기 위하여 감정 관리를 해야 한다. 초고를 서랍 속에 수개월쯤 넣어두었다가 어느 날 다시 꺼내어 퇴고를 한다 해도 진정한 수필작가라면 그 작품과 상관없이 담담하게 처리할 수 있는 성품으로 다듬어져 있어야 할 것이다. 이건 타 장르에서 창작하는 이와는 다른 무엇이 요구되는데 수필가에게는 참으로 부담이 아닐 수 없다. 다음으로 자기의 목소리가 과연 어느 정도 담담해졌나를 거듭 확인해야 한다. 그때의 목소리야말로 감정의 추이를 작가의 개성에 맞게 조절해온 결과로서 흔들림 없는 목소리이다. 이때 비로소 주관적 시각이 객관적 시각으로 바뀌게 될 것이다.

셋째, 주변 모티브의 전위화이다. 수필이 체험을 담담하게 거리를 두고 쓰는 글이라면 감정의 극한 지점은 과연 수필에서는 표현될 수 없다는 이야기인가. 몽테뉴 선생은 슬픔이나 기쁨에 관해 말로 표현할 수 있다는 건 악의라고 표현하고 있다.[2] 그렇다고 말을 잃어버릴 수도 없으니 수필가는 그것을 표현할 수 있도록 노력해야 한다. 인간의 극한 감정을 작가가 표현할 수는 있으나 독자에게 감동을 주느냐 아니냐의 문제를 살펴본다면 단순히 표현하느냐의 문제가 아니라 다른 방안이 제시되어야 한다. 이 의문에 대한 극복방안으로 나는 주변 모티브의 전위화를 제안하고자 한다. 수필도 다른 장르와 마찬가지로 여러 개의 모티브가 있다. 어떤 사람이 감정의 극점을 감당하지 못해 졸도했다가 깨어났다 하여 그 사실을 그대로 글로 쓴다면 독자들은 하나의 상황으로 받아들일 뿐 별다른 감동을 받지 않는다. 이러한 현상을 극복하기 위해서는 앞에도 말했다시피 누그러질 때까지 기다리는 게 중요하지만 그러한 기다림을 거치지 않고도 담담하게 묘사하는 기법으로서 주변 모티브를 끌

---

2) 김연종 옮김, 「슬픔에 관한 이야기」『몽테뉴 수상록』 고려출판사. 1989
몽테뉴 선생은 지나치게 슬프거나 기쁠 때 인간은 졸도하거나 벙어리가 되거나 돌이 되어버린다는 다른 사람의 이야기를 인용하고 있다. 선생 자신은 되도록 비애의 감정에서 멀리 떨어진 편에 속하며 본래 무딘 감수성에 사유의 거적을 씌워 감수성을 더욱 무디게 하고 있다 했다. 이는 작가의 말을 액면 그대로 받아들이기보다는 수필이라는 장르를 취한 그로서는 담담한 글을 쓰기 위한 당위적인 자세에 따르기 위한 노력의 소산이라고 봐야 할 것이다.

어올리는 일이다. 본래의 감정은 뒤로 처지거나 감춰져 변죽울리는 방법으로 감정을 재생해내는 것이다. 정작 하고 싶은 이야기는 마치 두 번째나 세 번째쯤 중요한 이야기처럼, 아니면 그다지 중요하지 않은 것처럼 객관적으로 묘사하는 것이다. 우리 속담에 미운 자식 떡 하나 더 준다는데 바로 이 논리와 유사하다. 정말 사랑하는 자식은 뒤로 젖혀두고 미운 자식에게 떡을 더 준다는 건 덜 중요한 모티브를 전면에 끌어내는 일이며, 가장 중요한 것은 감춤으로써 그 사랑의 깊이를 은근하게 드러내는 것이다. 이처럼 강하고 중요한 사건이나 상황을 젖혀서 담담한 시각으로 표현한다면 애정 있는 독자들은 상상력을 동원하여 시련을 참아냈을 작가의 고귀한 인내를 눈치챔과 동시에 자기가 겪은 유사한 경험까지도 고귀한 것으로 끌어올리려 할 것이다. 이것이야말로 독자들로부터 얻어낼 수 있는 최고의 수확이다.

3. 변하는 관점에 대한 책임

책은 나오려는데 아직 퇴고는 끝나지 않았다. 이 점은 통시적인 개념을 뛰어넘어 총체적으로 작품을 얼마나 객관화시켰는가 하는 문제와 깊은 연관이 있으며 내가 책 내기를 망설인 이유이기도 하다. 책이 나와서 더는 교정을 볼 수 없거나 또는 늙어서 더 이상 작품에 손을 댈 수 없는 때에 객관적인 글이 되었음을 말하는 게 아니라 지금이나 오 년, 십 년 후에나 한결같이 수정하고 싶은 부분이 적기를 바라는 의미에서의 절대적 객관성이다. 그 객관성 속에는 관점(세계관)의 변화 문제가 걸려 있다. 실상 오래 전에 써놓은 작품을 근래에 읽어보니 몇 작품 빼고는 거의 다시 퇴고해야 했다. 관점이 미숙하여 글은 객관성을 획득하지 못하고 시각은 꾸준히 변해왔다. 여기서의 객관성은 크고 작은 깨달음에 관한 문제로 귀착된다. 궁극적으로 인간은 자아를 찾아 나서서 완전한 성숙 단계에 이르거나 우주적인 세계로 나아가거나 깨달음을 얻어서 흔들림 없이 자유로워지려 하는 존재라고 한다. 도달해 보면 흡사할지 모르는 이 지경을 찾으러 길을 떠나지만 그건 참으로 머나먼 길이다. 종교적으로 보더라도 참선이나 명상, 기도를 통하여 사소한 생활의 깨달음을 조금 얻을지언정 한순간에 확 다 깨쳐 무얼 안다는 건 실로 어렵다. 게다가 내가 아무리 어떤 종교에 심취한다 해도 경전을 다 읽어내지도 못하며 이해하기도 어려우니—물론 책을 읽거나 폭넓은 경험을 통하지 않고 깨달음에 도달할 수도 있겠지만—온전한 깨달음의 경지라는 건 그저 아득하기만 하다. 따라서 내가 작은 하나의 깨달음을 갖고 그것을 글로 쓴다면 이미 깊이 깨달은 이들이 볼 때 얼마나 어리석어 보일 것인가. 이전에 알고 있다고 떠들었던 것들을 다시 보니 나 스스로 겸연쩍어지는 것들이 적잖았다. 앞으로도 지금 내가 맛본 약간 담담한 감정 상태가 결코 영원하지 않을 것은 불을 보듯 뻔하니 이처럼 고정되지 않은 변화는 못 미더울 수밖에 없다. 비록 사소한 깨달음이라 하더라도 결국 '나'가 도달하는 것이므로 내 관점은 주관을 벗어날 수 없고 표현되는 글 역시 그러할지 모른다. 그러한 상황에서 개인의 주관성이 객관성을 획득하려면 부단히 훈련을 쌓아야 할 것이다. 날마다 생명수를 마신 정신의 활동이 세월 따라 점점 나은 쪽으로 변해 가는 건 바람직하다. 그 변화란 우리 사상의 변화요, 세상 이치를 보는 시각에 대한 개인적인 성장이며 발전이다. '나'가 그러하다면 '남'도 그러할 것이라는 점에서 객관성의 공감대를 형성할 수 있게 될 것이다.

이제 책으로 굳혀버리려는데 아직도 일어나는 발전이란 반갑다기보다는 두렵기만 하다. 그것을 감당할 능력이 부족하여 책을 내지 못했던 것이다. 일 년 후도 알지 못하는데 이미 책으로 나와버린 작품들을 수년 후에 다시 수정하고 싶어진다면 어쩌겠는가. 다른 사람의 책장 구석 어딘가에 꽂혀 있거나 폐품 속에 있을지도 모르는 책을 일일이 찾아내어 고치지는 못할 것이다. 게다가 약간의 단어나 몇 문장 고친 것을 대단한 수정이라 생각하여 개정판을 내고는 흐뭇해 있는 나에게, 뭐 고치나마나 비슷한데, 라고 누군가가 말한다면 나는 적잖이 우울해질 것이다. 책을 내어볼까 하여 퇴고하는 과정 중에 고치지 않아도 되는 몇 편의 작품이 발견되었다. 오래 전에 이미 내 손을 떠나, 다시는 내 손길이 필요 없는 객관화된 작품들이라고 할 수 있다. 이 점에 희망을 얻게 되었고 사르트르 선생이 말한 화가 제자와 스승의 대화를 부정적으로 받아들일 수만은 없음을 깨달았다. 수필에서의 객관성을 어느 정도 획득할 수만 있다면 그 점이 수필 문학을 꽃피우는 데 일익을 담당하리라 믿는다. 실로 쉽지 않은 일이지만 그때그때 최고의, 최선의 관점에 도달하면 변하지 않을 객관성을 획득하게 될 것은 자명하다. 수필집 한 권 낸다는 게 얼마나 어려운지 새삼 깨달으며 이쯤해서 나의 수필에 대한 변명을 그만두려 한다.

서평 써 주신 유병근 선생님과 새미 출판사 여러분께 감사드리며 매사에 느린 나를 믿어주고 지원해준 분들과 나의 가족, 그리고 교정을 도와준 혜림에게 고마운 마음을 전하고 싶다.

2002년 2월 김 지 윤